盧校叢編

陳東輝 主編

經典釋文 五

經典釋文考證

〔唐〕陸德明 撰

浙江大學出版社

餘姚盧抱經氏綴緝

經典釋文攷證

孫宣公孟子音義
宋元憲公國語補音
嗣出

常州龍城書院開雕

經典釋文序録攷證

前　日講起居注官翰林院侍讀學士盧文弨纂輯

序

質文詳略○舊田在上今從宋本移左與說文合下竝同夫子有言必也正名乎○案鄭康成論語注云正名謂正書字也古者曰名今世曰字儀禮記曰百名已上則書之於策隋書經籍志小學類有正名一卷皆謂字也學以癸卯之歲承乏上庠○丁氏杰云癸卯蓋陳後主至德元年隋文帝之開皇三年也李仁甫云唐太宗貞觀十七年非也臧生鏞堂云案唐書本傳云陳太建中後主爲太子集名儒入講德明始冠與下坐自太建中至至德癸卯約計十年陸氏蓋已三十矣又本傳云高祖已釋奠賜帛五十匹遷國子博士封吳縣男卒論撰甚多傳於世後太宗閱其書嘉德明博辯以布帛二百段賜其家然則德明之卒當在高祖之初明甚以釋文書不具年月故詳辨之及老莊爾○舊作爾今從宋本下竝同雅等音合爲三袟三十卷○說文帙書衣也从巾失聲或從衣作袠袟即袠字

下又作帙同号○舊作號今從宋本曰經典釋文

條例

方復具○舊譌其今從宋本録唯孝經童蒙始學老子衆本多乖是以二書特紀全句○案今本二書亦不盡標全句示傳○當作博下云示博異聞語意正同聞見覽者察其衷○舊譌作哀焉然古人音書止爲譬況之説○顏氏家訓音辭云逮鄭玄注六經高誘解呂覽淮南許愼造説文劉熹製釋名始有譬況假借以證音字耳孫炎始爲反語魏朝以降蔓衍寔繁○家訓又云孫叔言創爾雅音義是漢末人獨知反語至於魏世此事大行高貴鄉公不解反語以爲怪異自茲厥後音韻鋒出之推所言與陸氏正同反音翻蔓衍寔繁舊但作漸繁二字今從佩觿改補音訛字替○説文有譌無訛又替从竝从白或下從曰作普或上從兟作朁惟替爲俗字陸氏自依世所通行者典○舊譌與今校改籍之文

子思讀詩師資已別○詩維天之命正義引鄭譜云子思論詩於穆不已仲子曰於穆不似文

心雕龍練字云子思弟子於穆不祀皆師資不同之證數家競爽○爽爲正字下一橫畫本無而唐人多用之石經亦爾踳○舊譌踳今據宋本改正駮○駁字爲正非一定蘭臺

漆○後漢儒林傳作桼是正字書經字未盈一紀尋復廢焉○案范史云董卓移都之際吏民擾亂自辟雍東觀蘭臺石室宣明鴻都諸藏典策文章競共剖散然則石經之廢即在此時矣

傳○此當作博空據漢書藝文志改正學者又不思多聞闕疑之義終

以自弊○亦當從漢書作蔽經籍○舊譌藉文字穿鑿之徒務欲立

異依傍字部改變經文疑惑後生不可承用○段氏玉裁曰廣韻廿六桓䐟字下曰驩兜四凶名古文尚書作䐟說文口部𠹌字下徐鍇注曰古文尚書驩兜字作𠹌又後來郭忠恕所定遞傳至宋次道王仲至呂微仲晁公武刻石蜀中薛季宣據之爲書古文訓者皆不可信陸氏所謂穿鑿之徒古今一也

巽○正字上從北祛○宋本作袪茲弊亦恐還是鷇音更成無辯○莊子齊物論其以爲異於鷇音亦有辯乎其無辯乎郭象注夫言與鷇音其致一也有辯無辯誠未可定釋文鷇

苦豆反李音殼司馬云烏子欲出者也案當從李軌音殼佩觿說反切之誤亦云其鷇音有如此者**及大**

自敗薄邁反**敗他**補邁反○案薄字補字舊皆譌作蒲下邁字舊作敗今據宋本及廣韻改正顏氏家訓云江南學士讀左傳軍自敗曰敗打破人軍曰敗補敗反諸記傳未見補敗反徐仙民讀左傳唯一處有此音又不言自敗敗人之別據顏此言是以補敗反不可信也況方以自敗敗他二字音殊乃用之作翻切令人將何從乎左傳隱元年音義敗宋必邁反敗他也亦是邁字更無可疑**之殊自壞**呼怪反○宋本作乎怪反**壞**

撤音怪**之異**　**如而靡異**○案如而古雖往往通用然二字本義自不同竟以爲無異則非邪也二字亦同此**邪也弗殊**○顏之推云邪者未定之詞而北人即呼爲也亦爲誤矣案北齊人讀易繫辭乾坤其易之門戶邪邪字爲也又論語子張問十世可知也也字當爲邪**莫辯復**重也○舊脫也字今據佩觿補**復**音服反也　**又以登升共爲一韻攻公分作兩音如此之儔恐非爲得**○廣韻登在十七登升在十六蒸陸氏在隋世與陸法言等所見正同故以合爲一韻者非然古音十六蒸十七登同在第六部詩緜六章登與馮與勝韻椒聊一章升與朋韻天保六章升與恆崩韻無羊

三章升與崩肱韻今馮與興勝皆在十六蒸朋恆崩肱皆在十七登生民八章登升爲韻爾雅釋詁登陞也儀禮喪服傳冠六升衰三升鄭注升字當爲登今之禮皆以登爲升俗誤已行久矣左氏隱五年傳鳥獸之肉不登於俎正義曰服虔以登爲升皆登升一韻之證也顔之推云河北切攻字爲古琮與工公功三字不同殊爲僻也案廣韻一東攻與公功工皆古紅切是法言之推德明所見俱以攻公爲一音也然廣韻二冬又載攻字古冬切與古琮切正同是攻公作兩音非盡屬無據要古音本同可知

席下爲帶○顔之推作席中加帶佩觿作席下著帶此爲字是加與著皆非

惡上安西○佩觿西作襾今俗書惡字多從之

直是字譌○此譌字亦用正體宋本仍作訛

如寵字爲寵○寵字舊仍作寵譌今據宋本改顔之推語尤可證

錫字爲錫音陽○陽舊譌作腸

若斯○舊本若字作其斯字未刻今據佩觿補正之流

又來旁作力俗以爲約勑字○約勑字本從束唐人多作來旁此書盡然

水旁作曷俗以爲飢渴字字書以爲水竭之字○書泰誓中我聞吉人爲善惟日不足凶人爲不善亦惟日不足孔傳言吉人渴日以爲善凶人亦渴日以行惡釋文及足利古本皆作

渴此正體之猶存者陸氏音渴爲苦曷苦葢二反是仍誤讀作飢渴字矣注疏本釋文徑改爲竭亦不足據

次第

周易　連山久亾○新唐書連山十卷司馬膺注疑假託今亦不傳　歸藏不行於世○案歸藏亦假託陸但云不行於世世是隋時此書尚存也經籍志歸藏十三卷晉太尉參軍薛貞注唐人類書亦多引二書

古文尚書　伏生所誦是曰今文闕謬處多○案隋唐時今文三家之學已亾之久矣隋志有一字石經尚書六卷是祕府猶存今文殘碑故陸以爲闕

莊子　雖○此雖字當作旣是子書

爾雅　爾雅周公○案下脫所作二字　衆家皆以爾雅居經典之後在諸子之前今微爲異○案爾雅當從衆家在經典之後陸氏乃以殿老莊之末不免失次

注解傳述人

是爲○此二字舊未刻今補十翼傳卽十翼也先儒說重卦及爻辭爲十翼不同解見余所撰○此下舊空二字案隋志周易大義二卷陸德明撰當卽指此書所脫蓋不止二字子乘授齊田何子莊○漢書儒林傳作子裝齊服生号服先○舊作号服光今從宋本師古注漢書引劉向別錄曰號服光同授淄川楊何字叔元一本作字叔元太中大夫○漢書云字叔元元光中徵爲太中大夫此一本六字蓋後人校語誤禹授淮陽彭宣大司空○宋本作大司馬及沛翟牧字子況○漢書作兄鮭陽鴻○李賢注後漢書儒林傳曰姓鮭陽名鴻鮭音胡瓦反充宗授平陵士孫張○師古曰姓士孫名張後漢范○舊譌作苑今據宋本改與後漢書本傳及儒林傳合升傳梁丘易○一本作傳孟氏易案此亦後人校語所言一本亦甚謬以授京兆楊政字子行○舊作七行誤據范書改正河南乘閎一本作桑閎○此後人校語師古曰乘音食證反不作桑後漢戴馮汝南平輿人○范書作憑平輿

宋本作與孫期字仲奇○范書字仲或此或別有所據無章句徒以彖象繫辭文言解說上下經七錄云直易章句四卷殘缺○據漢書云無章句則此亦後人託作楊叔元○宋本無元字與漢書同當從之前淄川下亦止云字叔北海鄭玄○此下注宋本多脫落亦時有異同徵不至作不起五經中條作緯條案鄭注五經緯及尚書中候宋本是也又駁許慎五經異議駁作破議當本作詑今作義去公羊墨守去今作發起穀梁廢疾廢宋作癈及蘭陵毋○舊作母據宋本改將永今亦用韓本○下當提行舊誤連子夏易傳三卷七略云漢興韓嬰傳○案漢志易傳韓氏二篇名嬰據陸引七略知子夏易傳即韓嬰所撰稱子夏者或嬰之字或後人誤加劉向父子當必不誤空以七略所言爲正而中經簿錄云丁寬所作不知漢志本有丁氏八篇名寬與韓氏兩列安得并合爲一張璠云馯臂子弓所作則漢志何以不載釋文及隋志俱託之卜子夏傳更不足據今所有者乃唐張弧僞作與正義所引迥不同孟喜章句十卷○漢志章句施孟梁丘氏各二篇隋志孟喜章句八卷殘缺京房章句十二卷七錄云十卷○隋志同

馬融傳十卷○隋志云梁有馬融注一卷亾一卷乃十卷之誤唐志正作十卷

鄭玄注十卷○隋志九卷

宋衷注九卷後漢荊州五等從事七志七錄云十卷○隋志云梁有漢荊州五業從事宋忠注周易十卷亾唐志亦作宋忠

虞翻注十卷○隋唐志皆九卷

陸績述十三卷○唐志亦十三卷隋志作注十五卷五五字疑誤

董遇章句十二卷七志七錄並云十卷○隋志亦云梁有十卷

王弼注七卷注易上下經六卷作易略例一卷七志云注易十卷○案隋志周易十卷王弼注六十四卦六卷韓康伯注繫辭以下三卷王弼又撰易略例一卷然則輔嗣之書本七卷合之康伯所注三卷成十卷七志言十卷者皆合計之耳唐志王弼注七卷又大衍論三卷豈出於聽見與

王廙注十二卷七志七錄云十卷○隋志作三卷云殘缺梁有十卷

張璠集解十二卷七志云十卷○唐志張璠集解十卷又略論一卷隋志周易八卷晉著作郎張璠注殘缺梁有十一卷唐志載十卷又略論一卷

黃穎注十卷○隋志作四卷云梁有十卷今殘缺唐志猶作十卷隋志於古書存亾仝闕皆注明最可法唐志已不能核實但錄舊文而已

蜀才注十卷姓范名長生一名賢

（〇案李雄尊之爲范賢非名也）荀爽九家集注十卷（注內又有張氏朱氏〇又舊譌文今改正）謝万（〇六朝人萬往往作万）近代梁褚仲都陳周弘正竝作易義（〇竝載隋志）

書者本王之号（〇舊作號今從宋本下竝同）於是詔太常使掌故晁錯受焉（古文官書云〇舊本官書誤作尙書案隋志古文官書一卷後漢議郎衞敬仲撰在小學類今據改正顏師古注漢書儒林傳於伏生下引衞宏定古文尙書序云作尙字非是段氏有衞宏官書考一篇）生授同郡兒寬（〇漢書作倪寬）歐陽氏世傳業至曾孫高（〇漢書高字子陽）作尙書章句（〇漢志歐陽章句三十一卷）東京最盛（榮子郁以書授章帝〇舊作和帝宋本作章與後漢書合今據改又郁子焉復以書授安帝官至太子太傅太尉宋本安帝作和帝太尉作太常案桓焉傳云永初元年入授安帝五年代王龔爲太尉宋本皆非也詳考之以見宋本不可盡信）山拊授（〇舊譌作受）同縣李尋恭授魯馮賓（〇宋本作馮文與漢書不合）成

帝時劉向校之非是後遂黜其書○漢書云成帝時求其古文者霸吕能爲百兩徵吕中書校之非是霸辭受父父有弟子尉氏樊竝時太中大夫平當侍御史周敞勸上存之後樊竝謀反廼黜其書以授都尉朝○師古曰朝名都尉姓故遷書多古文說○漢書云遷書載堯典禹貢洪範微子金縢諸篇多古文說惲授河南乘欽○一本作桑欽五字後人校語作桑與漢書合案今馬鄭所注竝伏生所誦非古文也○案馬鄭王肅所注皆孔壁眞古文德明以晉出孔傳本爲古文因指馬鄭王所注爲今文謬甚豫章内史校賾○段云當從後作頤字是古人名頤則字眞此校頤字仲眞後莊子注李頤字景眞從眘徽五典以下○今書作愼徽陸所據蓋宋齊舊本案說文愼古文作昚下从日此從目非分爲舜典篇以續之○孔傳堯典止於帝曰往欽哉○於舊作說今從段校改往字舊無今據宋本補後范甯變爲今文集注○臧生云此今文猶今字蓋孔傳本隸古定尚多古字范則直改爲今字而已段云今當作古非是俗閒或取舜典篇以續孔氏○正義曰昔東晉之初豫章内

史梅賾上孔氏傳猶闕舜典多用王范之注補之其舜典一篇仍用王肅本○臧琳曰舜典經傳一篇陸氏釋文用王肅本孔氏正義用姚方興本本自不同今舜典音義所標注中字皆與正義本同無一字出姚本之外者書釋文之被後人竄改此篇最甚

馬融注十一卷○隋志同唐志馬融傳十卷

王肅注十卷○唐志同隋志作十一卷

謝沈注十五卷東晉尚書祠部郎○隋志同唐志作十三卷祠字舊空今據隋志補

李顒注十卷○隋志十一卷

范甯集解十卷○隋志古文尚書舜典一卷范甯注梁有尚書十卷范甯注亾蓋范書本十卷因孔傳闕舜典故取范所注舜典以補孔傳之闕後范所注本書亾而舜典一篇獨以傳合孔傳得存也

姜道盛集解十卷○隋志作集釋尚書十一卷

膠東內史闕門慶忌○李奇曰姓闕門名慶忌

免中徐公○免中縣名蘇林曰縣名李奇曰邑名師古以李說爲是

後漢陳元方亦傳齊詩○案後漢儒林傳治齊詩者有伏恭任末景鸞不言陳元方

淮南賁生受之○師古曰賁音肥

順授東

海髮福一本作段福○此後人校語漢書亦作髮福以授趙人小毛公一云名萇○宋本萇作長孫毓爲詩評評毛鄭王肅三家同異朋於王○案朋於王之語陸氏當有所受然則孫毓之評不足爲據也齊詩久亾魯詩不過江東韓詩雖在人無傳者○隋志云齊詩魏代巳亾魯詩亾於西晉韓詩雖存無傳之者與陸氏所言正同齊詩亾在三國時故晉宋六朝皆無有稱引者而王應麟詩考乃有齊詩一類自漢書本文外無一字可信也

馬融注十卷無下袟○隋志云梁有毛詩十卷亾葢馬所注本二十卷至六朝時殘闕止存十卷陸氏尚見及之故標其目至唐人修隋書幷十卷亦亾也故唐志不著録謝沈注二十卷江熙注二十卷○隋志皆云亾鄭玄詩譜二卷徐整暢大叔裘隱○隋志毛詩譜三卷吳太常徐整撰毛詩譜二卷太叔求及劉炫注此云暢謂暢明鄭旨隱謂詮發隱義陸璣毛詩草木鳥獸蟲魚疏二卷烏程令○隋志璣作機又程字舊空據隋志補近吳興沈重

亦撰詩音義○隋志毛詩義疏二十八卷蕭巋散騎常侍沈重撰

得古禮獻之鄭六藝論云○云舊譌公據曲禮正義引改正以○以字舊未刻今補付書

館蒼○蒼字舊未刻授沛聞人通漢○如淳曰聞人姓也名通漢盧植云

王制是漢時博士所爲○案史記封禪書曰文帝召公孫臣拜爲博士與諸生草改歷服色事又曰使博士諸生刺六經作王制盧語本此近何氏焯云非今所傳王制陳邵周禮論序云

戴德刪古禮二百四篇爲八十五篇謂之大戴禮戴聖刪

大戴禮爲四十九篇是爲小戴禮○臧生云案曲禮正義引鄭康成六藝論云戴德傳記八十五篇則大戴禮是也戴聖傳禮四十九篇則此禮記是也然則大小戴記各自傳述非互相刪并也考漢書儒林傳大小戴及慶氏皆后倉弟子小戴授梁人橋仁後漢橋玄傳云七世祖仁著禮記章句四十九篇號曰橋君學以受於小戴者本四十九篇故章句之數同也又曹褒傳云父充持慶氏禮褒傳禮記四十九篇教授諸生千餘人慶氏學遂行於世然則慶普所傳記亦四十九篇與小戴同受於后倉本如是隋志惑於陳邵之言且云

戴聖刪大戴書爲四十六篇漢末馬融足月令明堂位樂記三篇合四十九篇此說甚謬學者無爲所惑也

今本治小戴禮○此謂儀禮十七篇而喪服一篇又別行於世○案喪服篇兩漢已別行故馬融王肅亦單注此篇

馬融注周官○隋志稱周官禮十二卷 干寶注十三卷○隋唐志皆作十二卷隋志又有伊說注十二卷

裴松之○隋志集注喪服經傳一卷 雷次宗○隋志略注喪服經傳一卷 蔡超○隋志集注喪服經傳二卷 田僑之○隋志集解喪服經傳二卷 劉道拔○隋志梁有喪服經傳一卷宋徵士劉道拔注亾 周續之○隋志無

盧植注禮記二十卷○唐志亦二十卷隋志作十卷脫二字 孫炎注二十九卷○隋唐志皆三十卷 庾蔚之略解十卷字季隨○舊脫季字考冊府元龜六百六蔚之字季隨員外散騎常侍今據補 鄭玄○隋志儀禮梁有鄭玄音二卷又有禮記音一卷亾 王肅

經典釋文序錄攷證

七錄唯云撰禮記音○隋志亦云禮記音一卷亾**李軌**○隋志梁有儀禮音一卷禮記音二卷亾**劉昌宗**○隋志周禮音三卷餘同釋文**徐邈**周禮音一卷七錄無禮記音三卷○隋志云梁有禮記音三卷亾無周禮音舊七字三字皆空闕今補**謝楨**○隋志梁有射貞禮記音一卷葢卽謝楨也又有禮記音義隱一卷謝氏撰**曹耽**東晉安北諮議參軍禮記音二卷○舊脫晉字北誤作人參軍下空闕二字今皆據隋志補正**尹毅**禮記音二卷○舊作一卷今據隋志改**蔡謨**禮記音二卷○舊止存音卷二字據隋志補**徐爰**禮記音三卷○隋志二卷**王曉**○舊此下多空今案唯闕北字補之**沈重撰周**○周字舊誤作問今從段氏校改**禮禮記音梁國子助教皇侃撰禮記義疏五十卷**○隋志皇侃有禮記義疏九十九卷禮記講疏四十八卷陸葢指講疏也**故有公羊穀梁**風俗通云子夏門人○此當在風俗通闕文姓氏篇中陸云名赤本之桓譚七錄云名俶顏師古注漢書云名喜桓氏說最先後人多從之**鄒氏夾氏之傳　故不顯于世**後百餘年○百舊誤有今據宋本改**弘授嚴彭祖及顏安樂**字翁孫○漢書作字

公孫以授潁川堂谿惠○師古曰姓堂谿又○宋本又字空闕疏廣事孟卿唯魯榮廣浩○舊浩作皓同漢書今從宋本下同星公二人受焉蔡千秋梁周慶丁姓○師古曰姓丁名姓皆從廣受姓授楚申章昌曼君○李奇曰姓申章名昌字曼君期傳楚人鐸椒楚太傅○漢志有鐸氏微三篇椒傳趙人虞卿趙相○漢志有虞氏微傳二篇況傳武威張蒼○漢志有張氏微十篇司空南閣祭酒陳元作左氏同異○後漢書本傳父欽習左氏春秋與劉歆同時而別自名家王莽從欽受左氏學元少傳父業爲之訓詁魏司徒王朗○隋志春秋左氏傳十二卷王朗注陳郡潁容作春秋條例○儒林傳云著春秋左氏條例五萬餘言孫毓注二十八卷○隋志春秋左氏傳義十八卷服虔音一卷○隋志云梁有服虔音三卷亾梁東宮學士沈文何○春秋正義序亦作何字隋志作阿撰春秋

義疏闕下袟○隋志春秋左氏經傳義略二十五卷陳國子博士沈文阿撰陳東宮學士王元規續成之○隋志王元規續沈文阿春秋左氏傳義略十卷王愆期注十二卷○隋志十三卷李軌音一卷江惇音一卷○見隋志尹○舊作漢譌更始穀梁章句十五卷唐固注十二卷字子正丹陽人○子正丹陽四字舊闕今補糜信注十二卷魏樂平太守○隋志作平樂段肅注十二卷不詳何人○隋志作十四卷又云疑漢人案班固傳固奏記東平王云弘農功曹史殷肅達學洽聞才能絕倫誦詩三百奉使專對李賢注云固集殷作段然則殷肅卽段肅隋志疑爲漢人是矣

長孫氏博士江翁少府后蒼諫大夫翼奉安昌侯張禹傳之各自名家凡十八章○漢志長孫氏說二篇江氏翼氏后氏安昌侯說各一篇後漢馬融亦作古文孝經傳○案陸氏以馬融所注爲古文孝經隋志屬之今文誤也相承以爲鄭氏○案此書當成於康成孫小同孔安國○隋志古文孝經一卷孔安國

傳梁末亡逸今疑非古本案隋初所得乃劉炫僞作亦亡近得於日本國者與諸書所引孔傳有同者未知即劉炫本否

馬融鄭衆○隋志梁有馬融鄭衆注二卷亡

鄭玄王肅蘇林何晏劉邵○隋志孝經一卷鄭氏王肅解梁有蘇林何晏劉邵孫氏等注孝經各一卷亡

韋昭○隋志孝經解讚一卷

徐整○隋志孝經嘿注一卷

謝万○隋志集解孝經一卷

虞槃佐○隋志作虞槃佐

車胤東晉丹陽尹○舊丹字空闕隋志作丹楊尹今據補正陽當作楊以山多赤柳得名

王玄戴下邳人○舊下字誤爲大邳字空闕今補正隋志戴作載老子有王玄載注釋文亦作載此戴字誤也

皇侃撰義疏○隋志三卷

合成一法○法疑秩字之譌

魯論語者魯人所傳○漢志魯二十篇

別有問王王古玉字許慎說文解字引逸論語言玉者即此篇逸文也

知道二篇篇次不與齊魯論同新論云文異者四百餘字○者字舊譌音

孔安國爲傳○段云何晏集解所載孔注甚淺陋蓋亦如尚書孝經傳爲後人託作西京孔子國未嘗著書也

後漢馬融亦

注之○案陸氏以馬融所注爲古文論語與何晏集解序合皇侃義疏序及隋志皆屬之魯論誤也　後
漢包咸字子長○後漢儒林本傳字子良皇侃同此容誤　周氏竝爲章句　崔豹
注十卷○隋志論語集義八卷梁十卷　李充集注十卷東晉人○隋志晉著作郎　孟
整注十卷一云孟陋○隋志云梁有盈氏及孟釐注各十卷亾　徐邈音一卷○隋志論
語音二卷徐邈等撰亾　皇侃撰義疏○隋志十卷
此人君○漢志本作君人此蓋後人所乙改　南面之術也　河上公章句四
卷○段云此非西漢人所著書內有詮發王弼義者是王弼以後人作　王尙述二卷○案隋志
云王尙述注是王氏名尙述也此脫注字葢誤以述字當之唐志王尙注二卷竟作單名尙矣然王氏字君曾述字
必其名也　孟子○隋志作孟氏　注二卷巨生內○隋志巨生解二卷無內字　解二
卷　釋慧嚴○嚴字舊闕據隋志補　注二卷　顧懽堂誥四卷一作老子
義疏○隋志老子義疏一卷顧歡撰　節解二卷不詳作者或云老子所作○隋志老子節解二卷亦不載

姓氏或云老子老子二字必非陸氏本文近代有梁武帝父子及周弘正講疏○隋志老子講疏六卷梁武帝撰

梁國蒙縣人也○漢志云宋人今以郭爲主○今字舊脫依前例補司馬彪注二十一卷○隋志十六卷云本二十一卷今闕郭象注三十三卷三十三篇○隋志三十卷目一卷云梁七錄三十三卷案今篇數與此同而卷則併爲十矣孟氏注十八卷○隋志梁尚有錄一卷王○隋志作李叔之義疏三卷徐邈音三卷○隋志更有莊子集音三卷亦徐撰

釋詁一篇蓋周公所作釋言以下或言仲尼所增子夏所足叔孫通所益梁文所補張揖論之詳矣○案漢志爾雅三卷二十篇張揖云周公著爾雅一篇此葢指釋詁一篇也又云今俗所傳三篇篇當爲卷揔指二十篇也或言以下張意謂後人增足者有此數說前漢終軍始受豹鼠之賜○此光武時竇攸事郭璞誤屬之終軍而

陸氏亦沿其誤爾雅音義攷證載臧氏說甚詳

犍爲文學注三卷 一云犍爲郡文學卒史臣舍人漢武帝時待詔○案李善注文選羽獵賦引作郭舍人考漢書東方朔傳武帝初有幸倡郭舍人常侍左右注爾雅者疑非此人

樊光注六卷 沈旋疑非光注○案春秋正義引樊光注詩正義作某氏注殆因沈旋之疑也據此可見某氏即樊光耳

李巡注三卷 ○詩正義曰李巡與鄭同時鄭讀爾雅葢與巡同案見後漢書宦者傳蔡邕石經之刻李黃門白帝兆其謀也

孫炎注三卷 ○隋志七卷唐志六卷

郭璞注三卷 ○今本同隋志作五卷誤

梁有沈旋集衆家之注 ○隋志集注爾雅十卷梁黃門郎沈璇注

周易音義攷證

上經

易 虞翻注參同契云字從日下月正從日勿○宋本作字從日月無下字正從日勿四字諸本皆無今據明錢求赤影宋本補說者以勿爲日之光彩

乾 依字作倝下乙倝從旦㫃㫃音偃○作倝下乙舊本作乾下乙又倝從旦㫃作乾從旦㫃皆譌今從錢本正案說文乾从乙倝聲倝从旦㫃聲㫃讀若偃後人音古案切

无 通於元者虛无道也王育說天屈西北爲无○通於元舊本作通於无譌元即乾元坤元自無而之有者也元字左戾上徹爲无故言通於元若无通於无則不辭矣今從雅雨堂盧本正王育舊作王述譌據說文改正案育後漢章帝時人作大篆解說見唐元度十體書此所說即其人天屈西北雅雨本作天闕西北乃近人語

猶與 ○注疏舊本作猶豫孔氏不與陸氏同也官本乃改釋文從之非

則佞邪 字又作耶似嗟反○語辭之邪俗或作耶此并邪正之邪亦作耶更不可訓

之長 張丈反○書內多作丁丈反毛居正云作丁丈反者吳音也然則此書內凡張丈反皆疑出宋

人所改廣韻亦有丁丈一音毛說非今官本多作之丈反

不成名 一本作不成乎名○今注疏本有乎字

无悶 門遯反○明神廟十四年注疏本後載易釋文一卷較通志堂本爲勝此作門遯反

確乎 鄭云堅高之貌說文云高至○錢本凡貌字俱作皃此下亦多同案說文確作隺

尟克 本亦作鮮○錢毛注疏本皆作鮮克官本亦依釋文改之

解怠 佳賣反○神廟本作諧賣反

上下 竝如字上肅上音時掌反○毛居正云若上上音時掌反則下當音遐嫁反

流濕 申入反○案說文溼爲燥溼字濕與濟漯字同此通用無別今俗亦然

以辯 徐扶免反○毛本辯作辨後亦作辯錢作辯說文辯治也辨判也此似當作辨然經典每通用下不更出

其唯聖人乎 王肅本作愚人後結始作聖人○洪氏隨筆引後結下有句字

巛 本又作坤坤今字也○舊大書坤下云本又作巛巛今字也宋本已如此案以巛爲今字其謬顯然今從雅雨本蓋注疏本作坤後人誤并此改之浦氏鏜從舊本但於本又作巛下云巛坤古今字也增二字義差可通巛六畫中不連連者係川字

利牝 又扶死反○監本作扶允反譌日本所作考文亦謂其誤案扶死音近否卦之

否今流俗所呼皆用此音

喪朋 ○喪說文从哭从亾書內多用之此獨作喪後人改也今依舊本

閑 必計反字林兵結反○必舊本作心今從錢本明監本正兵舊作方今從神廟本

之飾 本或作餝俗字○宋本餝作餝亦俗

坤至柔 本或有文言曰者○今注疏本有文言曰

餘殃 說文云凶也○案今說文凶作咎

嫌 鄭作謙荀虞陸董作嗛○案王應麟玉海鄭氏周易云溓讀如羣公慊之慊古書篆作立心與水相近讀者失之故作溓慊雜也謂古書篆本作立心之慊因與水傍溓相近故誤作溓明監本詩正義亦如此惪氏棟慊溓交誤據岳本不可從詩正義謂慊於無陽爲心邊兼鄭從水邊兼言義當作慊鄭經誤作慊也

屯

則否 備鄙反○舊作都鄙反今從神廟本

而不寧 鄭讀而曰能○案禮記禮運聖人耐以天下爲一家正義引此作耐不寧竊疑後人依禮記正文改之觀下云說苑能字皆爲而則如彼正義亦必是而字不作耐

經論 本亦作綸○注疏本作綸

邅如 馬云難行不進之貌○臧氏琳云說文辵部無邅字辵部趁䞴也䞴趁也馬部駗馬載重難行也驙駗驙也易曰乘馬驙如然則邅如字當作驙說文當作屯如驙

如作乘馬者涉下而誤載重難行之義與馬融難行不進之貌正合則馬氏亦當作驙今作邅者蓋古或借作⿺走亶字走與辵偏傍相近遂誤作邅也

班如 如字鄭本作般○臧氏琳云正義引馬季長云班班旋不進也班旋不進義當作般然則馬融亦讀班爲般與鄭本合古般班字通書序班宗彝釋文班本又作般左傳成十三年鄭公子般自晉求入于大宮釋文般本亦作班漢書禮樂志般裔裔師古曰般讀與班同王弼云涉遠而行難可以進故曰乘馬班如則王意亦作般陸德明云如字此誤也

媾 古后反○案下賁睽震等卦俱音古豆反是此非也

以從 鄭黃子用反○子舊作于譌今從錢本正古易音訓周易會通及監本皆同

博施 式豉反及下文皆同○監本作下及文皆同非

漣如 說文云泣下也○案說文⿱連心云泣下也引易此文然則陸必本是⿰忄連字說文漣爲瀾之重文非此義

阨 ○舊本作厄今據宋本正錢本雅雨本竝同

蒙

童 字書作僮○案說文男有辠曰奴奴曰童其未冠者之稱作僮字然經典中皆通用無別

梏 廣雅云杻謂之梏械謂之桎○廣雅舊本作小爾雅錢本作小廣雅明監本同案小爾雅及廣雅今皆無此文

童蒙求我 一本作來求我○案呂氏春秋勸學云往教者不化高誘注易曰匪我求童蒙童蒙來求我故

往教之師不見化從也然則古本易經本有來字

苞蒙○舊本作包蒙今據錢本正明監本雅雨本竝同二字本通用毛居正以苞字爲誤是宋本元作苞後人或因毛說改作包非是泰卦苞荒亦同論語集解包氏皇侃本亦竝作苞氏

需字從雨重而者非○舊本雨作兩譌蓋字從雨先明字之正體也重而者非乃言俗作之誤若以兩重而連讀實不成語今改正

有孚又作專○錢本作尃同

利用恆未失常也本亦有无咎者○注疏本有无咎

于沙鄭作沚○沚舊本作沚從惠氏改沚與沙同

訟

惕王注在中吉下者非○注疏本在中吉下

渝鄭云然也○鄭本當本作俞

帶音帶亦作帶○注疏本作帶案禮記雜記率帶亦與此同

褫本又作褫○褫或體舊本褫虍下作巿譌今改正

師

貞丈人丈人嚴莊之稱○錢本嚴莊作莊嚴

天寵鄭云光燿也○舊本燿作耀非今從錢本正

有禽徐本作擒○臧氏琳云集解載荀爽曰二師師擒五知古文易本作田有擒李鼎祚曰六五居尊失位蓋猶殷紂而被武王擒於鹿臺之類是也以臣伐君假言田獵徐仙民易音據王弼注則王本作擒也

文弨案既假言田獵則假言禽獸亦可古擒亦竝作禽郎訓爲擒亦不必改字但周公意恐不如此

比 徐又甫履反○甫舊本作補今據錢本正案毛居正每以徐音中甫字當作補或作浦後人卽依毛說改之甚非是今於似此者悉復其舊

小畜 **蒸** 職膺反○膺舊本作膺今從宋本錢本明監本雅雨本竝同 **車說** 說文云解也○今說文作說釋也

履 **不憙** ○毛注疏本作喜 **跛** 依字作彼○彼舊本作破譌今從雅雨本正

泰 **彙** 彙作負出也鄭云勤也○案呂氏音訓云董作蕢出也鄭作負勤也似此有脫文 **苞** 本又作包○舊本苞包互易今依錢本正神廟本同 **荒** 本亦作巟○舊作㐬譌 **翩翩** ○注疏本作翩翩

同人 **辯物** ○注疏本作辨 **繫吝** ○注疏本作係吝官本改從釋文 **褊狹** ○褊毛注疏本作偏官本改從釋文 **不克則反反則得吉也** 一本作反則得得則吉也○集解作反則得則得則則吉也錢本同

大有　大車蜀才作輿○顏之推云蜀才范長生也注疏本作蜀本係誤改　其彭虞作尩姚云彭旁徐音同○尩舊從九譌今改正宋本錢本徐音同皆作俗音同　至知○注疏本作聖知

謙　名者聲名聞之謂也○注疏本經注皆作鳴謙陸氏所見本必本是名謙注亦作名者毛居正欲改作鳴者是不知陸孔兩家之本不相同也神廟本作鳴　征國本或作征邑國者非○注疏本有邑字

豫　睢字林火佳反○佳舊作佳譌今依神廟本改正　簪王肅又祖感反○毛居正欲改感爲咸不可從

觀　盥而不薦本又作廌同○舊本作王又作廌非是今據神廟本改正　神道設教一本作以神道設教○注疏本有以字　盡夫觀盛　故觀至　大觀在上王肅音官　以觀天下徐唯此一字作官音　觀盥而不薦　觀之爲道　而以觀感　風行地上觀　處於觀時　君子處大觀

之時 處大觀之時 大觀廣鑒亦音官 居觀之時 爲觀之主 觀之盛也從盡夫觀盛以下並官喚反餘不出者並音官○此十五觀字並官喚反中閒亦有可讀官者三字若如注疏本俱一例作小字夾雜不清殊不易了卽此觀之釋文必用單行本方爲善矣觀之盛也注疏本作觀之極者也

噬嗑 滅止本亦作趾○注疏本作趾 械戶戒反○戶舊作户譌今從神廟本改正 不行也本或作止不行也○本或二字舊倒今據宋本乙正神廟本雅雨本同 脃○注疏本作脆字俗 胏字林作坌○舊本坌譌作含今從神廟本正 未光大也本亦無大字○案大非韻不當有 何校又音河○本作又音何今改正又荷擔宋本從木作檐後多同

賁 鄭云變也○宋本作有也不可從 解天音蟹下同○注疏本自作觀天宋本錢本官本皆從釋文作解天解人不知與疏不相應也神廟本易釋文作觀天音官 其須字從彡水邊作湏非○舊本脫湏字從神廟本補 皤說文云老人皃鄭陸作蹯○案今說文作老人白也宋本凡貌字多作皃此白下也字文

不全轉寫遂改作貌字耳又蹯舊譌燔顧氏易音引作蹯且引蔡邕賦爲證經義考亦同今據改正 **翰** 鄭云幹也○本作白也據雅雨本正亦見檀弓正義 **寇難** 乃旦反下同○案下文及下卦竝不見有難字官本無下同二字當以衍去之 **賁于丘園** 黃本賁作世○世字難曉或貰之譌

剝 **以頹**○注疏本作隕 **六三剝无咎**○一本作剝之无咎非注疏本有之字

所芘 本又作庇○注疏本作庇

復 音服反也○神廟本作音覆 **朋來** 京作崩○舊崩譌從艸今據宋本神廟本改正字書無萠字

頻復 馬云憂嚬也○舊本作憂頻今從神廟本 **頻戚**○注疏本皆作蹙 **有灾** 本又作災○注疏本作灾

无妄 **不佑** 本又作祐馬作右○注疏本作祐說文云助也案右爲古文佑乃俗字陸以此爲正非是

畬 說文云二歲治田也○今說文亦是三歲

大畜 **煇** 音揮○毛注疏本作輝輝俗字官本依釋文作煇舊本音煇官本同今從宋本錢本音揮神廟

本同

利已 下及注已則能已同○能已注疏本作故能利已衍利字

輹 釋名云輹似人屐又曰伏菟在軸上又曰輹伏於軸上○今釋名云屐似人屐也此引以釋輹遂順文作輹可不必依本文考說文輹車軸縛也引易此文又轐字云車伏兔也引考工記加軫與轐焉此所引專釋輹字亦可不必細別兔菟古通用

險阨 本亦作厄○毛注疏本作厄官本從釋文作阨

之牙 鄭讀爲互○古牙互通用

頤朶 京作揣○朶說文作朵揣舊本從木譌今從宋本錢本正

而闕 ○注疏本無而字

虎視 又市止反○市舊本作常今從錢本正神廟本同

眈眈 ○眈從目官本從耳譌

逐逐 子夏傳作攸攸志林云攸當爲逐逐荀作悠悠劉作跾○臧氏琳云說文跾疾也一訓與許云速也合長也一訓與劉云遠也合貪利則欲速而志高遠此字當從劉表作跾攸悠皆借用同聲字漢書敘傳下其欲浟浟師古引易其欲浟浟云浟浟欲利之皃浟亦攸之俗字然亦可見本不作逐也虞喜妄云攸當爲逐王弼等同之漢易皆不作逐志林虞喜所作舊作字林非今從宋本錢本正通志堂原刻本作字林後改作志林錢本無攸字

施賢 ○宋

本作贒不必從

大過　稊○說文無稊字毛居正謂當作梯亦無左證伊川易傳云稊根也劉越石勸進表云生繁華於枯稊謂枯根也　則稺○舊本作稺今從宋本注疏本作稚係俗字

習坎　洊干作荐○錢本神廟本雅雨本荐作薦　窞說文云坎中更有坎○今說文作坎中小坎也與字林同此引字林坎中小坎則陸所見說文不與今同又徒感反宋本作陵感反　處欿亦作坎字○注疏本作坎

象曰樽酒簋一本更有貳字○注疏本有貳字朱子謂因誤讀而致衍

離　牝徐又扶死反○官本扶忍反非今從宋本與坤卦同錢本雅雨本並同神廟本扶允反　外強○注疏本作外彊　警○李氏易傳引注作敬　涕徐他米反又音弟○毛居正欲改弟為替則與他米反無異或當作又音體見禮記檀弓音　嗟古文若皆如此○舊本正文仍作若字則與注不相應雅雨本作嗟或又作嗟皆譌今案古文當為嗟

下經

咸脢 鄭云背脊肉也說文同○今說文背肉無脊字

恒餘緼 廣雅云積也○今廣雅作蘊同 而分 ○舊在德行詰兩條下誤今移正 夫靜 音扶○宋本錢本皆無此條舊本有雜在遯卦之下今從官本移正

遯 序卦云遯遯者退也○宋本作遂者 係遯 古詣反本或作繫○毛居正云當作胡詣反案後繫辭徐音胡詣反此不必同毛本注內俱作繫宋本錢本竝同 㦖 廣雅云極也○今廣雅作㦖 縎 ○注疏本作縎

大壯 郭璞云今淮南人呼傷為壯○舊傷壯互易今依方言注正 而愼禮也 愼或作順○注疏本作順 羝羊 廣雅云吳羊曰羝○案廣雅吳羊三歲曰羝 于易 鄭音亦謂佼易也○佼舊本作狡今從宋本錢本神廟本與狡通又謂壇場神廟本官本壇作疆 險難 如字亦乃旦反○浦氏鏜云亦當作又 猶與 一本作預○預當本作豫後來避諱改之 不詳 ○注疏本元作不祥今亦從釋文

晉　三　徐息漸反○疑是息暫反　鼫　子夏傳作碩鼠鼫鼠五技鼠也○錢本鼫鼠亦作碩鼠

明夷　遠遁　○注疏本作遯　夷于　京作暁○舊本京作亦今從宋本正神廟本同　用拯　說文云舉也○今說文作上舉也此下引字林云上舉則說文本無上字　示行　示或作亦○毛注疏本示作是錢本同疑此當本作是行是或作示爲得　然後而免也　一本作然後乃獲免也○今注疏本作然後乃免也足利所傳古本作然後獲免也案而字當讀爲能諸本皆非也

睽　說文云目不相聽也○聽舊本作視乃妄八所改聽者順從之意今據宋本正與說文正合　于巷　廣雅云居也字書作衖○今廣雅作衖與巷同意亦無異　掣　一說文作觢之世反云角一俯一仰○今說文作一角仰也　詭　久委反○久本作女譌今從神廟本改正　四剠　○說文或作黥字案或字疑衍

解　坼　說文云裂也○說文坼作𡋯　磐結　○注疏本磐作盤　或有遇　遇或作過　咎　○注疏本作過咎錢本釋文作或有過咎非其理也注一本無此八字過或作遇雅雨本從之今依舊本　用射　食亦反注下同○舊本作下注同今據宋本正神廟本同

損 虧減之義也○虧雅雨從神廟本作省

用亨 ○毛居正云用亨作享誤益卦用亨萃卦孝亨困卦亨祀鼎卦以亨注亨上帝渙卦亨于帝竝作享誤今案毛說非也古享亦作亨音二字通用凡悖騿錞淳醇啍敦鶉等字之從享者何嘗不得聲而謂二字必有異也神廟本作用亨葢從毛說誤改

徵 鄭云猶清也劉作澂云清也○徵注疏本作懲澂舊本作懲據訓云清也則當作澂

以上 ○注疏本以作巳案以巳二字同

化淳 ○毛本注作醇各本竝作淳

知者 ○毛本作智者

益

之處 昌預反○當作昌慮反此譌

用亨 ○舊本作用亨今從宋本神廟本作亨

不費 ○舊作用費譌今改正

无厭 ○无舊作無今改正

偏辭 孟作偏云周匝也○宋本匝作帀

夬

則邪 ○注疏本作則柔邪

陸 陸當陸也虞云莧說也陸和也○舊作陸商陸也則與馬鄭同非又說也作蕢也或作萁也和也作商也皆譌今據宋本正莧通莞故訓說陸通睦故訓和

柔脃 ○作脆俗今依前噬嗑卦爲正官本正作脃

姤

用娶 ○注疏本作取

正乃 正亦作匹○宋本錢本注疏竝皆作匹唯毛本依此作正官本同

誥 鄭作詰正也○舊本正也譌作止也今從神廟本改

柅 廣雅云止也說文作檷云絡絲跌也○廣雅柅從手作抳檷舊作檷今從錢本明神廟本同釋文於爾字多有從說文作爾者絡絲跌今說文作絡絲檷案廣雅亦作跌則跌字非誤

萃 在季反○舊作在李反譌今從神廟本

亨 馬鄭陸虞等竝無此字○案程子亦云羨文

愞 ○毛注疏本作懦官本從釋文作

妃 ○錢毛注疏本皆作配官本從釋文

未光也 一本作志未光也○注疏本有志字

涕 徐音體

洟 他麗反又音夷○檀弓涕他計反洟音夷廣韻涕音體又與洟同音替則洟亦可讀他麗反毛居正欲改涕他麗反徐音體洟音夷似可不必改

困

數歲 色主反○舊本色柱反譌案書內皆作色主毛居正亦謂當作主今改正

遐遠 本或作遐邇○注疏本作遐邇

藟 毛詩草木疏云一名巨荒似蘡薁○詩周南釋文引草木疏作一名巨苽似燕薁此似誤

井 廣雅云丼深也鄭云井法也字林作井○案說文井作丼中有一點則字林當是井無點廣雅釋詁云井灋也又云丼深也一無點一有點據陸云字林作井則陸本皆作丼後人改同一體廣雅作井而陸先引之可見字林作井之外凡井皆當作井

雍 說文作罋○雍舊本作甕觀注云鄭作甕則正文非甕明矣今從雅雨本正說文甕從雝同一字

无與之也 一本作則莫之與也○今注疏本與一本同

甃 馬云爲瓦裹下達上也○裹毛居正云裏之誤未知何據

革

堅仞 ○舊本作韌今據宋本錢本改各本多同唯神廟本萬卷堂本毛本作韌案仞與韌刃忍竝通用

鼎

賢愚別尊卑序 本亦作有別有序○注疏本有兩有字

以享 注享上帝同○同字舊本脫宋本有

是覆 ○今注云則是爲覆鼎也據此知爲字衍

趾倒 丁老反○毛居正云王注鼎覆則趾倒矣此是顚倒之倒當音丁耄反是去聲非上聲傾倒之倒作丁老誤

以爲子 于僞反○本無子字案上云取妾以爲室主爲如字讀下得妾以爲子乃當云于僞反不出子字則不明今補之

金鉉又古冥反一音古螢反○鉉亦作扃故有此音

震 以成成亦作威○舊威作盛今從錢本改神廟本官本同 解慢○毛注疏本作懈慢官本從釋文

視徐示志反○舊志作至今從錢本作志與頤卦同

艮 釬邪○釬俗字當作姦 不承音拯救之拯○注疏本作不拯案列子黃帝篇孔子觀於呂梁見一丈夫游之以爲有苦而欲死者也使弟子並流而承之殷敬順釋文云承音拯方言出溺爲承今方言作出休爲拼皆與拯通

漸 于干毛傳詩云涯也○官本改作毛詩傳云非書內毛詩二字連者皆後人所改 于陸高高之頂也○此與注同監本雅雨本俱作高山頂也則與馬說無異非也 孕說文云懷子曰孕○案說文懷作裹 桷說文云秦曰榱周謂之椽○案今說文秦名爲屋椽周謂之榱其文不同

歸妹 知弊○注疏本作知敝 不正无應本亦作不應○舊不應作正文无應作注今從錢本互易 承筐鄭作匡○舊本筐匡互易删此條今從錢本與玉海同神廟本亦正文作筐

豐　依字作豐今竝三直畫猶是變體若曲下作者禮字耳鄭云豐之言腆○說文本作豐故云三直猶變體舊本亦作三直此傳寫之譌又者字舊本作豆今從宋本蓋止論上形也又腆舊作倎今從錢本神廟本玉海同

則昊　孟作稷○冡稷古與昊通用穀梁定十五年經戊午日下稷乃克葬左氏作昊隸釋堯母碑日稷不夏卽日昊不暇又郙閣碑勀勞日稷費鳳碑乾乾日稷皆同

則湓　本或作則方湓者非○今注疏本作則方湓

蔀　略例云大暗謂之蔀○謂之舊本倒今從略例正

沛　子夏作芾傳云小也鄭干作芾云祭祀之蔽膝○舊本鄭干作芾之芾作韋字乃後人所臆改不知訓小之芾乃蔽芾之芾鄭干作芾乃朱芾之芾二字義本不同今從宋本正錢本同

豐其屋　說文作豐○舊豐作豐今依本書改正

闃　苦鵙反○闃與鵙竝從昊下作犬舊本闃下從六鵙從貝皆譌今改正

旅　喪牛之凶　本亦作喪牛于易○注疏本作喪牛于易

巽　巽弟　本亦作悌○注疏本作悌　頻顣　○注疏本作蹙

兌　黨繫　本亦作係○注疏本作係

渙 以逝 逝又作遊○注疏本作遊 厄劇 本又作危處○注疏本作危劇 巨墟 ○毛注疏本作虛官本改從釋文
皿去 ○舊本俱在遜字下係誤倒今移正
中孚 畜之 許六反本或作獸○注疏本作獸 爾靡 本又作縻○縻本作糜譌下埤蒼作縻則此不作縻今從宋本正
罷 徐扶彼反○神廟本官本雅雨本作扶波譌
小過 不寍上 時掌反注同下及文不寍上上六注上極同○館校改作注及下文不寍上上六注上極同案極字舊本譌亦館校可從餘且仍舊 于僭 ○于注疏本作於與下同 故令 力呈反下同○舊本作注同非今從官本
鴆 本亦作酖○毛注疏本作酖官本改從釋文 上六弗遇 玉付反○玉舊作王今從錢本毛本官本同
既濟 節計反○官本作節既反 衣袽 說文作絮云絜縕也○絮舊本作絮無絜字案說文作絮云絜縕也幷引易此文今從改補 有卻 ○注疏本作有隙
未濟 各得其所 一本得作當○注疏本作當 循難 ○毛本循作靖各本竝同釋文

自作循

周易繫辭上 字從毄下糸若直作毄下系者音口奚反非○舊脫下系二字案系糸二字不同說文各分部糸讀若覛此則下從糸今補之但書內皆作繫矣然正體不可不知又受辛者宜辭之舊脫宜之二字亦據本書增

其易之門 本亦作其易之門戶○注疏本有戶字 縣象 ○注疏本作懸象 霆 蜀才云疑爲電○舊本疑作凝非 所樂 音岳○毛居正云當音洛今案此書內多兼兩音或三音可不改 震无咎 周云救也○震通作振故可訓救本或作威也誤 弥 本又作彌○注疏本二字互易下注中彌字宋本竝作弥 天下之道 一本作天地○注疏本作天地 烟熅 ○注疏本作絪緼官本改從釋文 則有經營之功也 一本功作迹○毛注疏本作跡官本作迹 爻法 蜀才作效○注疏本爻作效 乎迹 本又作邇音介○錢本神廟本大字作邇注作迹音介疑是 也專 陸作摶音同○摶舊作塼譌今定作摶左氏昭廿年傳若琴瑟之專壹亦作摶史記始皇本紀摶心

揖志皆與專同

惡之○舊誤倒今從官本改正

靡之本又作縻○舊靡縻互易今從宋本正眾家本竝同

慎斯術也一本作順師用義○師用義三字疑臧生云是陸氏之師用順字爲義

不德鄭陸蜀才作置鄭云置當爲德○置德古通用大戴哀公問五義云躬行忠信其心不置荀子哀公篇言忠信而心不德

下人遐嫁反後同○後同二字疑衍官本刪

爲易者本又云作易者○注疏本作作易者

冶容王肅云作野音也○案此七字衍文冶音也及王肅作野音妖野俱已見此必寫者妄增入以句字數耳

酬酢京作醋○案說文酢醶也醋客酌主人也後來每互易用之京氏尚不失其舊

以言者下三句無以字一本四句皆有○注疏本皆有

者夫音符下同○下同本作如字謁今據宋本正

莫善乎蓍龜本亦作莫大○注疏本作莫大案漢書藝文志白虎通何休注公羊賈氏儀禮疏皆作善

淵奧○淵舊本作之疑避唐諱因致謁今依毛本正

默而成本或作默而成之○注疏本有之字

繫辭下

貞觀 官喚反○喚舊本作換譌今依前例作喚宋本錢本作煥

曰人 王肅卞伯玉桓玄明僧紹作仁○注疏本作仁卞舊譌卜今從錢本正神廟本譌作王

爲罟 黃本作爲网罟○注疏本作爲罔罟

爲耒 說文云耒手耕曲木垂所作字林同力佳反○案說文耒手耕曲木舊本耒譌作耜無手耕二字今據本書改補又力佳誤作力佳今改正又下本或下舊無作字據錢本增補

噬 市制反○此與前同宋本錢本神廟本皆作市利反

以別 一本作辯○毛注疏本作辨官本作辯

挎 本又作刳○注疏本作刳

掞 本亦作剡○注疏本作剡

棺椁 ○注疏本作槨

龍蛇 本又作虵同○蛇虵二字舊互易今從宋本移正注疏本正文作蛇

全身 本亦作存身○注疏本作存身

死其 其亦作期○注疏本作期

滅止 本亦作趾○注疏本作趾

尟不 本亦作鮮○注疏本作鮮

介于 眾家作砎○砎舊譌介今從雅雨本正

斷可 丁亂反注同○注不見有斷字官本遂刪去注同二字竊疑注字中定之於始陸所見必是斷之於始故云注同未便遽刪

數也 色主反○主舊作柱譌宋本作拄亦非仍據前後例改作主

爻䌛 ○繇字從系神廟本作䌛譌字書無此字

而中 丁仲反○錢本神廟

本作之仲反

亹亹 鄭云沒沒也○沒沒舊作汲汲譌今據宋本正錢本神廟本同沒沒猶言勉勉

探射 ○注疏本作探討是後人所改古本宋本錢本足利本竝是射字

說卦

蓍 其上常有雲氣覆之○史記雲氣作青雲

晅 況晚反京云乾也本又作暅徐古鄧反又音香元反○注疏本作烜舊本暅作晅非應從互得聲若香元則仍作晅字

熯 王肅云呼但反○錢本神廟本雅雨本作呼旦反案下云徐音漢則王必非呼旦反此呼但反自音罕

水火不相逮 鄭宋陸王肅王廙無不字○注疏本無不字

中男 丁仲反○毛居正云當作丁眾反案神廟本作之仲反

爲釜 房甫反○錢本扶古反

爲旉 鋪爲花貌謂之藪○案錢本神廟本花貌作花菜

萑 音丸○萑正字作雚此省文也

的顙 ○說文無的字雅雨本改從日

反生 䟽豆之屬○舊作麻豆錢本神廟本皆作䟽豆從之作麻恐後人所改

爲亟 王肅去記反○錢本神廟本記皆作冀

鱉 本又作鼈同○注疏本作鼈乃正字陸不辨失之

蟹 戶買反○本作戶賣反毛居正云當音戶買反蠏字無去

聲案解卦音蟹解字亦無去聲考禮記檀弓蟹有匡月令稻蟹皆戶買反則賣字實傳寫之誤雅雨本從神廟本作買今從之

羸 力禾反京作螺姚作蠡○案羸羸螺蠡三字音皆同

果蓏 應邵云○舊本邵字從力諸書多同神廟本作邵是今從之

喙 徐丁遘反○徐本必作喙字故有此音錢本神廟本作于穢反非

序卦

之稺 ○雅雨本作稺後墀字亦同說文犀从牛从尾墀字從犀稺字却從犀疑誤

雜卦 韓云雜糅眾卦也孟云雜亂也○注疏官本脫韓注并釋文亦多不全

周易略例 或有題爲第十者後人輒加之耳○案古本序卦雜卦本附說卦之後不別標題故此爲第十陸氏則序卦第十雜卦第十一故轉以此所題爲後人所加

明彖

動不能制動 ○句上官本有夫字衍下貞夫始音符則此字不當有錢本同

琁 ○官本作璇

明爻通變

善邇 善又作繕○案注云脩治也似繕字是

明卦適變通爻　要其一遙反○注前句本作會其終也官本亦作要其與末句同又此五字改作要音邀

辯位　無六爻○無錢本作无官本同下同

卦略

所贍市豔反○市舊作常諺從錢本正神廟本同　觸藩○官本作藩　洽乃本亦作合○亦舊本作又今從錢本作亦

尚書音義上攷證

案宋崇文總目云太子中舍陳鄂奉詔刊定始開寶中以德明所釋乃古文尚書與唐明皇所定今文駁異令鄂刪定其文改從隸書蓋今文自曉者多故音切彌省據此則今尚書釋文已非復陸氏之舊所標經注兩字者多刪去一字有必不可省者而亦省之今於古文有可攷者著其本字然依傍字部改易經文如陸氏穿鑿之譏庶免焉

尚書序

訓 凡十六篇正三三字舊脫今補○**濟南**○舊無南字今補此卷經後人刪易凡陸所連引者非所音字即去之如此處濟音子禮反而南字似閒遂刪去不知陸有郡名也三字濟南是郡名但濟一字可爲郡名乎

皐 本又作咎 **陶** 本又作繇○案漢書皆作皐繇繇從言是正體說文皐亦本作皋

堯典

堯 馬融云謚也○謚舊作諡依宋本乃說文本字下竝同

嵎夷○夷字舊刪去今案陸有釋補之

上尺遂反○上字亦後人所增

出日 他經無此例下竝同不重出

平 馬作苹普庚反云使也○案詩桑柔莽云不逮莽使也此作苹或可通爲饑饑安得訓爲滅

饑 馬云滅也○段氏玉裁云饑本是淺字開寶依唐石經改

爭 鬭也○陸每音爭鬭之爭但辨音不讀諫爭之爭耳義固不煩釋也此亦後人所改

僝 ○官本作僝非說文僝字下引虞書無僝字

舜典 梅頤上孔氏傳古文尚書亾舜典一篇○舊頤作賾宋本作梅頤案前序錄作枚賾近代所引皆作梅賾段云頤字是說見首卷又亾字舊譌云今改正

守 本或作狩○本字舊無毛注疏本有據補

贄 本又作摯○案說文摯握持也正合執摯義無贄字

四朝 鄭云四朝四季朝京師也○季古年字舊譌季今改正

大禹謨

矢 本又作夭○案夭古矢字隸釋成陽令唐扶頌惟直如夭太夂羡次六得夭夫又爭次八狼盈口夭枉其後惰書天夭枉夭皆作夭今字書有不載夭字者故具證之

寧 安也說文安寧如此願辭也○此文有譌案說

文宀部寍安也从宀心在皿上人之飲食器所以安人又丂部寧願詞也从丂寍聲古與甯通甯亦訓所願也今安寍字誤作寧詞亦不當作辭段云經文本作寍開寶改爲寧釋文必本作寍云安也說文安寧字如此寧願辭也

奄於簡反○段云簡當本是檢字 **戾**連悌反○悌舊作弟譌今從注疏本改 **懈**佳賣反○官注疏本音義懈作解舊佳賣作于賣譌今依下文改

號戶高反○戶舊作亾譌今依注疏本改

皋陶謨

憝○今書作憝 **嚴**馬徐魚檢反○舊檢作簡今從宋本

益稷

輴漢書作橇如淳音蕝謂以板置泥上○舊無謂字據史記集解補注疏本謂字譌重上蕝字 **畎**公犬反○注疏本作工犬反此後亦同 **艱**馬本作根○漢書作根 **彝**鄭云宗彝虎蜼○舊蜼譌作也今依正義改 **粉米**說文作黺黺○案說文無黺字此當仍作米 **出**又尺遂反○舊尺作勑今從宋本 **互**音冱○冱乃沍之變體注疏本作音護 **鏞**音庸○經本作庸開寶始改此疑後人所

增

蹌 說文作牄云鳥獸求食聲○舊牄譌作槍今依本書改正說文云鳥獸來食聲也不作求字

懈 佳賣反○賣舊譌賣今改正

禹貢

島 馬云島夷北夷國○經本作鳥開寶中改案史記禹本紀作鳥夷集解引鄭云鳥夷東北之民賦食鳥獸者

畎 徐本作甽谷○甽舊仍作畎說文古文作甽篆文作畎本字作く谷下當有也字

鉛 字從谷○釋文於鉛沿等字多從俗作公不能悉正今此明云從谷而舊猶從公不相應矣改之

漸包 字或作苞非叢生也○經文包本作苞開寶乃互易之苞正是叢生安得云非其㚇改之迹宛然

達于河 說文作菏工可反云水出山陽湖陵南○案說文菏澤水在山陽胡陵無南字此作湖非

厎 之履反致也史記作致○底舊作底又作致譌音致今皆改正

施 音毛○段云經文羽旄開寶改作羽毛遂以此字倒移於犀字下

九江 張須元緣江圖○舊元作无今從宋本

箇 韋昭一名聆風○韋昭下當有云字

璣 玉篇渠依居沂二反○今玉篇作渠氣

榮 ○經文本作熒注同

導 音道○必無此音理經本

作道陸音導後人倒易之舛謬之甚下同

菏 又工可反○舊工譌士今依前改正

璆 韋昭郭璞云紫磨金○案陸本必本是鏐字史記集解引鄭注黃金之美者謂之鏐因入之孔傳下遂改鏐爲璆傳云璆玉名此殊不相合下又有案郭注爾雅鏐即紫磨金十字與上文複鏐亦譌璆此又後人妄增改陸本當亦爾

崐崘 ○史記作昆侖

道 音導○舊亦仍前之譌今案史記夏本紀漢書地理志正文竝作道據改正

太行 ○案釋文內太竝作大此亦宋所改易下竝同

隩 ○玉篇隩字下引夏書四墺既宅本亦作隩

甘誓

勦 馬本作剿○經文勦本作剿絕也若勦字玉篇訓勞也此亦開寶所改剿與剿同舊譌巢亦據玉篇改正

五子之歌

猒 ○本今作厭

𦙍征

赦 亦作赦○赦俗字

契 息列反○舊列譌例今依前改

帝告釐沃 此五亾篇○幷湯征

尚書音義上攷證　三

女鳩女方爲五篇此字上有脫文

仲虺之誥

奚弦雞反○舊本無從注疏本補　懈工債反○案前後皆作佳賣反

太甲中

厭○此音傳中無厭之厭今本多作斁宋本作厭厭與釋文合足利古本亦同

盤庚上

斆戶教反又如字○舊無又如字依宋本增　聒聒馬及說文皆云拒善自用之意○案說文作懖懖从心銛聲或从耳脫拒字當有　昏本或作暋○案鄭作昏讀暋暋勉也今書亦竝作昏而今說文昏字从日氏省云氏者下也一曰民聲又敃字从攴昏聲冒也引書敃不畏死陳氏樹華云說文从昏之字不一䝙字注云䝙或从昏以昏時出也今說文云云乃徐鉉之誤然則此昏字當由唐人避諱所改五經文字中凡從民之字俱作氏是其證　奉孚勇反注同○舊無注同二字從宋本增　嚮○經當本作鄉　遟徐持夷反○遲

籀文正作遲或作迡持夷當是侍夷

盤庚中

亶誠也○舊作誠也今注亦作用誠案宋元本足利古本皆作誠字今據改　逷○經文本作御開寶改爲逷

不易○舊無不字下易種亦無種字似此易相混皆出後人所妄刪也今俱補正

說命下

酢七故反○舊酢作醋今傳亦同此後人所改也陸氏於內則爾雅竝作酢字今據改正

高宗肜日

昵○經文本作尼注中昵竝當作尼開寶乃添日旁

微子

酗說文作䣱云醉醟○舊醉譌作酒今改正　醟說文于命反䣱酒也○今說文無酒字　懈○今傳作解

尚書音義下攷證

泰誓中

渴 苦曷反○官本注作竭字音巨列反案此渴日當如公羊渴葬之渴似不當作竭

泰誓下

斮 又七略反○七舊作士今依毛居正改

牧誓

戎車 釋名云古者聲如居○音居是也韋昭古皆尺遮反之說不可信

牝 頻引反徐又扶忍反○案易坤卦音頻忍反徐邈扶忍反又扶死反此作頻引譌又刪去扶死一音殊闕略

刺 七亦反○書內刺皆作刺誤今改

迓 ○本是御字開寶所改書內竝同正下竝同

武成

魄 說文作霸云月始生魄然也○也舊作貌今依本書改

窋 ○舊作窟案永懷本作窋明監本今官本

皆同從之別本多作窟 治○舊在所任下誤今移正

洪範

儼魚檢反○檢舊作簡今從宋本 罹○經本作離開寶改之 陂舊本作頗音普多反○作陂乃唐明皇所改疑頗與義韻不協因博詢羣臣而改爲陂不知義古音俄正與頗韻協不當改陂陸氏在唐初必然作頗字足利古本作頗此亦宋人改之今改正 能治直吏反○舊在禦字下誤今移正 燮○舊下從火譌

辟徐甫亦反○甫舊作補案毛居正謂甫當作補後人卽以其說改之非陸氏之舊 蒙○本作雺開寶改之下亦同 驛○本作圛 煖○足利古本作燠宋本同正義本作煖 治直吏反下政治治其職皆同○案治其職不當與政治同音正誤已言之然不止一處

旅獒

獒馬云作豪酋豪也○云字當在作豪下案正義載鄭云獒讀曰豪西戎無君名強大有政者爲酋豪國人遣其酋豪來獻見於周說與馬同篇亾今之旅獒因書序有此二字而僞作也余外祖馮氏景曰周書王會解四夷獻犬

者三皆非西旅竹書紀年亦不載張揖廣雅其釋犬屬曰殷虞晉獒楚黃韓獹宋浞張華博物志亦云周穆王有犬名秏毛白晉靈公有畜犬名獒若果有獻獒事何以不舉周而但言晉乎然則獒當讀豪馬鄭兩大儒之說眞無可疑矣　**厎**之履反○宋本之視反下篇同　**不易**羊隻反○隻舊譌質今從宋本改正廣韻作羊諡反

累○本作絫開寶改累下竝同　**昊**○注疏本作昃案說文作厤周禮作厤小異大同　**巢**徐呂交反○毛云呂當作石

金縢

差初賣反○舊賣譌賣今改正　**辟**說文作辟○辟舊譌壁今依本書改正　**大誥爾多邦**○馬本作大誥繇爾多邦○舊但標一邦字今依陸氏通例補四字

微子之命

猷○今注疏本作厭

康誥

乃洪大誥治 一本作周公迺洪大誥治○據此豈陸本本無周公咸勤四字耶迺當作廼猶不失乃字意

酒誥

文王第稱穆 差弗爲穆○宋本作羌弗 **差** 初佳反○佳舊譌隹今改正

梓材

梓 本亦作杍○尚書大傳作杍 **茨** ○舊下作次譌今改正 **臒** 枉略反說文云讀與靃同○枉舊作枉此依宋本說文讀若隺與此不同

洛誥

頒 徐甫云反馬云猶也○猶下脫一字以音求之或是分字 **蘉** 徐莫剛反○段云當作莫崩反見五經文字 **旁** ○本作方開寶中改

多士

畀○舊在治字下誤今移正　秉爲于僞反注同○舊無注同二字依注疏本增　已上○注疏本已作以足利古本作巳　遯他力反○段云當作他歷反

無逸

諺魚變反○此音與大學同宋本作五旦反與論語喭音同　治直吏反○經云治民祗懼不當作去聲此卷內凡治字音多誤　供○本作共

君奭

尹摯○足利古本作伊尹後改伊摯史記世家集解引此正作伊摯舊摯譌從埶今改正　南宮括工活反○工舊譌土今據宋本改　奔走鄭箋云奔走使人歸趨○句下箋本有之字此脫

多方

費誓○費本作粊開寶中改下同　懫說文之二反○案說文作䞋忿戾也从至至而復孫孫遁也引此文

顧命

憑○本作凴開寶中改下同　王崩馬本作成王崩○案鄭注周禮司几筵及天府並作成王崩

鄉○字本作鄉　篾○段云當作蔑　車渠車輞也○輞舊譌軔今改正　戺音俟徐音士○舊無徐音士三字注疏本有　卞○字本作弁　咤說文作詫丁故反○舊詫譌詑丁譌下俱依宋本改正

康王之誥

鬣力輒反○舊反譌叉今改正　王若曰庶邦侯甸男衞馬本從此已下爲康王之誥○舊截去上六字但標甸男衞三字似全不識文理今補之

畢命

施始豉反○舊豉譌鋭今改正　人少詩照反○案經云罔曰民寡傳云無曰人少不足治也則非長少之少此音殊謬

冏命

冏 字亦作䍡○舊譌作臩今改正　憸 本亦作𢘍○𢘍舊作思譌今改正

呂刑

贖 音蜀注及下同○舊無及字今補　耄 本亦作薹○案說文止有薹字从老从蒿省　君帝 君宜作皇○段云本作皇帝注君皇二字當互易　鍰 六兩也鄭及爾雅同說文云六鋝也鋝十一銖二十五分銖之十三也○案爾雅當本是小雅謂小爾雅也說文鍰鋝也此六字譌浦云衍說文十銖脫一字二十五分下脫銖字當據此補之　弁 必政反○舊政譌致今改正

費誓

不闢 舊讀皆作開○闢通志堂本作開案云舊讀皆作開則此字當尚未改從今字今故依本字作闢段云作開當是音開　杜 本又作敷○案梓材惟其塗丹雘塗亦本作敷

秦誓

隉○宋本作隉從毀省

毛詩音義上攷證

周南關雎故訓傳第一

舊本多作故今或作詁○正義作詁云今定本作故案漢書藝文志多作故

關雎 所以風 如字徐福鳳反今不用○案劉巘詩序義崔靈恩集注皆從徐讀幷易字爲諷陸氏從沈重音如字沈說云風教能鼓動萬物如風之偃草也此說比諷字義尤精今人言風化風聲並未有從諷音者且古人音多不隨義爲區別詳見余鍾山札記中

歎之 湯贊反○湯舊譌傷今從宋本正注疏本亦同贊上本從犾陸皆從犾非是

之苛 本亦作荷音何○舊譌作音同宋本注疏本皆作音何

鶵 本亦作騶○騶舊譌騆案廣韻雛下有雛字云俗是知鶵字亦俗作騶也

雎鳩 鳥之有至別者○當作鳥之至而有別者案毛傳云鳥摯而有別箋云摯之言至也雄雌情意至然而有別皆不以至別連文此似誤

興也 案興是譬諭之名○諭舊作喻今從宋本注疏本同

好逑 本亦作仇○臧氏琳云毛詩多借仇怨之仇爲匹耦之逑此亦當爾今作逑者恐是後人改從正字李賢注後漢書李善注文選皆引作君子好仇可證

毛詩音義上攷證 一

本作仇也

荇　本亦作莕○案爾雅釋草作莕

之菹　字又作葅○注疏本作葅說文有菹無葅

輾　本亦作展○案王逸楚辭章句十六引詩展轉反側李賢注後漢書光武帝紀李善注潘岳秋興賦並同說文無輾字當以作展爲正

其一章　○舊復章字今刪

四句

葛覃　本亦作蕈○案五經文字九經字樣俱云覃或作蕈

萋萋　茂盛皃○舊皃作貌今從宋本下放此

叢木　一本作最作外反○案最乃冣之譌冣才句切說文積也最犯而取也顏氏家訓載周續之劉昌宗又音徂會反祖會反則已譌爲最矣

是艾　本亦作刈○案艾是假借字刈是正字釋訓釋文又作乂注疏本作刈

是濩　胡郭反煑也○案石經爾雅作是鑊今本毛傳作濩煑之也足利古本無之字以陸本證之良是詩正義云以煑之於鑊故曰濩煑非訓濩爲煑若毛本依爾雅作煑之孔又何用費辭乎

猒也　本亦作厭○注疏本作厭

謂嫁曰歸　本亦無曰字○案論語八佾音義云謂嫁爲歸一本無爲字本今作曰歸據此知毛詩論語注古本皆作婦人謂嫁歸也

害澣　害戶割反曷何也○今毛傳作曷何也曷字當仍經文作害爲是釋文曷字亦衍文

卷耳

崔嵬　毛云崔嵬土山之戴石也毛此注及下釋砠與爾雅異○舊毛

云作毛公爾雅異作爾雅同今俱改正也字傳本作者足利本作者也案者字不可省**我姑**說文作夃○案說文夃从乃从夕乃隸作乃許以毛詩姑字古文假借作夃詩之義不以奉以市買多得爲夃也此段氏玉裁假借說**兕**字又作兕○注疏本作兕七經孟子考文載足利古本作兕案兕爲俗字說文本作兕又載古文作兕**觵**字又作觥○案注疏本作觥足利本作觵**硊矣**本亦作砠○舊譌作硊矣今改正五經文字云硊亦作砠見詩風與釋文合注疏本作砠**瘏矣**本又作屠非○案釋詁釋文云瘏詩作屠是可知爾雅正字作瘏毛詩假借作屠矣陸以病義㝉从疒故於此又以爲非**痡矣**本又作鋪同○案釋詁釋文云痡詩作鋪今雨無正淪胥以鋪傳鋪病也尚作鋪字此篇則陸氏以前人已改作痡矣**痡病也**一本作痡亦病也者非○注疏本有亦字**樛木**馬融韓詩本並作朻○臧氏云古樛朻互通爾雅釋木下句曰朻釋文朻本又作樛**之心焉**崔集注本此序有鄭注檢衆本並無○注疏本有鄭注**纍之**本又作藟○楚辭章句十六引作藟**帶之**本又作縈○注疏本作縈**螽斯****詵詵**說文作舜○案今說文脫舜字葢唐本說文舜下引此詩**蚣蝑**江東呼爲蚣蝑○方言注作江東呼

蚳蚸案即蛨蜢也　**菟罝**菟又作兔○注疏本作兎　**芣苢**　**擷**一本作襭同○注疏本作襭足利本作擷

漢廣　**休息**古本皆爾本或作休思此以意改耳○案正義云經求思之文在游女之下傳解喬木之言先言思辭然後始言漢上疑經休息之字作休思也但未見如此之本不敢輒改耳案韓詩外傳作不可休思毛亦當同據陸孔之言則所見本皆已譌作休息毛公作傳時則本作不可休思也

泭或作柎○足利本作柎

言秣說文云食馬穀也○段云說文䬴食馬穀也無秣字廣韻秣同䬴

汝墳常武傳云墳涯也○案常武从水作濆

能閔其君子一本有婦人二字○注疏本有

惄如本又作惄○注疏本作惄蔡伯喈石經凡叔字皆作尗釋文本之

調又作輖○後蜀石經作輖

頳尾說文作䞓又作赬○案頳即赬之譌五經文字云䞓赬二同釋文作赬然則張參所見釋文本作頳尾也

如燬字書作𤈦音毀說文同○說文引詩王室如𤈦

爲踈踈亦作疏○注疏本作疏

麟之止本亦作趾兩通○注疏本作趾俗字也鄭注儀禮云今文止作趾是止爲古文也俗本乙改之說文以止爲足無趾字

題也郭璞注爾雅顁也○顁舊譌頲今改正

召南鵲巢第二

鵲巢 御之 本亦作訝又作迓同王肅魚據反云侍也○案古迓迓字多作御書牧誓正義引作百兩迓之或作訝皆非也毛傳云諸侯之子嫁於諸侯送御皆百乘是毛讀御爲迓故箋申之云御迎也王肅欲與鄭異故御讀如字而訓爲侍雖述毛而失毛意矣 方有之也 一本無之字○疑無之字是朱子集傳方有也

采蘩 蚤也 本多作早○注疏本作早 髲 鄭音髮○髮字誤鄭云以被婦人之紒是鄭音髲爲被也

草蟲 鼈 本又作鱉○从魚者俗字說文有鼈無鱉

采蘋 浮者曰藻○王應麟詩考作浮者曰薸音瓢當據以改正音瓢二字亦釋文本有 大蓱 本又作苹一本作苹○足利本作萍案說文苹蓱也蘋大蓱也則作蓱爲正作萍爲或體苹又萍之省 涯也 本亦作厓○足利本作涯注疏本作厓 亨也 本又作烹○足利本作烹字俗古烹煮字皆作亨 魚湆 ○字本從泣下肉今經典竝作泣下曰 其鬵 本或作粢○注疏本作粢案古之粢字多作鬵見周禮

甘棠 名奭 ○字當作奭今經典多作奭 所茇 說文作废云草舍也○毛傳茇

草舍也與周禮注茇舍訓草止正同今說文废舍也無草字蓋卽以废爲止

去也 ○注疏本無也字足利本有

所憩 本又作揭○舊憩字舌在左旁今從宋本正

所說 本或作稅○郭璞注爾雅釋詁李善注曹植應詔詩皆引作稅

行露

夜莫 本又作暮○今注疏本鄭箋無夜莫之文毛本因妟改釋文爲露本又作暮足利古本于箋夙早也下有夜暮也三字與釋文正合宋本亦不作露字

紂帛 依字糸旁才後人遂以才爲屯因作純字○案古紂字多作純見鄭康成周禮禮記論語等注據陸氏此言知正文本作純帛注疏本作紂帛後人因亦改此正義亦作純帛云定本作紂字是注疏本從定本也

我

訟 如字徐取韻音才容反○案才容反此訟字古音書囂訟可乎馬融本訟字作庸史記作凶可證陸氏以徐爲取韻其實古人無平側之分雖才用反亦未嘗不與韻協也

羔羊

五它 本或作紽○注疏本作紽

委虵 本又作蛇同韓詩作逶迤○注疏本作蛇李善注文選潘安仁馬汧督誄引毛詩作逶迤逶迤引傳亦同

緎縫也 一本作緎猶縫也○足利本有猶字

般其靁 靁亦作雷○初學記一引作雷

摽有梅

鄉晩 又作向○足利本作向

小星

寔

命韓詩作實云有也○案韓奕實墉實壑實畝實籍箋云實當作寔趙魏之東實寔同聲寔是也據此則韓詩因聲相近而誤作實遂如字讀而訓爲有也

江有汜　有嫡○或疑當作嫡能案上文嫡能自悔也與下嫡亦自悔也詞意皆復疑陸氏所見詩序本作勤而無怨能悔過也故嫡字至此方出

道江本亦作導○足利本作導

野有死麕本亦作麏○注疏本作麕昭元年左傳作麏

苞逋茆反○注疏本作包唐石經同二字本通用說文勹象包裹之形苞之正訓乃草也不當以苞爲正字而以包爲非逋茆注疏本作逋茅周禮醢人茆菹鄭讀爲茅後來二字亦通用易姤卦包有魚鄭百交反凡經典中所音無非平聲若謂茆當讀卯則陸氏何不即音逋卯之更明白乎且說文玉篇茆皆音柳今若切苞爲逋卯逋柳實恐駭俗因有疑逋茆與逋茅異讀者故爲辨之

何彼襛矣○今俗本襛譌作襛集注宋本亦尚作襛

雝王姬一本作雝則王姬○正義作雝則王姬云定本雝王姬無則字

車服韋昭曰古皆音尺奢反後漢以來始有居音○案此乃韋駮釋名之文其說非是凡詩車字多爲居音劉成國釋名之言是也

繪本又作績○注疏本作績案說文當作繪作績義別

騶虞

壹發徐音廢○案古廢發

聲同古論語廢中權魯論語發中權

邶 本又作鄁○顏師古注漢書敘傳下引作鄁

柏舟第三

柏舟 汎流貌 本或作汎汎流貌者此從王肅注加○案汎彼柏舟毛傳汎流貌亦汎其流毛傳亦汎汎其流上句單言汎下句重言汎汎故正義釋經云言汎然而流者是彼柏木之舟此上句單言汎之證也亦汎汎然其與衆物俱流水中而已此下句重言汎汎之證也與陸氏正同今注疏誤從王肅注作汎汎流貌肅注於毛詩傳多所增改非陸氏此言後人孰知之

以敖 本亦作遨○案文選注引詩皆作以遨以遊

匪

監 本又作鑒○注疏本作鑑

棣棣 本或作逮○案禮記孔子閒居左氏襄三十一年傳皆引詩威儀逮逮古逮棣聲同何被襛矣唐棣字林大內反

儼然 本或作嚴○案古儼字多作嚴曲禮儼若思釋文作嚴論語子張望之儼然釋文儼然本或作嚴

慍于 怒也○案正義則本是怨也亦通

遘閔 本或作靚○注疏本作靚王逸楚辭章句十四顏師古注漢書敘傳皆引作靚

寤辟 本又作擘○足利本作擘

迭而 韓詩作栽○栽當作戜下同

綠衣

母婺 謚法云○謚舊作諡茲從

宋本五經文字謂說文作謚今兩徐本皆誤作諡

燕燕于南 如字沈云協句宜乃林反○案古音南讀如任沈以乃林反爲協句非

實勞 實是也本亦作寔○疑陸氏本作寔勞寔是也本亦作實後人據注疏本乙改

塞瘞 崔集注本作實○案俗本作實定本作瘞正義從俗本書舜典正義云詩毛傳訓塞爲實定本作瘞非是說文心部㥶實也从心塞省聲是毛詩借塞爲㥶也

日月以至困窮之詩也 俗本或作以至困窮而作是詩也誤○足利本作故作是詩也正義本并無之詩二字

我顧 如字徐音古此亦協韻也○案商頌韋顧漢書古今人表作韋鼓徐音與漢書正合皆古音也陸氏不知故皆以爲協韻

終風疌 本又作嚏又作疐鄭作嚔○案崔集注作疌是六朝舊本皆然故陸氏從之嚏即疌之異文一切經音義十六引詩願言則嚏正義則從王肅作疐今注疏本經文從鄭箋作嚏說文引詩亦同

擊鼓闊 韓詩云約束也○案李善注文選劉越石荅盧諶詩引薛君韓詩章句曰括約束也是毛詩作闊韓詩作括也

成說 鄭相愛說也○愛舊譌憂今改正

與之約 一本作與之約誓○注疏本有誓字

洵 韓詩作夐○案高誘注呂氏春秋盡數篇引正作夐

凱風

棘心　俗作棘○案魏風園有棘亦云俗作棘今注疏本妄改作楝玉篇棗俗作棗此正相同

雄雉

不恤　本亦作卹○段云說文引書無毖于卹李善注藉田賦引書惟刑之卹哉今衞包皆改作恤說文皿部卹憂也心部恤憂也雖二字音義皆同然古書不容徑改據段說知古本毛詩亦本作卹攷魏石經尚書大誥篇卹字有古文篆文隸字三體皆从卩而不從心漢街彈碑優卹民隱張納功德敍卹澹凍餧亦皆从卩疑說文心部字是後人所增今改正

自貽　本亦作詒○注疏本作詒

不忮　之豉反○豉舊譌跋

匏有苦葉

揭揭衣　一本作揭褰衣○注疏本作揭褰衣

軌　舊龜美反依傳意宜音犯○段云軌非轍跡之專名毛傳本作由輈以下為軌此以車之高下言軌也高誘注淮南子云兩輪之間為軌此以車之廣狹言軌也毛傳以下誤作以上故以車軾前之軌解之而禮記少儀正義開成石經竟作濟盈不濡軌釋文軌舊龜美反是晉宋古本皆作軌也

旭　許玉反說文讀若好字林呼老反○案字林之音與說文讀若勖同勖从力冒聲知亦讀若好也爾雅釋訓旭旭蹻蹻憍也釋文旭旭郭呼老反邢疏曰郭讀旭旭為好好小雅巷伯云驕人好好

谷風

黽勉　本亦作僶○白帖十七引詩僶俛同心

與蕾本又作蕾○足利本作蕾　有違韓詩云違很也○很舊譌張今依注疏本正　宴爾本又作燕○爾舊作爾今從宋本足利本宴作燕　故見渭濁舊本如此一本渭作謂後人改耳○案正義渭作謂定本作故見其濁足利本與定本同　無發我笱○今本同上句皆作毋　肆勞也爾雅作勤○案正義曰肆勞釋詁文爾雅或作勤是爾雅亦本有作肆者　旄丘或作古丠字○丠舊譌北今改正　蔓莚又音延○今本皆作延足利本作莚　瑣兮依字作瑣○唐石經作瑣注疏本同　流本又作鶹○釋鳥釋文作鶹　褎如本亦作裦由救反○正誤云裦當作褎褎案說文袖爲褎之俗字則作褎是由舊譌申今從宋本注疏本同　簡兮　泠官字亦作伶○足利本作泠注疏本作伶　泉水　思之至也一本思作恩○正義作思云定本作恩字　毖彼說文作毖○段云說文毖注讀若詩云泌彼泉水不作毖字陸氏誤　于禰韓詩作坭○鄭注士虞禮引詩飲餞于泥蓋即韓詩坭字之異文　北門　投擿與擲同本或作摘非○注疏本作擲　摧我音千隹子隹二反○千隹舊譌于隹今改正　北風　虛虛也

一本作虛徐也○臧氏云正義作虛徐也云傳質詁訓疊經文耳非訓虛爲徐蓋虛徐即虛邪也釋文作虛虛也今注疏本同非是

靜女　踟直知反○直舊譌眞今改正　說懌說本又作悅○白帖作引作悅

新臺　泚玉色鮮也○舊作新色今從說文改　有洒韓詩作漼○段云此必首章新臺有泚河水瀰瀰之異文漼漼與泚瀰同部與洒浼不同部毛傳泚鮮明貌韓詩漼鮮貌毛傳瀰瀰盛貌韓詩漼漼盛貌陸氏屬之二章誤也

二子乘舟　駛疾一本作迅疾○注疏本作迅疾

鄘柏舟第四

柏舟　兩髦說文作髳○說文髮正字髳省文　不亮本亦作諒○注疏本作諒爲正字

君子偕老　佗佗○宋本作他他讀詩紀引釋文亦作他他是作佗佗者後人依注疏本改　揄字又作褕○注疏本作揄　狄本亦作翟○注疏本作翟足利本作狄　玼玉色鮮也沈云王肅本或作瑳○玉色舊誤作新色今從說文玼瑳蓋古今字周禮內司服音義玼音此劉倉我反本亦作瑳陸據舊本以前後分之非也　鬒說文云髮稠也○說文正作㐱重文作鬒　皙也○當從白作晳

冬衣 ○正義本無此二字云定本云展衣夏則裏衣絺綌俗本多云冬衣展衣蓋誤也足利古本又作冬則衣較釋文及俗本多一則字 **於君子** ○一本無子字注疏本無 **媛也** 援取也○許氏烜云取乃助字之譌當改正 **桑中** **行也** ○注疏本無也字足利本有 **列國之女** 一本作列國之長女○注疏本有長字 **定之方中** **衛爲狄所滅** 一本作狄人本或作衛懿公爲狄所滅非也○正義作狄人足利本作衛懿公爲狄人所滅 **熒澤** ○注疏本从水作滎非 **東辟** 音壁○注疏本作壁 **彼虛** 本或作墟○水經注八引作墟 **能說** 述讀如遂事不諫之遂○古遂述聲同禮記學記術有序注術當爲遂遂聲之誤也 **爲卿大夫** 一本無卿字○注疏本無 **騋牝** 徐扶死反○舊作扶允是妄改今從宋本注疏本亦不誤 **過禮** 一本作過禮制○注疏本有制字 **相長** 張丈反○注疏宋本作丁丈反是

衛淇奧第五

淇奧 **綠竹** 竹萹竹也韓詩竹作䓯音徒沃反云䓯萹筑也石經同○萹舊俱譌从竹今從宋本正下

同臧氏云說文筑萹筑也䓴水萹筑也是毛詩作筑以爲岸萹筑竹是假借字韓詩作䓴以爲水萹筑是陸氏隋唐閒人此所言石經指漢熹平石經也漢石經詩爲魯詩是韓魯詩同作䓴字經言瞻彼淇奧則言水萹筑是韓魯較毛爲勝

之烈 一本作之餘烈○注疏本有餘字

有匪 本又作斐○大學作斐

琇 說文作琇○琇舊亦作琇今依本書正

猗 ○北宋本从犬見賈昌朝羣經音辨犬部正義宋本及足利本皆从人

有弛 本亦作施○張弛字从弓爲正

碩人

衣錦 於既反注夫人衣翟今衣錦同○注疏本作國君夫人翟衣而嫁今衣錦者足利本每句上下皆有衣字非是

褧 說文作檾○說文褧下又引詩與今同案檾爲枲屬字或借褧而非此詩之義說文於檾下亦引詩或出於魯韓未可知如言衣錦麻衣似非辭

齌 本亦作蠐○注疏本作蠐

盼兮 ○舊作盼兮譌今改正

說于 本或作稅○文選八注張揖引詩作稅

用適 本亦作嫡○注疏本作嫡

孽孽 韓詩作巘○高誘注呂氏春秋過理篇引詩庶姜巘巘凡高所引多同韓詩

罛 音孤○宋本有此條然此音已見於經誤仍之

氓

弃背 ○注疏本作棄背

佚也 ○注疏本作泆也

體無 韓詩作履履幸

也○禮記坊記引詩履無咎言鄭注履禮也**之繇**○宋本系上加卜是後人妄造今不從**桑葚**本又作椹○五經文字云椹詩或體以爲桑葚字**之宴**本或作丱者非○正義曰經有作丱者因甫田總角丱兮而誤也定本作宴案甫田傳丱幼稚也於此無傳作丱非**竹竿　遠兄**○俗本作遠父母兄弟此與唐石經及諸舊本皆作遠兄弟父母**滺滺**本亦作滺○注疏本作滺五經文字云滺字書無此字見詩亦作攸案此字當從張參說作攸說文攸本从水省更加水旁作滺非今本又滺下加心更謬

芄蘭　恆蔓於地本或作蔓莚於地者後人輒加耳○注疏本有延字

河廣　容刀說文作舠○正義曰說文作舠舠小船也字異音同案今本說文脫舠字宐據陸孔之書補之

伯兮　軫本亦作⿰車朩○宋注疏本作⿰車朩**諼草**本又作萱○文選注初學記白帖皆引作萱**善忘**○注疏本無善字足利本有

木瓜　結己國以爲恩也一本作結己國之恩也○足利本作以爲恩也注疏本作之恩也**瑤**○說文云美石正義本毛傳亦作美石

王黍離第六

黍離　旻天　字書从日夰聲夰音工老反○案說文如此隸書改从天失諧聲之旨

君子于役　于時　本亦作塒○注疏本作塒羣經音辨同陸作時　弋　本亦作杙○注疏本作杙

君子陽陽　只且　子徐反又作且七也反○案正義云其且相與樂此而已注疏本箋且作自非足利本作其且樂此而已與釋文正義合釋文作且二字蓋後人妄增

揚之水　束蒲　如字毛云草也鄭云蒲柳也孫毓云蒲草之聲不與戌許相協箋義爲長今則二蒲之音未詳其異耳○案孫毓以蒲蒲草之蒲讀平聲蒲柳之蒲讀上聲故以傳爲不協箋義爲長不知古人同字異義無煩改音也

中谷有蓷　飢　本又作饑○此饑饉之饑當从幾注疏本作饑是　暵　說文云水濡而乾也字作灩又作灘皆他安反○案說文引詩灩其乾矣又灘俗灩从隹　暵矣　本亦作歎○注疏本唐石經竝作暵今俗本作歎　歗矣　本又作嘯○足利本作嘯五經文字云嘯詩亦作歗

兔爰　所操　本亦作懆今作躁與定本異與箋義合○注疏本作躁正義云箋有所躁蹙者定本作操義竝得通

百罹本又作離○文選廿五李善注引作離　吪本亦作訛○說文有吪無訛　蔦藟　刺桓王本亦作刺平王案詩譜是平王詩○正義本作平王云定本云刺桓王義雖通不合鄭譜

水涯本亦作厓○注疏本作厓　王又無母恩也一本作王后○正義曰定本及諸本又作后義亦通案作后必後人妄改不足據　湑夷上酒下不湑○不舊妄改作曰今從宋本正

大車　曒日本又作皎○列女傳四引作皎　丘中有麻　埆本或作逮此從孫義而誤耳○案逮乃遠字之譌當改正正義曰定本云邱中墝遠盡有麻麥草木與俗本不同也據此則唐定本誤從孫毓改也正義亦用俗本其云邱中墝遠舊本墝遠中間衍一埆字今去之　詒我○注疏本作貽

鄭緇衣第七

緇衣　敝本又作弊○足利本作弊　之粲○宋本依陸氏之舊作粲書內並同案說文奴讀若殘粲從奴得聲不當依宋本今俱改正　飧也○舊脫也字今補　將仲子、忍本亦作刃依字木旁作刃沈云系旁作刃爲是○浦云木字疑當作韋案足利本作紉　大叔于

田而勇本或作而好勇好衍字○注疏本有好字**叔于田**本或作大叔于田者誤○詩首
句正義本有大字與序同**襢**本又作袒○水經注十三文選注五皆引詩作袒**毋**本亦作無○注
疏本作無**鴇**依字作駂○駂舊仍从鳥非今改正**嫚**本又作慢○注疏本作慢足利本作嫚
清人 **高克**一本作剋○足利本作剋**而御**○注疏本作禦**駟四馬也**
一本駟介四馬也○足利本有介字**二矛**鏦音錯江反○江舊作工今從宋本正又上引方言鉈今本書
作鍦**逍**本又作消**遙**本又作搖○案說文有消搖無逍遙字林始从辶**謂將**○注疏本謂誤
作爲**羔裘**字或作求○惠云求古文裘見說文及鄭箋**遵大路** **故也**
一本作故兮後好也亦爾○段云古尚書周易無也字毛詩周官始見而孔門盛行之兮在第十六部也在第十七
部部異而音近此篇二也字皆作兮古本也**魗**本亦作𣪠又作𣪠市由反○案說文𣪘棄也引詩無我𣪠
兮毛傳魗棄也正爲說文所本釋文本又作𣪠字又相合魗乃俗字𣪠卽𣪠之譌舉此見經典之字本與說文合特
唐以來多俗寫然見於釋文者往往猶存其眞**女曰雞鳴** **有爤**○舊作爛與注疏本

同今從宋本

蚤於 本亦作早○注疏本作早

繳 本亦作繳○注疏本作繳

殽 本亦作肴○注疏本作肴

有女同車

壻御 字書作壻○壻注疏本作埍疑作壻

山有扶蘇

萏 本又作欿又作莟○欿舊作歆據澤陂音義改莟舊作萏據爾雅音義改

僨 本亦作顛○注疏本作顛

往睹 本亦作覩○注疏本作覩

有橋 本亦作喬毛作橋其驕反王云高也鄭作槁苦老反枯槁也○案箋云槁松在山上喻忽無恩澤於大臣也不言橋當爲槁是經本作槁松而不作橋松也王肅云高也是作喬作橋者皆王肅本蓋毛詩作槁三家詩作橋肅因據之以改毛而難鄭也

丰

堂兮 毛如字○毛舊作並今從浦改

紂衣 本或作純又作緇○案紂當本作純足利本作緇

又易 以豉反○正義易作變易解如字讀

東門之墠 依字當作墠○正義曰徧檢諸本字皆作壇左傳亦作壇此壇字讀音曰墠今定本作墠案注疏本與定本同惠氏棟余氏蕭客所據唐石經皆作壇今唐石經亦作墠

子衿

世亂 本或以世字在下者誤○注疏本作亂世

碝 本又作瓀○注疏本作瓀

挑兮 說文作叏○說文辵部仍引作挑小徐本又作佻初學記十八引詩同

達

兮挑達往來見貌說文云行不相遇也○傳作往來相見貌此脫相字舊行作達今據本書改**出其東門**　**我員**本亦作云韓詩作魂○案予鳥景員維河箋云員古文作云則作云者古文也正月昏姻孔云釋文云本又作員此韓詩作魂尤可見毛詩本作云也**茅秀**本或作莠○足利本作莠案周禮夏官音義云毛詩注作秀然二字古亦通用夏小正四月王萯莠莠幽七月莠萑葦舊本並從艸**與娛**本亦作虞○足利本作虞**野有蔓草**　**漙兮**本亦作團○足利本作團文選注太平御覽皆引作團**遘**本亦作逅○注疏本作逅**溱洧**說文溱作潧○段云秦聲在今眞臻韻曾聲在今蒸登韻此詩一章溱與人韻二章洧與士韻出鄭國之水本作溱外傳孟子皆作溱洧說文及水經注作潧誤也**渙渙**說文作汎汎音父弓反○段云許書必本作汍汍从水丸聲胡官切即洹字之別體**蕑兮**蘭香也韓詩云蓮也○臧生云蕑與蓮是兩物鄭箋澤陂云蕑當爲蓮可證蕑字不得訓蓮也太平御覽三十引韓詩蕑蘭也方執蘭而拂除後漢書注北堂書鈔藝文類聚初學記白帖文選注皆引韓詩秉執蘭草此蓮也當作蘭也今注疏本毛傳蕑蘭也亦有譌釋文本毛傳必本是蕑香草也故又引韓詩之蘭以明同異後人據注疏本

以改釋文其誤遂至於此下文贈之以勺藥毛傳勺藥香草也則此傳亦當作香草今作蘭香無理之甚此臆改之驗也正義引陸璣疏云蕑卽蘭香草也蕑卽蘭此用韓詩香草也正本毛傳若傳本作蕑蘭也陸璣何煩言蕑卽蘭乎

士曰既且 音徂○足利本作徂下同 **洵** 韓詩作恂 **訏** 韓詩作盱○漢書地理志作恂盱 **劉** 力九反○舊作力九反今從宋本

齊雞鳴第八

雞鳴 **妃其** 本亦作配○注疏本作配 **卿大夫朝會** 此一朝如字音張遙反○案朝聽政乃如字此作卿大夫朝會誤也

東方未明 **壺** ○宋本作壼 **還** **猱** 崔集注本作嶩○顏師古漢書地理志注嶩亦作嶩

南山 **公謪** ○注疏本作謫

彭生乘 一本作彭生乘公○注疏本有公字與左同 **淫佚** ○注疏本作泆 **蓺** 本或作藝技藝字耳○白帖八引作藝藝卽蓺之俗技蓺字亦不从云 **衡** 亦作橫字○禮記孔子閒居引作橫

卝兮 ○宋本作卝兮五經文字云卝古患反見詩風今以周禮礦作卝此從舊略有別 **見兮** 一本

作見之○正義作見之足利古本同 敝笱 鰥 毛古頑反大魚也鄭古魂反魚子也○正義曰鯤魚子釋魚文李巡曰凡魚之子總名鯤也鯤鰥字異古蓋通用或鄭本本作鯤也魯語云魚禁鯤鮞是亦以鯤爲魚子案太平御覽九百四十引詩弊笱在梁其魚魴鯤是鄭箋本作鯤然昆弟之昆說文作罤是眔亦有昆音似可無區別宋本鰥作鰥似誤

載驅 簟第朱鞟 ○玉篇竹部所引同注疏本鞟作鞹 魯竟 ○注疏本作境 爾爾 ○舊作爾爾今從宋本 猗嗟 頎若 ○正義本石經俱作頎而 巧趨 本又作趍○足利本作趍說文趍趙久也趙趍趙也殆與趨義亦相近故經典中每通用

魏葛屨第九

葛屨 摻摻 說文作攕○說文手部戈部皆引作攕攕又見玉篇手部 汾沮洳 其君子 一本無子字○足利本有子字正義本無 園有桃 之殽 本又作肴○初學記廿四引作肴 陟岵 此傳及解屺共爾雅不同王肅依爾雅○段云爾雅說文皆誤反當從毛

詩傳**國迫而數侵削**本或作國小而迫數見侵削者誤○今注疏本與陸本同足利本有小字正義云今定本云國迫而數侵削是孔本與陸所言誤本同也**十畝之閒** **閒閒**本亦作閑○白帖八十二引作桑柘閑閑

伐檀 **寘之**○舊脫之字從宋本補 **猗**本亦作漪○文選注引漪爾雅釋水同 **素餐**說文作餐云或從水○餐字舊互誤今從宋本改足利本從水作湌**之漘**本亦作脣○鄭注易緯乾鑿度引作脣 **素飧**○舊飧譌飱今改正注飦舊作飯今從宋本改爾雅釋言音引字林亦同

碩鼠 **貫女**徐音官○惠云貫石經魯詩作宦貫當讀爲宦徐音官官當是宦字之誤舊作宮更譌 **俫我**本亦作來○注疏本作來 **咏**本亦作永同音詠○注疏本作永足利本作詠 **喜說**○舊譌悅今改正

唐蟋蟀第十

山有樞本或作蓲烏侯反○段云爾雅樞荎釋文樞烏侯反本或作蓲地理志山樞師古曰樞音甌石經魯詩作蓲詩釋文當本作樞唐石經譌爲戶樞字而俗本因之 **埽**本又作掃下同○注疏本下作掃

弗婁 馬云牽也○案孟子踰東家牆而摟其處子劉熙注摟牽也玉篇手部引詩弗曳弗摟摟據馬融訓牽毛詩葢本作摟

是愉 鄭作偷○後漢書馬融傳注引作偷

弗鼓 本或作擊非○正義曰今定本云弗鼓弗考注云考擊也無亦字義並通也據此知孔本作弗擊弗考毛傳考擊也作考亦擊也文選廿六李善注引詩弗擊弗考

揚之水

爲宵 本亦作綃○注疏本作綃案儀禮士昏禮注禮記郊特牲注皆引詩作綃儀禮特牲饋食禮注引詩作宵是綃衣古只作宵衣也

粼粼 利新反本又作磷○粼粼宋本作粼案說文从巛作粼是正體文選注廿三引詩作磷利舊譌刊今改正

椒聊

一梂 舊○梂从手今依宋本正

朋比 ○正義釋傳從鄭義

匊 本又作掬足利本又作掬

覯 本又作逅○注疏本作逅足利本作覯

粲者 字林作妿○案廣韻妿下引詩傳云三女爲妿是詩亦有作妿者

綢繆

杕杜 本或作夷狄字非也下篇同○顏氏家訓書證篇云江南本並木旁施大河北本皆爲夷狄之狄讀亦如字

睘睘 本亦作煢又作焭○睘當作睘書洪範正義引作煢煢文選張衡思玄賦注引作焭焭

羔裘

不卹 本亦作恤○注疏本作恤然作卹是

豹褎

本又作褎○注疏本作褎

鴇羽○舊脫羽字從宋本補

政役○注疏本作征足利本作政。

無衣

且奧本又作燠○案古燠煖字多作奧注疏本作燠足利本作奧

葛生

齊則本亦作齋○足利本作齋

采苓

爲言本或作僞字非○正義云定本作僞言足利本同白帖九十二亦引作僞

秦車鄰第十一

車鄰又作轔○漢書地理志作車轔五經文字云轔詩本亦作鄰

秦仲始大絕句或連下句非○正義曰王肅云秦仲脩德爲宣王大夫遂誅西戎是以始大鄭語韋昭注引詩序曰秦仲始大是先儒斷始大爲句

寺人本或作侍字○古侍字多作寺

其耋○宋本作耋不必從

駟驖

歇本又作猲

驕本又作獢○案說文犬部爾雅釋畜注漢書地理志注皆引詩載獫猲獢

小戎

五楘本又作鞪○鞪宋本作鞪注疏本誤分作楘革二字說文但作鞪

靳環本又作靷○注疏本作靷

䮨本又作鬣○注疏本作鬣

蒙伐本或作瞂○舊瞂譌作瞂玉篇盾部引詩蒙瞂有苑

伐废聲相近

竹閉 本一作韔鄭注周禮云弓檠曰韔韔音悲位反徐邊惠反○案兩韔字當從下一例韋旁作鄭注弓人引詩竹韔緄縢又注疏本弓檠曰韔之韔亦作韔惠舊譌患今從注疏本正

蒹葭

萋萋 本亦作淒○唐石經宋本皆作淒淒

淳 本亦作厚○注疏本作厚足利本作淳

黃鳥

殲我 又息廉反○注疏本作徐又息廉反

晨風

鴥 說文作鴪○今本說文亦作鴥

無衣

同澤 說文作襗云袴也○今箋中澤字亦从衣非是說文袴作袴

渭陽

麗姬 本又作驪○足利本作孋

終南

有條 本亦作樤○足利本作樤

有紀 本亦作屺○正義曰集注本作屺定本作紀

可贖 食燭反又音樹○此條舊脫據注疏本補

樹檖 或作遂○案說文引詩作樣遂疑當作樣

屋 如字具也○此條有脫文疑當作毛如字宅也鄭音握具也

權輿

四簋 皆容一斗二升○斗舊譌升今改正

毛詩音義中攷證

陳宛丘第十二

宛丘 毛云四方高中央下曰宛丘爾雅云宛中宛丘郭云中中央隆高○正義從毛傳李巡孫炎說爾雅皆云中央下劉熙釋名亦同郭說非

東門之枌

婆 說文作嬖○說文女部婆下引詩市也嬖娑

穀旦 鄭音旦明也本亦作且王七也反苟且也徐子餘反○經本作旦字故箋云旦明也王肅妄改爲且徐雖不從苟且之義但已爲王所惑其經誤作且矣

于差 鄭初佳反擇也王音嗟韓詩作嗟徐七何反沈云毛意不作嗟案毛無改字宜從鄭讀○案古差嗟同聲故毛詩作于差韓詩作于嗟然毛詩吁嗟字皆作嗟而不作差如于嗟乎騶虞于嗟乎不承權輿之類可證此既作差自當從鄭訓爲擇王肅往往從三家以改毛氏此條尢爲明證

衡門

以樂 樂本又作𤻲沈云逸詩本有作疒下樂以形聲言之殊非其義𤻲字當從疒下尞案說文云𤻲治也療或𤻲字也○𤻲字當從疒下尞之𤻲舊譌療今改正自案說文以下陸語也韓詩外傳二引詩可以療飢臧生云鄭作𤻲飢不云樂當爲𤻲是經本作𤻲也據正義云定本作樂飢知孔本經文作𤻲飢

矣文選王元長永明十一年策秀才文注唐石經後改刻足利古本皆作可以療飢正義引王肅孫毓皆云可以樂道忘飢是傳中樂道忘飢之言非毛氏本文乃肅所私撰而孫毓從之也以樂飢爲樂道忘飢說甚支離必非毛語

墓門　**陳它**本亦作佗○注疏本作佗　**殺君**本又作弒○注疏本作弒　**以斯**爾雅云斯侈離也○爾雅侈作誃音侈　**不睹**又作覩○注疏本作覩　**有鶚**于驕反○于舊作戶今從注疏本與泮水同　**枏也**如鹽反○枏注疏本作柟是如舊譌冉浦據終南音義改

防有鵲巢　**邛有**○邛舊譌卬今從宋本正　**侜**有廱蔽也○廱舊作壅今從宋本　**令**字書作瓴　**適**字書作甋○注疏本作瓴甋

月出　**皦兮**本又作皎○注疏本作皎文選注十三引作皦五經文字云皦皎今詩風通用之　**佼人**字又作姣　**僚兮**字又作嫽○史記司馬相如列傳索隱一切經音義九皆引詩姣人嫽兮　**劉兮**本又作懰○注疏本作懰羣經音辨作劉　**慘兮**○五經文字懆干到反見詩風則此當作懆陸音非

株林　**乘驕**沈云或作駒字是後人改之皇皇者華篇內同○案沈重之說是也注疏本兩篇皆作駒釋文于小雅亦云駒本亦作驕

澤陂　夫本亦作芙　渠本亦作蕖○注疏本作芙蕖　輾轉本又作展○作展是高誘注淮南子說山訓引作展

檜羔裘第十三

熒波之南○熒舊譌滎今從宋本正又下子男舊作子南古通用今亙別

羔裘　見君賢遍反○賢舊譌實今改正　隰有萇楚　猗本亦作猗○足利本作猗　匪風　溉之本又作摡○說文手部摡滌也引詩摡之釜鬵特牲饋食禮釋文亦从手

曹蜉蝣第十四

蜉蝣　國小而迫一本作昭公國小而迫○注疏本有昭公二字　候人　何戈何可反又音河揭也○注疏本音何作音荷非何可反即是音荷不必復言足利本經作荷字揭舊譌獨今改正　赤芾沈又甫味反○沈重蓋讀如蔽芾甘棠之芾然非是　鳲鳩本亦作尸○漢書鮑宣傳作尸鳩荀子勸學篇引詩尸鳩在桑　伊騏或亦作瑧○案說文瑧或从基此當爲或亦作璂

梓榛 字林云木叢生也字林榛木之字从辛木云似梓實如小栗○案字林榛亲不同音亦殊異陸氏混而爲一臧氏當正其誤

洌 ○毛傳洌寒貌當從注疏本从仌此及石經皆从水誤

寖 本又作浸○注疏本作浸

豳七月第十五 於漢屬右扶風郇邑○郇漢志郇譜俱作栒

七月

觱發 說文作滭○滭舊譌畢今改正發說文作泼

饁 字林于劫反○于舊譌手今從注疏本正

迨及 ○注疏本作殆及

鵙 圭覓反○鵙當作鵙覓舊作覔俗

隊 ○注疏本作墜

莎雞 沈云舊多作莎今作沙○疑當從注疏本作舊多作沙今作莎

訏 本又作迅○足利本作迅

簞戶 ○宋本從艸注疏本亦同

曰爲 漢書作聿爲○見食貨志引古聿字多作曰此云一讀而實反非

重穋 本又作稑○周禮內宰注引作穜稑初學記三白帖八十一並同

兕 本或作兆○足利本作光卽兆之譌

觥 本亦作觵○月令注作觵說文正字作觵俗字作觥

無疆 竟也或音注爲境非○足利本作境

鴟鴞

以遺 本亦作貽此從尚書本也○正義曰定本貽作遺字

據此知古本毛詩皆作貽 孺子本又作孺○注疏本作孺 畜本亦作蓄○注疏本作蓄 租子胡反本又作祖爲也○舊注中亦作租段云正義曰祖訓始也物之初始必有爲之故云祖爲也釋文與正義正合作租譌今改正 卒屠本又作瘏○注疏本作瘏古本毛詩皆以屠爲瘏 撠挶○俗注疏本從木古本宋本並從手 翛翛○正義曰定本消消作翛翛唐石經呂氏讀詩紀皆作脩脩

東山

勿士行毛音衡鄭音衡王戶剛反○臧氏云經本作衡枚箋云初無衡枚之事王肅改衡爲行定本爲所惑因增鄭箋作初無行陳衡枚之事以行陳釋經之行以衡枚釋經之枚陸氏音鄭箋無行爲戶剛反則經中行字音亦當同乃以戶剛反爲王音鄭則音衡是其學識不盡無據何於箋中又憒憒也顚生明云以行枚爲行陳衡枚猶以樂飢爲樂樂道忘飢語意不可通文弨案經行字似不須改毛音衡橫之於口中也鄭音衡亦就行讀爲衡王亦不改字而改其音義耳 蠨音蕭說文作蟰音夙○段云蟰正蠨譌一切經音義引作蠨蛸在戶云上音肅下音蕭此古字古音也文弨案說文蕭簫橚等字皆云肅聲今皆讀若消是蠨亦本可讀蕭也 畽本又作畽○說文田部廣韻皆引作町畽 括樓○二字注疏本並从木足利本並从手 作翳又作

毛詩音義中攷證 王

緊○注疏本作緊　**鸛**本又作雚○說文雚部引作雚　**螘**又作蟻○足利本作蟻　**栗薪**舊譌韓詩作蓼衆薪也○舊蓼作蓼衆作聚今從注疏本王氏詩攷所載正同　**樂之**音洛○舊譌音樂今從注疏本正

破斧　**訛**又作吪○注疏本作吪足利古本及爾雅釋言注皆作訛案說文有吪無訛

伐柯　**取妻**本亦作娶○足利本作娶　**九罭**　**衮衣**六冕之第二章也○舊章譌者今改正　**卷龍**卷冕衣○衣舊譌反今改正　**所賁**本或作賷同○注疏本作賷是

狼跋　**載疐**本又作疌○終風願言則疐釋文作疌

鹿鳴之什第十六

鹿鳴　**蓱**薸音瓢○瓢舊譌瓢今改正　**蒿菣**字又作𦺈○注疏本字又作字林

四牡　**倭遲**韓詩作倭夷○臧氏日文選注引韓詩皆作威夷薛君注威夷險也葢威畏也夷傷也故云險　**慤謹**○宋本作殼

皇皇者華　**咨**本亦作諮○淮南脩務訓引周爰諮謨卽下章咨謀之異文也　**諏**

常棣　**不**鄭改作柎○宋本拊从手注疏本同　**春**又作

鴽

令 本亦作鴿○左氏昭七年傳引作鶺鴒

切切然 定本作切切偲偲然○宋正義作切切節節然

且湛 荅南反又作耽韓詩云樂之甚也○荅舊作啓今從注疏本禮記中庸韓詩外傳八皆引詩作耽

妻帑 今讀音孥也○孥字舊誤分爲奴子兩字今改正

伐木

許許 柿貌○舊柿作柹下文同今從宋本

遠之 于万反○万舊作萬宋本多作万六朝人以此代萬字

坎坎 說文作竷○竷舊譌竷今改正

蹲蹲 本或作墫○說文玉篇皆引詩作墫

天保

戠 ○注疏本从晉从戈此俗寫

汲汲 己及反○宋本七及反

禴 本又作礿○足利本作礿禮記王制注引詩作礿

嘗 ○宋本作甞皆俗寫下當從旨爲正

之恒 本亦作緪沈古桓反○正義作絚云集注定本絚作恒白帖一引作緪沈音譌

采薇

昆夷 本又作混○皇矣釋文混夷音昆正義亦作混又引此序西有混夷之患爲證今此正義亦作昆孟子文王事混夷趙岐注引詩混夷駾矣宋石經宋板皆然今本孟子作昆

玁 本或作獫

狁 本亦作允○漢書匈奴傳引詩獫允之故

莫止 本或作暮○注疏本作莫正義作暮云集本定本暮作莫

脕 或作早晚字非也○足利本正作晚正義作脕

云定本作肥腝之時 象弭 以象骨爲之○舊脫骨字今補 解紛 本又作紛芳云反○紛必紒字
形近之譌陸亦隨字爲音誤甚 曰戒 音越又人栗反○一切經音義六引詩豈不日誡 出
車 憂其馬之不正 一本作之不正也一本作馬之政○正義曰箋云憂其馬之不正定本正
作政又無不字義竝通 于襄 本或作攘○舊唐書陸贄傳引作攘 而鄉 或作鄉○注疏本作
鄉 杕杜 睆 字從白或作目邊○據陸語正文當作睆 幝幝 韓詩作繨○案說文
繨偏緩 魚麗 于罶 ○宋本作罶 鱨 楊也○楊宋注疏本同足利古本作鰑今
注疏本作揚 鯊 字亦作魦○宋本作魦 草木不折不操斧斤 一本作草木不
折不芟定本芟作操○正義曰草木不折不芟斤斧不入山林定本芟作操又云斧斤入山林無不字誤也案陸氏
從定本孔氏從俗本定本芟作操則以不操斧斤入山林爲句注疏本從定本則不入山林之不字當衍今有不字
誤 君子有酒旨 絕句 且多 此二字爲句後章放此異此讀則非○案陸氏離經與鄭箋允
協今人多讀旨且多爲句誠非 鮎 毛及前儒皆以鮎釋鰋鱧爲鯇鱣爲鯉○案爾雅釋魚鱧鯇舍人曰鱧一

名鯇孫炎曰鯉鯇一魚陸所指先儒卽謂注爾雅者舍人孫炎等也正義曰徧檢諸本或作鱧鱺或作鱧鯇或作鱧鯶定本鱧鯛鯛與鱺音同可證毛傳本作鱧鯇故漢人注爾雅多從毛讀自郭璞始易漢儒家法後人遂改毛傳依郭璞作鯛可謂無理之至陸孔皆誤從定本此雖云毛以鱧爲鯇而上文仍大書鯛字音直冢反何其識之不能定也

南有嘉魚之什第十七

南有嘉魚　撩罟　沈旋力到反○此旋字後人妄增當刪之沈旋是爾雅音沈重是毛詩音人往往致誤

南山有臺　保艾　沈音刈○刈舊譌別今從注疏本正

蓼蕭　豈　本亦作愷　弟　本亦作悌○足利本作愷悌　樂也　○今本毛傳無也字足利本有

湛露　厭厭　韓詩作愔愔○案小戎厭厭良人列女傳引作愔愔良人知古厭愔聲相近也

陔節　字亦作祴○周禮鍾師祴夏音陔

彤弓　所愾　說文作鎎○鎎舊作餼今從宋本正

六月　共武　鄭如字注下同王徐音恭○段云毛詩恭敬字皆作恭惟韓奕虔共爾位箋云

毛詩音義中攷證　五

古之恭字或作共與毛傳異然云或作則知偶一有之非其常也據此知王肅音共爲恭非也徐仙民爲王所惑

織文 〇臧氏云經必本作識文識卽古旗幟字毛鄭更無異說周禮司常疏兩引詩識文鳥章自唐石經誤從糸旁今本俱作織

白茷 本又作旆〇注疏本作旆正義本作茷云茷與旆古今字今疏多誤作旆

央央 音英〇出其東門正義引作英英此疏今亦作央央

徽織 〇徽當從注疏本作徽與說文同

鉤股 音古今經注作鞶無股字〇案今經注八字此後人校釋文之言非陸氏語正義曰定本鉤鞶作鉤般般與股形相近爾雅鉤般李巡本作鉤股

采芑

莅止 本又作涖〇注疏本作涖足利本作莅

瑲瑲 本亦作鎗〇五經文字云詩或作鎗

有創 本或作瑲〇注疏本作瑲足利本作創

軝玖

齊豪 依字作毫也〇正義與足利本正作毫疑非舊

甫草 毛如字大也鄭音補謂圖田〇今注疏本竟改箋甫田爲圖田非

大艾 〇注疏本作大芟

鞶 本又作擊〇注疏古本宋本皆作擊

之左者之左 一本無上之字下句亦然〇注疏本皆無上之字足利古本竝有

唯數 〇注疏本作維數

搏獸 音博舊音付〇段云經文本作薄狩釋文爲鄭箋作

音

夬 本又作決或作抉○集韻同釋文作夬注疏本作決周禮繕人注引詩作抉

舉柴 說文作辈士責反○說文手部辈積也引詩助我舉辈

右髃 一本作𩨗○髃本作髃從公羊傳臧生云髃乃髃字形近之譌五經文字𩨗羊紹反見春秋傳又作髃見詩春秋傳指公羊桓四年傳詩即此傳然則𩨗髃二字同今公羊傳作髃毛詩傳作髃玉篇廣韻俱無皆髃之譌也廣韻三十小𩨗肩骨義本此

讙 又作諠○注疏本作又音喧

吉日

禱 說文作禂○說文禂禱牲祭馬也引詩既禡既禂

鹿牝 又扶死反○舊作扶允反非

麕牡 下音茂○正義本作麕牝宋本皆作牝

其祁 鄭改作麎○正義曰注爾雅者某氏亦引詩云瞻彼中原其麎孔有與鄭同據此知三家詩本有作麎者故鄭氏從之非輕改字也二字古音亦相近

大兕 本又作光○宋本作光

鴻鴈之什第十八

○通志堂本闕此題今補

鴻鴈 ○毛注疏本作雁案說文雁知時鳥鴈鵝也則此當作雁注疏監本皆從釋文作鴈矣

矜寡 本又作鰥○案經云爰及矜人哀此鰥寡矜字鰥字有別此當作鰥爲是

庭燎

將將 本或

作鏘○古本作鏘文選注二十引詩鑾聲鏘鏘**且也**七也反又子徐反又音旦經本作旦○經本當作今本此四字是後人校語注疏本作旦也或據注疏本以校釋文故云今本作旦毛傳本訓央爲且釋文於未央下歷引毛鄭許王等說可見作且爲是正義引王肅云央旦未旦夜半是也則知王肅妄改毛傳且也爲旦也而正義注疏本皆誤從之**晣晣**本又作哲○文選張平子東京賦庭燎晢晢**鄉晨**字又作嚮○足利本作嚮

鶴鳴

它山古他字○注疏本作他山古本宋本皆作他唐石經同**爲錯**千故反○千舊譌乎今從宋本

祈父

𠷎此古疇字本又作壽○蓋鄭本古文尚書𠷎字若此今注疏本及尚書竟作疇後人改也

白駒

於焉於虔反又如字○案箋云賢人今於何遊息乎則焉當於虔反今人多讀爲如字非也**賁然**徐音奔○案鶉之奔奔左氏襄二十年傳禮記表記高誘注呂氏春秋壹行篇皆引作鶉之賁賁是賁賁奔聲同之驗徐音是也**遯思**字又作遁○注疏本作遁足利古本作遯

我行其野

牛藬本又作蘈○注疏本作蘈

斯干

落之或作樂非○正義作樂之云定本集注皆作落今疏多誤幾不可讀**訽病**○注疏本作詬

姜嫄 本或作原○史記周本紀集解引韓詩章句曰姜姓原字知古祇作原也

堅致 本亦作緻○足利本作緻

斯革 韓詩作翱○翱舊譌勒今從宋本與詩考同段云廣雅釋器翱貑翼也此用韓詩革翱異字而同音毛以叚喈之法訓之故曰翼也

冥幼 王如字本或作窈崔音杳○正義曰冥幼本或作冥窈者爾雅亦或作窈孫炎曰冥深闇之窈也某氏曰詩曰噦噦其冥爲冥窈於義實安但於正長之義不允故據王注爲毛說據此知古本爾雅作冥窈也毛傳本之故鄭箋申之云冥夜也葢至夜則闇窈也王肅妄改爲幼也郭璞爾雅誤從之崔靈恩音杳是集注本毛傳尚作窈也說文本作冥窈也今譌爲幽也

下莞 徐又九還反○注疏本作九完反是還似宋人避桓嫌名改

以樂 本亦作落○正義作樂云定本作落毛注疏本作樂宋本作落

裼 韓詩作禘○說文引作禘禘郎禘之省

褓也 齊人名小兒被爲褓○小舊譌少今從宋本注疏本同

母詒 本又作貽○足利本作貽

無羊

濈濈 本又作⿰舟咠○宋本⿰舟咠作湒

呵 音漏洩○今爾雅注疏本脫此三字宋本及明刻單郭注本皆有此三字

節南山之什第十九

節南山

家父　注及下同○舊作下及注同今從宋本注疏本亦如此

巖巖　本或作嚴○臧氏云正義本作嚴羣經音辨卯部引亦作嚴

如惔　說文作炎字才廉反小藝也○段云說文羙小藝也从火羊聲詩曰憂心如羙今各本皆誤藝舊作熱據說文改

斷也　○注疏本無也字足利本有

山昳　○今本箋作倚之昳谷使之齊均也無山字

重也　○注疏本無也字足利本有下句同

是毗　王作埤○隋書律歷志引詩天子是裨蓋王本

卑民　本又作俾○注疏本作俾荀子宥坐篇引作卑

愬之　本亦作訴○足利本作訴

式己　毛音以鄭音紀○案箋云用能紀理其事也當作用己理其事也能字衍文足利本作己理正義爲鄭釋經云用己身親理政事釋箋云上文欲王躬親爲政則宐爲己身之己可證今注疏本箋作紀者誤從釋文之音妄改也

瑣瑣　本或作璅○足利本作璅璅

反復　本又作覆○足利本作覆

縮小

日見　○此二條舊誤倒今移正

相酬　又作醻○注疏本作醻足利本作酬

正月

作緊　○注疏本作爲緊

訙之　○訙乃訊之譌注疏本石經俱作訊是也陸氏自作訙注云本又作訊今若改從正體則不必云本又作訊矣

不局

本又作踴○足利本作踴後漢書仲長統傳注蔡邕傳注李固傳注又文選張平子東京賦薛綜注皆引詩作踴

不踦 說文小步也○此見說文足部引詩與今同又走部趚側行也引詩作不趚

有菀 ○宋本菀作苑二字本通白帖八十引詩有菀其特

戚之 本或作滅○左傳昭元年漢書外戚傳呂覽疑似篇注列女傳七皆引作滅

婁顧 又作屢○注疏本作屢古本毛詩屢字多作婁如屢豐年亦本作婁

嘉肴 本又作殽○注疏本作殽

佌佌 說文作傴音徙○說文傴小皃引詩傴傴彼有屋

方穀 本或作方有穀非也○注疏本作方有穀似正義已衍有字

十月之交

夏八 ○注疏本作夏之八月此無之字上句周之十月足利古本亦無之字

崒 本亦作卒○漢書劉向傳作卒博物志同

蹷 ○注疏本作蹶

方處 一本作熾○小徐本說文引詩作熾

抑此 徐音噫韓詩云意也○古抑意通魯論語抑與之與作意與之與

趣農 本又作趨○注疏本作趨

不戕 殘也王本作臧臧善也孫毓評以鄭爲改字○惠云王肅改字反謂康成臧氏云上文于何不臧箋云臧善也此曰予不戕箋云戕殘也臧字戕字最有區別如鄭改字宜於箋中云臧當爲戕必不遽易本經也蓋三家詩本有作臧

者故肅據之以改毛氏而與鄭爲異陸氏謂孫毓朋於王故反誣鄭也

下共 本亦作供○注疏本作供

強之 ○強注疏本作彊

囂囂 韓詩作嗸嗸○嗸注疏本作嗸

噂 說文作僔云聚也○說文口部引詩仍與今同

嗒 本又作沓○注疏本作沓足利本作嗒

天隋 ○注疏本作天墮

我里 如字毛病也鄭居也本或作瘽後人改也○案爾雅釋詁瘽病也疏云瘽里音義同毛以里爲瘽之假借鄭則如字讀樊光引詩與鄭同玉篇引詩悠悠我瘽此陸所謂後人改也如毛本作瘽字鄭安得竟訓爲居

雨無正

昊天疾威 密巾反本有作昊天者非也○正義曰上有昊天明此亦昊天定本皆作昊天俗本作昊天誤也今臧氏戴氏從正義段從釋文

不退 徐音退本又作退○注疏本作退非也今官本改從釋文理雖是然非疏之舊

用訊 音信徐息悴反告也又音碎○案音信下當有本又作誶四字此與墓門俱當作誶唐以來本皆作訊非

遻 本亦作逆○注疏本作逆古當作遻

急笮 本又作迮○注疏本作迮

小旻

回遹 韓詩作駀○文選注引作泬又作穴

胡底 ○注疏本作胡底是說文底山居一曰下故作致至用厎乃砥厲正字唐人往往誤用此段氏說

或否 方九

反徐音鄙○案否字古音讀若鄙如古文尚書否德忝帝位今文尚書鄙德忝帝位古論語予所否者魯論語予所鄙者可證

靡膴 王火吳反大也徐云鄭音謨法也○正義用鄭說

徒搏 ○注疏本作徒博足利本作搏

恐隊 本又作墜○注疏本作墜

小宛 ○宋本作小菀國語晉語四引詩宛彼鳴鳩宋庠補音曰宛詩作菀與釋文正合

溫藉 ○正義曰蘊藉者定本及箋作溫字經中作溫者蓋古字通用據此知正義作蘊藉今注疏本同陸作溫藉

蠃 蠮於結反○結舊譌髻今從宋本正

令 本亦作鴒○足利本作鴒潛夫論讚學引詩作鶺鴒

宜岸 韓詩作犴○周禮射人注引詩宐犴宐獄說文鹽鐵論皆引作宐犴

恐隕 于敏反○于舊譌丁今從注疏本正

小弁

鞫爲 ○唐石經注疏本宋板皆作鞫此从匊本蓋後人所改

如擣 韓詩作疛除又反義同○說文疛小腹痛从疒肘省聲惠云疛見呂氏春秋疛與草協猶酒與老協

疢如 又作疹同○文選注二十四引詩疢如疾首疢卽疹字之譌變

伎伎 本亦作跂○白帖九十七引作跂

壞木 說文作瘣○樊光注爾雅引詩譬彼瘣本

或墐 說文作殣○九經字樣引詩亦作殣蓋本說文

先敺 又作驅同○注疏本作驅

默

毛詩音義中攷證 九

存本亦作嘿〇足利本作嘿 巧言 此憮〇憮舊從心旁譌今改正下同 憮傲
本又作敖〇注疏本作敖足利本作傲 大憮本或作泰〇唐石經足利本皆作泰新序節士篇引作太
既涵韓詩作減〇惠云涵與減古字通 止共本又作恭〇案韓詩外傳四引詩匪其止恭則
作恭者韓詩也鄭箋云不共其職事是毛詩本作共 不共本亦作供〇據此則上止共亦當作本亦作供
莫之一本作謨〇漢書敘傳注引詩作謨 遇犬如字世讀作愚非也〇案正義則王肅如字讀
箋云遇犬犬之馴者謂田犬也則讀作愚蓋是鄭義不得以爲非 之麋本又作湄〇麋古文假借字爾
雅釋水注引詩作湄此三家詩故用今文 儵能〇注疏本作素足利本作儵 何人斯
睹女本又作覩〇注疏本作覩 不媿或作愧〇注疏本作愧足利本作媿 說也〇注
疏本無也字足利本有 已極古以字本作以〇注疏本作以足利本作已 巷伯
巷伯奄官本或將此注爲序文者〇注疏本以此四字爲序文陸作鄭注 縮屋又作樎同〇足
利本作樎正義作摍案說文手部摍蹴引也則當從正義 踵〇正義曰定本踵作蹱 緝緝說文

作咠云聶語也○聶舊譌作咼今從宋本正

翩翩 字又作扁○白帖九十三引作扁扁

作爲此詩 一本云作爲作詩○正義曰定本云作爲此詩又定本箋有作起也作爲也二訓自與經相乖非也今案作爲作詩似非辭足利本箋作起也爲作也蓋一本必是作而爲詩上作訓起下爲訓家父作誦吉甫作頌之作於義爲長

谷風之什第二十

大東

共之 本又作恭○當作本又作供

睠言 本又作眷○後漢書劉陶傳荀子宥坐篇皆引作眷

柚 本又作軸○段云機軸似車軸故同名柚是橘柚字因杼字从木而改軸亦从木非也

無寖 字又作浸○注疏本作浸

穫薪 鄭落木名也字則宜作木旁○爾雅釋文陸引詩作木旁

契契 苦計反○苦舊譌芳今從注疏本正

憚人 字亦作癉○爾雅釋詁注引作癉

濕腐 ○毛注疏本濕作溼是

畜之 ○注疏本作蓄

舟檝 字又作楫○注疏本作楫

鞙鞙 字或作琄○爾雅釋訓作琄

闓置 字亦作開○古閞字多作闘

跂彼 說文作忮○忮舊譌岐今改正

毛詩音義中攷證 十

有斗 沈音主○案易豐卦日中見斗釋文孟作見主周官鬯人大喪之大渳設斗注斗所以沃尸也釋文依注音主

斞 本又作斞○舊斞亦作斞斞譌案說文作斞从斗臾聲臾日衰也从𦥑从大大人也此書從大之字每多一畫非作兩百更譌

四月

鶉 字或作鷟○段云說文鷻雕也从鳥敦聲詩曰匪鷻匪鳶今詩鶉爲鷻之譌鳶爲鳶之譌案釋文知唐時本鷻字尚未譌

北山

叫 本又作嘂○嘂舊譌囂

慘慘 字亦作懆○作懆字是七感反非也

偃卬 本又作仰○注疏本作仰

無將大車

疷兮 都禮反○疷當本作疷與靚瘠音同或從氏與從民音亦可相通陸音都禮反誤

雍兮 字亦作饔○足利本作饔今俗本作雝

小明

方除 若依爾雅則宜餘舒二音○正義曰今爾雅除作余鄭引爾雅當同李巡等除余字雖異音實同也

鼓鍾之

樂 ○舊無之字今補

韎 本又作昧○注疏本作眛

楚茨

于祊 說文作鬃○說文重文作祊云鬃或从方

庶㐱 字又作㐱○正義曰庶㐱也釋言文案今本作㐱

受嘏 古雅反○舊古假反譌今改正

神嗜 ○注疏本作神嗜

既筐 本亦作匡○足利本作筐注疏本作

臣案鄭箋本作筐筥字王肅改爲臣正字作祀○注疏本作祭禮

擩 又音芮○擩注疏本作擩芮舊譌芮

祭禮畢 禮或

甫田之什第二十一

甫田　倬彼 韓詩作䒢音同云䒢卓也○案玉篇於艸部引韓詩作菿此从竹誤也段云爾雅菿大也說文菿艸大也从艸到聲今本兩書皆有誤

芸 本又作耘○注疏本作耘足利本作芸漢書食貨志引詩或芸或芋

講肆 字亦作肄同○注疏本作肄

以御 牙嫁反○召南五嫁反後思齊亦作牙嫁疑牙或牙之誤

饋也 巨隗反○隗舊作愧今從注疏本

年收 ○箋本作言豐年收入踰前今注疏本誤倒作年豐

大田　不稂 禾粟之莠生而不成者謂之童蓈也○莠今本說文作采譌爾雅釋文亦作莠

螣 說文作蟘○今本說文譌作蟘

興雨 如字本或作興雲非也○案鹽鐵論水旱篇後漢書左雄傳皆引作興雨顏之推引班固靈臺詩祁祁甘雨亦以興雨爲是近人頗疑雨不當言興然楚辭天問云屏號起雨起即興也詩之興正承有渰而言耳

祁祁 ○注疏本作祈祈

瞻彼洛

矣

琫 佩刀鞘上飾○宋本鞘作削

瑬 字又作瑒○足利本作瑒

能斷 ○注疏本作能制斷

桑扈

樂胥 鄭徐思敘反有才知之稱○周官胥十有二人注胥讀爲諝謂其有才知爲什長此箋亦讀爲諝說文諝知也

其觩 本或作斛○說文斛角皃引詩兕觵其斛

鴛鴦

摧 采臥反○案傳云摧莝也箋云摧今莝字故陸卽作莝音

芻也 ○也宋本譌之

與於 音豫○今注無與於字箋云有事乃予之轂足利本予作與然亦不當音豫

頍弁

燕樂 又作宴○注疏本作宴足利本作燕

何期 本亦作其音基辭也王如字○據此知古本毛詩作其鄭箋訓爲辭王肅改爲期作期時解此章正義脫去遂無可取證

霰 字亦作霓○霓舊譌霓今從注疏本爾雅釋文注引詩作霓

車舝 ○舊上譌士字頭今改正

美好之少女 本亦作季女○案箋訓季爲少仍作季非

行如是 一本無行字○注疏本無足利本有

仰止 本或作仰之○表記釋文亦云或作仰之史記三王世家曰高山仰之說文引作高山卬止

慰怨也 於願反王申爲怨恨之意本或作慰安也是馬融義○定本傳作慰安也正義從之怨也是王肅義非申毛

青蠅

營營說文作譻云小聲也○此見言部又叕部䵷部所引皆同今詩作愷悌

愷悌○注疏本作豈弟足利本作愷悌

賓之初筵

肴核○注疏本肴作殽

其非祭與本作乎又作也並非○正義引箋云其非祭乎乎與義同不得云非

有勺本亦作的同○注疏本作的

手

仇毛音求匹也○傳云自取其匹

人無次也一本人作又○注疏本作又

屢本作婁○古本屢當皆作婁

媟嫚下音慢○嫚慢皆依宋本然竝俗字說文有慢無嫚注疏本作嫚亦俗字

僛僛舞不能自正也注本正或作止○注疏本作正足利本同或作止非

之俄也○廣雅云裒裒舊謌哀

魚藻之什第二十二

魚藻

豈樂本亦作愷○足利本作愷初學記卅六引詩同

釆菽本亦作叔○左氏昭十七年傳國語晉語皆作叔

諸侯將朝于王一本無于字皆以王字絕句一讀諸侯將朝絕句以王字下屬○家正義同一讀

鎮本作塡○漢書鎭撫字多作塡塡爲古字

平平韓詩作便

便○左傳襄十一年傳引詩便蕃左右

纚 韓詩云筰也○釋文所引韓詩辥君章句爲多文選注五十八引韓詩纚繫也此韓嬰傳

角弓

騂騂 說文作弲○今說文觲下引詩觲觲角弓據釋文知唐時說文弲下引詩弲弲角弓

幼穉 音稚○注疏本作幼稚案正字當作穉

猨屬 字或作猿○足利本作猿案說文無猨字當作蝯作猿更俗

與屬 音蜀讀者亦音樹○徐邈多音屬爲樹

曰消 韓詩作聿劉向同○荀子非相篇引詩作宴然聿消亦作聿字

菀柳 徐於阮反○白帖一百引詩有菀者柳徐音當本作菀

俾予 本作卑○古俾使之俾多作卑

予極 鄭音棘誅也○古誅殛之殛多作極書洪範鯀則殛殛死釋文殛本或作極

四裔 ○裔宋本作裹字譌

都人

士

密致 本亦作緻○注疏本作緻

無隆 俗本作降○正義曰無隆殺定本隆作降

我

不見 第二章作不見後三章作弗見一本四章同作不字○注疏本四章同作不字

菀結 ○注疏本作菀足利本作菀

垂帶 本亦作帶○注疏本作帶

末揵 其言反又音虔○其舊作莫今從宋本注疏本亦同又虔舊譌虞今改正

采綠

釣繳 亦作繳同○注疏本作繳

黍

苗 營謝一本作營謝邑○注疏本有邑字 轉餫本又作運○足利本作運 隰

桑 臧之○注疏本作藏足利本作臧唐石經元刻藏後改臧 白華 歗歌本亦

作嘯○注疏本作嘯足利本作歗 妖大本又作妖○足利本六經正誤皆作妖 之爨○宋

本作爨俗 懆懆亦作慘慘○足利本作慘慘此當作懆作慘非 不別○注疏本作不可別

瓠葉 饔熟曰饔○此二饔字宋本作雍 之菹○注疏本作葅俗 俗之一本

作俗人○今注疏本作俗之正義及足利本作俗人 漸漸之石亦作嶄嶄○足利本作嶄嶄

戎翟本或作狄○注疏本作狄足利本作翟 役久病於外一本作役人久病人衍字

○足利本有人字又於外俗本譌作在外古宋本皆作於 勞矣如字孫毓云鄭音遼○案正義亦謂古字

多假借遼勞聲相近故遂用之然王肅云維其勞苦孫毓云維其勞病則作勞乃王肅義鄭作遼不作勞也

能水本又作耐○古耐能多通用 其縎爾雅豕所寢曰縎方言作楷○足利本作其楷案古本爾

雅作縎見爾雅音義俗人多改從木 波漣音連一本作瀾○惠云漣郎瀾之或字音連非也 喝

也本又作濁○注疏本作蠋蓋濁之譌 它音他○注疏本它作他 苕之華 荏

罶本又作霤○足利本作霤初學記廿九白帖一所引並同 治日○宋本日作日左不開口郎日字唐

石經日多作日 何草不黃 不矜○足利本作不鰥 牙蘖○宋本作孽

毛詩音義下攷證

文王之什第二十三

文王　哉周　左傳作載○見宣十五年及昭十年傳國語周語亦作載

已上　本作以○足利本作以

身重　廣雅云有娠也○今廣雅釋詁四重身傷也釋言妊娠也

合妃　字亦作配○注疏本作配足利本作妃

俔　說文云譬諭也○諭舊作譬依本書改

保右　音佑○宋本作音祐

涼彼　本亦作諒○足利本作諒文選注五十三引詩同

師帥　亦作率○注疏本作率足利本作帥

坶誓　本又作牧○注疏本作牧今尚書同牧野字說文从土母聲毛本尚作坶坶即坶之譌作牧者古同聲假借字正義引書序注云禮記及詩作坶野古字耳蓋鄭所注尚書及毛詩皆古文也故作牧野歐陽大小夏侯及韓魯詩皆今文也故作坶野箋詩所引之書則今文尚書也注書所引之詩則三家詩也

緜

本由　一本無由字○注疏本有由字正義本無

沮漆　○臧氏段氏俱云當作漆沮與父韻案正義本作漆沮釋文誤倒而今本皆與之同

封部　○注疏本作封於部

復　說文作𥨍○𥨍舊譌覆今

從本書正 翟○注疏本作狄 辟惡本亦作避○足利本作避 膴膴美也韓詩同○文選魏都賦注引韓詩周原膴膴劉淵林曰膴膴美也此韓詩同者謂韓詩義與毛同亦爲美也 爰契本又作挈○漢書敘傳注引詩爰挈我龜 卑立○注疏本作俾 捋也說文云引取土○案玉篇引說文云引聚也與爾雅正合此作引取土誤正義引說文云引取也也字不誤今說文聚亦譌作取 有伉本又作亢韓詩作閌○周禮閽人疏引詩作亢玉篇門部文選注六皆引作閌 不殞○注疏本作隕孟子盡心下引詩作殞 拔矣蒲貝反○古犮貝聲近如狼跋亦作狼頭 隊也○注疏本作墜 脫然本亦作兌○注疏本作兌 本本亦作奔○注疏本作奔 奏如字本又作走○後漢書何顒傳注引作走 御本又作禦○注疏本作禦 道本亦作導○足利本作導 棫樸 楢之字亦作槱○注疏本作槱 枹木○舊譌抱今從注疏本改 豫斮一本作斫○注疏本作斫 峨峨○注疏本作峩峩 楫之方言云楫謂之橈或謂之櫂郭注云楫橈頭索也所以縣櫂謂之楫說文云楫舟棹也○郭注本解緝字兩楫字本皆作緝陸氏引之大誤又說文櫂不作棹 罔罟○注

疏毛本罔作網非古宋本同作罔

旱麓本亦作鹿○國語周語引詩旱鹿

豈弟本亦作愷又作凱弟亦作悌○足利本皆作愷悌禮記表記說苑政理皆引凱弟君子

瑟彼字又作璱○說文璱玉英華相帶如瑟弦从玉瑟聲引詩作璱

黃金所以流鬯也一本作黃金所以爲飾流鬯也是後人所加○案正義本與陸氏同又述定本及集注皆有飾字云有飾字於義易曉無飾字者誤此則其或也

藟字又作虆○足利本作虆

思齊本亦作齋○足利本作齋

𣧑禍本又作凶○注疏毛本作𣧑古本宋本皆作凶

兄勗○當作勖

保安無猒也一本作保安也射猒也非○宋注疏本猒字同毛本作厭舊脫非字今據宋本補注疏本亦有蓋一本於經文之次不順

烈鄭作厲○正義曰鄭讀烈假爲厲瘕

孝弟本又作悌○注疏本作悌

無斁毛音亦猒也鄭作擇○臧氏云鄭本毛詩本作擇王肅改爲斁據鄭箋曰無擇言身無擇行知之正義曰箋不言字誤則此經本有作擇者也故不破之孔氏此言最精確從此以考鄭王之本易如破竹矣不特此經爲肅所改即毛傳亦肅所僞撰也釋文云一本此下更有古之人無猒於有譽之俊士也此王肅語而今本正以爲毛傳

皇矣

其政

鄭作正○唐石經作正

謂殷夏 ○殷字舊避宋諱脫今補足利本作商注疏本脫謂字

耆之 毛惡也○注疏本毛傳誤作老也

式郭 本又作廓○注疏本作廓

乃眷 本又作睠並音卷同○潛夫論班祿引作睠舊卷譌眷今從宋本正

樻 節中腫似扶老○似舊譌以今從注疏本扶老木名

路瘠 詩本皆作瘠孫毓評作應後之解者僉以瘠爲誤○正義作應云本或誤作瘠孫毓載箋爲應是本作應也定本亦作應

貊 本又作貊○注疏本作貊

徧服 ○舊譌復今改正

拔 字或作跋○注疏本作跋

以按 本又作遏○孟子梁惠王下引作遏

鄉周 本又作嚮○足利本作嚮

臨 如字韓詩作隆○惠云臨衝當依韓詩作隆衝隆車高所以攻城漢殤帝諱隆改隆爲臨漢有隆慮縣後漢改爲臨慮此其證也隆之字曰盛故伏隆改爲伏盛孔疏以臨臨爲臨下之名近於鑿矣

馘 字又作聝殺而獻其耳也字林截耳則作耳傍獻首則作首傍○案說文正作聝或作馘本一字毛傳不服者殺而獻其左耳曰馘解字較諸家最爲完足言殺便有獻首之義故字或從首字林妄爲區別誤甚

是類 本或依說文作禷○爾雅釋天是禷是禡師祭也

仡仡 說文作圪○舊圪譌仡今改正說文圪牆高皃引詩崇墉圪圪九經字樣作圪

圪

靈臺

牝也頻忍反○忍舊作刃非

賁字亦作鼖○案賁大也從鼓者是後人所改

植者侍職反○侍舊作特今從宋本

以縣○注疏本作縣

瞍依字作叟蘇口反無眸子也○據陸語則知正文作叟注云依字作瞍俗人妄依注疏本乙改呂氏春秋達鬱注引詩矇叟奏功知古叟字不從目旁目有眹舊作目有眸今從浦校

眸子莫侯反○侯舊譌佳

下武

登假本或作遐○注疏足利古本宋本皆作遐

文王有聲

遹又音述○孫炎注爾雅云遹古述字

減字又作洫○五經文字云洫又作減見詩大雅

匪亟或作棘○注疏本作棘

其慾本亦作欲○注疏本作欲

亦氾字亦作汎○注疏本作汎足利本作氾

必挈本又作契○注疏本作契古契挈字通

生民之什第二十四

生民

弓韣弓衣○衣舊譌也今從宋本注疏本同

齊肅本亦作齋○足利本作齋

如達說文云小羊也○臧氏云初學記引說文羍小羊也七月生曰羍然則后稷之生未滿十月如羍羊之生

也當從許義

匍本亦作扶 **匐**本亦作服○案谷風匍匐救之禮記檀弓下家語論禮皆引作扶服救之蓋古文作匍匐正字今文作扶服假借字

荏叔或作菽○注疏本作菽

麋爾雅作蘴○今爾雅正作虋釋文云亦作蘴

恆之本又作互○正義曰定本作恆集注皆作互字案一切經音義十二引作互

肇祀○唐石經同作肇今本多作肈俗字也凡經典肈皆當作肇

揄說文作舀○今說文引詩誤作或皺或舀陸所見本尚作或舂或舀故不誤當下句

浮浮爾雅說文並作烰○說文引詩烝之烰烰

取牴字亦作羝○注疏本作羝五經文字羝詩又作牴字

菹○注疏本作葅

行葦

泥泥張揖作苨苨○揖舊譌楫今從宋本

年稺○注疏本作稚足利本作穉

醓醢汁也○醢舊作醓

函本又作膕○足利本作膕

如堵丁古反○丁舊譌寸今從宋本宋注疏本亦作丁

耄字或作旄○足利本作旄古耄多作旄

既醉

惠施○正義同今注疏本誤倒作施惠

壼鄭捆致也○壼篆文本作畵此似之而非注疏本作壼乃今字捆當從宋本作梱注疏足利本皆從木說文木部有梱字手部無捆

致○注疏本作緻

胙本又作祚○足利本作祚○

假樂 **且君且王** 一本且竝作安字○注疏本作安君安王段云趙壹窮鳥賦且公且侯子孫孫正用此詩意案箋云或爲諸侯或爲天子兩或字正二且字之訓傳云安君王天下也此總釋四句大義俗人以爲專釋末句遂誤改且字爲宜 **緻** 本或作致○注疏本作致 **公劉** **涖** 徐力泊反○宋本力自反泊字疑後人所改 **餱** 字或作糇○文選干令升晉紀總論作乃裹糇糧 **盾也** 字又作楯○足利本作楯 **句子** ○俗本注疏誤作句矛 **永歎** 字或作嘆○唐石經注疏本皆作嘆足利本作歎 **甗** 本又作巘○注疏本作巘 **反復之** 本亦作覆○注疏本作覆 **乃依** 箋云或㞡字○今箋無此語 **取厲** 本又作礪○足利本作礪說文無礪字 **取鍛** 本又作碫丁亂反鍛石也說文云碫厲石○足利本作碫說文作碫云厲石也引春秋傳鄭公孫碫字子石九經字樣音霞亦云見春秋 **材木** 一本作林本○林木舊譌材末今改正足利本作林木 **芮** 本又作汭○周禮職方氏注引詩汭桑柔篇注同○足利本作嚮又舊作又與卷阿篇注同誤今改正 **迦鄉** 本又作嚮文與坑之卽 **水涯** 字亦作厓○注疏本作厓 **曰澳** 字或作隩○注疏本作隩所載釋文隩作奧

毛詩音義下攷證

洞酌　餴又作饙○說文引作饙　餾饙餾飪也○飪今爾雅作稔

卷阿　票風本亦作飄○注疏本作飄　自從本又作縱○注疏本作縱　施本又作弛○注疏本作弛　芑己本亦作恭○注疏本作恭　苐鄭芳沸反○沸宋本作弗　饌几本亦作撰○注疏本作撰　贊道本亦作導○足利本作導　令聞本亦作問○荀子正名篇爾雅釋詁疏皆引作問　聲論○注疏本作聲譽足利本作聲論

民勞　繇役本亦作傜○足利本作徭傜舊從彳宋本從人據改　紆宄本亦作軌○足利本作軌紆注疏本作姦是　慘不本亦作憯○注疏本作憯足利本作慘左氏昭二十年傳家語正論解皆引作慘　揉遠本亦作柔○注疏本作柔　伽鄭注尚書云能恣也與此不同○正義曰尚書注以能爲恣則此云伽者與恣同謂順適其意也　惽說文作怋云怓也又釋惽云不憭也○舊怋作昬又釋惽云四字作釋文惽亦今校改　譊本又作譁○注疏本作譁　爭訟○正義及足利本皆同今注疏本脫訟字

板　僤本又作癉沈本作⿸疒亶○注疏本作癉正義曰癉病釋詁文案今爾雅作⿸疒亶病與沈重本正合　泄泄說文作呭云多

言也○此見口部引詩作哋哋言部訓亦同引詩作詍詍

繹矣 本亦作懌○注疏本作懌足利本作繹左氏襄卅一年傳說苑善說皆作繹

同僚 字又作寮○毛注疏本作僚宋本作寮左氏文七年傳作同寮

蕘 說文云蕘草薪也○案今書無草字

屎 說文作叩○叩舊作吚案爾雅殿屎呻也釋文云說文作唸吚五經文字云說文作吚今本說文作叩從之玉篇廣韻竝同

以共 本亦作供○足利本作供

多僻 ○注疏本作辟足利本作僻後漢書張衡傳家語子路初見篇玉篇人部一切經音義九文選注三皆引作多僻段云漢時詩葢本上作僻下作辟故傳云辟法也箋云民之行多爲邪僻乃汝君臣之過無自謂所建爲法也自唐石經二字皆作辟而朱子併下字釋爲邪矣

摩 本又作掣○注疏本作掣足利本作摩

遊

羨 本或作衍○注疏本作衍

蕩之什第二十五

蕩

多辟 本又作僻○案箋云其政教又多邪僻則經文本作僻字說苑至公篇引詩其命多僻

駿刑 本亦作峻○注疏本作峻

教道 本亦作導○足利本作導

滔漫 本亦作慢○注疏本

作慢

湎 飲酒閉門不出客曰湎○客宋本作容當從之文選注引韓詩亦作容或有作客者譌也

式呼 崔本作謼或一本作或號或呼○漢書敘傳作式號式謼案箋云醉則號呼相傚式是式法正相傚之意作或非是

卑畫 本亦作俾○注疏本作俾毛詩俾使字本皆作卑

耽湎 本或作湛○注疏本作湛

蝘 青徐謂之螇螰○螰舊譌蟅今從宋本正注疏本同

怢於 說文云習也○案今本說文無怢字四月正義亦引說文與此同當據陸孔之書補之

仆也 ○今注疏本無也字足利本有

見貌 ○注疏本作見根貌根字誤倒在見字下

抑

靡喆 本又作哲○注疏本作哲文選注二十三引詩靡喆不愚與陸本同

道之 本亦作導○足利本作導

謨 沈云本亦作漠音莫○案巧言聖人莫之釋文莫之如字又作漠同一本作漠知古謨字多借作漠莫也

耆酒 ○注疏本作嗜

灑也 色懈反○注疏本色解反宋本色蟹反

用逷 沈上謚反○宋本作土謚當是也

反復 本亦作覆○注疏本作覆

則售 一本作讎○注疏本作則其售足利本售作讎

靡不承 一本靡作是○臧氏云箋云天下之民不承順之乎言承順之也據鄭義知經本不作靡字

䏮肩 本又作脇○注

疏本作脇　近之也一本無之字○注疏本無之字　不媿○注疏本作愧唐石經作媿說文媿
正字愧或字　不譖本亦作僭○注疏本作僭　猶擿○注疏本作擲　共人本亦作恭
○注疏本作恭　告之話言說文作詁云詁故言也○臧氏云據釋文則知說文詁下引詩告之詁言
愼爾出話毛傳話善言也告之話言毛傳話言古之善言也古字與說文故字義同則詩亦必作詁傳故與前有別
釋文皆音戶快反則唐時本已誤今本說文亦爲後人妄改　賢知音智○注疏本知作智　而
莫本亦作暮○足利本作暮　諄諄字又作訰○案爾雅釋訓作訰訰　桑柔　菀
彼○宋本作苑　言陰本亦作蔭○足利本作蔭　兄本亦作況○足利本作況　有偏
本亦作翩○注疏本作翩國語周語下引詩旟旐有翩宋庠補音翩詩作偏　以藎本亦作燼○注疏本
作燼從雨火俗字也足利本作藎案方言二自關而西秦晉之閒炊薪不盡曰藎　我圉鄭改作禦○案
古禦字亦多作圉　家○注疏本作稼正義曰以家嗇爲居家吝嗇箋不言稼當爲家則所授之本先作家
字也案孔氏所言最是然亦爲王肅所惑作稼矣　穡鄭云吝嗇也○吝舊譌名從宋本及注疏本校改

鄉也 本又作嚮○足利本作嚮

蠢 說文作蚤○古本蠢作蚤是也說文乃作蠢今正文作蠢遂妄改說文

蟲孽 說文衣服謌謠草木之怪謂之妖○妖說文本作妖

者與 ○足利本箋作念所爲下此災害者與與釋文正合注疏本作念天所爲下此災少三字

已譖 本亦作僭○案正義是僭字釋經作僭差解

大風 毛如字鄭音泰○案爾雅釋天注引詩泰風有隧正義引孫炎注以物豐泰釋之蓋三家詩本有作泰字者故鄭箋從之

赫 本亦作嚇○案正義作嚇一切經音義引詩皆作嚇

職涼 下同○謂下涼曰不可亦毛音良鄭音亮也正義及鹿石經下皆作諒與釋文異釋文是也

觝距 或作拒○正義作拒

雲漢

愒雨 本又作渴○注疏本作渴

重也 ○注疏本無也字足利本有

大甚 音太○注疏本作音泰

蘊隆 本又作熅○正義曰溫字定本作蘊溫似字誤

蟲蟲 爾雅作爞爞韓詩作烔烔音徒東反○爞舊譌從蟲烔譌烔東譌冬今皆改正

兢兢 本又作矜○足利本經注皆作矜矜

炎炎 本或作惔○足利本作惔惔

所芘 本亦作庇○注疏本作庇

蔭 本亦作廕○注疏本作陰足利本作蔭

如惔 說文云炎燎也○今說文惔憂也不云炎燎案節音義云說文作灵

小蓺也此亦當爾

如焚 本又作樊○樊舊譌樊案說文樊燒田也據改正

如熏 本又作燻○注疏本作熏足利古本宋本皆作薰燻字俗

我遯 本亦作遂○案周易遯鄭本作遂

明祀 本或作明神○注疏本作明神案文選陸士衡苔張士然詩注引詩敬恭明祀又見隸釋二西岳華山亭碑

施其 本又作弛弛同○注疏本作弛足利本作施

瞻卬 本亦作仰○足利本作仰

何里 如字憂也本又作𤸫爾雅作𤸫並同王云𤸫病也○案爾雅悝憂也𤸫病也王因箋言憂故改爲病

崧高

維嶽 字亦作嶽○嶽俗體正義本作岳初學記五白帖五皆引作岳說文岳爲古文嶽禮記孔子閒居公羊莊四年何休注皆引作嶽此本之三家詩今文也毛詩爲古文必本作岳

巡守 本亦作狩○足利本作狩

亹亹 勉也○宋本作勉勉也

爾庸 本亦作墉○案作庸則毛鄭訓皆可通墉字非

有俶 本又作俶○俶舊譌倂

往近 毛已也鄭辭也○案箋申毛非改毛也

以時 本又作峙○注疏本作峙

贈送也 崔集注本作贈增也○今正義本同崔說文亦云贈增也送字亦王所改

烝民

禮知 音智○注疏本作智

不解 本或作懈下文匪解同○白帖四十一足利本

皆作匪懈

堅強　○注疏本作彊

我義　○今注疏本作我儀此誤從唐石經也足利本作義案正義曰儀匹釋詁文然則鄭讀爲儀故以爲匹據此知正義亦本作義也

將將　本亦作鏘○注疏本作鏘

韓奕

黑水西河　一本黑上有書曰二字○正義本有書曰

琳　字又作玲○臧氏云據說文則鄭云美石字當作玲孔云美玉字當作琳釋文涵無區別

鞃　又作弡王同○舊脫作字王作三今從毛居正改補臧生云三同謂軏鞃弡三字音義皆與鞹同不改亦通

烏噣　爾雅作蠋○段云毛傳厄烏噣也烏噣即小爾雅釋名所言烏啄也古啄噣通陸孔皆牽合爾雅殊左

中繪　○注疏本作膾

有且　子餘七救二反○官考證疑七敘山井鼎疑七敘

梨　又作黎○注疏本作黎

將將　本亦作鏘○足利本作鏘

曲顧　一本作回顧○案曲顧之文見列女傳白虎通及淮南注回顧是俗人妄改

噳噳　本又作麌同○說文有噳無麌

有貓　本又作猫○足利古本作猫說文無猫貓亦新附有之

其貊　說文作貉云北方人也○今說文作北方豸種

獫　本亦作玁○正義作玁又云定本集注皆作獫狁字

允　本亦作狁○注疏本作狁

貔皮　本亦作豼○足利本作豼

江

漢

命將帥或作率○注疏本作率足利本作帥

循流本亦作順流○正義本作順流今○注疏本作循流

其竟○注疏本作境

王命行伐一本作王法征伐○正義本作王法足利本作王命

非可以兵操切之也一本無兵字又一本兵作急躁○注疏本作非可以兵急躁切之也依陸說兵字爲衍文正義作非可以兵急躁之定本作非可急躁切之

錫山土田本或作錫之山川土田附庸者是因魯頌之文妄加也○案正義曰此經無附庸傳云附庸者以土田卽是附庸定本集注傳皆有附庸字又箋云使虎受山川土田之賜然則經文由傳箋而誤衍也

矢施如字爾雅作弛式氏反○臧氏云弛是假借字傳作施是正字弛亦當讀爲施定本傳依爾雅作弛字正義非之

常武

舒序也一本作舒徐也○注疏本作舒徐也正義曰定本云舒序非也定本往往同釋文

如震如怒一本此兩如字皆作而○臧氏云當作而觀箋可見正義及石經皆誤作如蓋或於王肅所致

瞻卬

蛑賊本又作蟊○注疏本作蟊

喆本亦作哲○注疏本作哲

哲知音智○足利本作智案此當作喆知

譖始本又作僭○段云鄭箋譖不信也則當作僭案正義讒譖者皆不信

之言是孔亦作譜

召旻

邊竟本亦作境○注疏本作境　寙說文云嬾也○正義曰說文云寙嬾也草木皆自豎立唯瓜瓠之屬臥而不起似若嬾人常臥室故字從宀音眠案今本說文宀部脫寙字諸書誤以穴部之窳當之幸陸孔所見本皆有此字當即據以補正俗本正義亦誤從穴矣　隊也又作墜○足利本作墜　職兄音況○正義本足利本皆作職況　自頻鄭作濱○列女傳八引詩作自濱鄭氏據之然濱字古但作瀕說文顯水厓頻中閒三卽水也

清廟之什第二十六

清廟本又作庿○足利本作庿　雒邑本亦作洛○注疏本作洛足利本作雒　維天之命韓詩云維念也○顏師古匡謬正俗曰古文尚書作惟今文作維愚案詩古今文正與尚書相反毛詩爲古文多作維三家詩爲今文多作惟韓詩必本作惟此順毛而改作維耳　成王能厚之也一本作能厚行之也今或作能厚成之也○正義本作能厚行之也

維清

之祺本又作禎音貞與崔本同○唐石經注疏本皆作禎正義本作祺云定本集注祺字作禎　訓道音導○足利本作導

天作　諸盩直畱反又音俯○案俯即直畱反字必誤浦案周官司服又音冑　夷易羊豉反下除易曰皆同○除舊譌徐從山井鼎校改　訂說文云評議也○今說文作平議也　昊

天有成命　其命本亦作基○注疏本作基禮記孔子閒居引詩作其　我將

右之本亦作佑○正義本作佑　時邁　守本或作狩○足利本作狩○　徧于○鄭箋引書望秩于山川徧于羣神正義曰徧於羣神一句於堯典乃在上文於二月巡守之下唯有柴望秩於山川而已不言徧於羣神此一句衍字也定本集注皆有此一句是由二文相涉後人遂增之耳案續漢祭祀志云柴望秩于山川班于羣神遂覲東后徧班古今字異與此箋正合是集注釋文皆有是隋唐以前六朝舊本竝同非後人所增也

懷柔本亦作濡○正義曰定本作柔集注作濡段云宋書樂志宋明堂歌謝莊造登歌詞曰昭事先聖懷濡上靈然則六朝時本作懷濡百神也當從集注本作濡案正義曰釋詁云柔安也某氏引詩云懷柔百神考某氏注爾雅引詩多本三家是毛詩作懷濡三家詩作懷柔也　嶽本亦作嶽○獄乃岳之譌說見前正義本傳箋皆作岳

執競　磬筦本亦作管○漢書禮樂志作管　思文　阻

飢 馬融注尚書作祖云始也○今文尚書作祖飢鄭讀祖爲阻厄也釋文作阻是依鄭所改馬融訓始則從今文讀也 **作艾** 本或作乂○注疏本作乂 **來牟** 字書作麰○趙岐注孟子告子上漢書劉向傳白帖八十一皆引作麰 **介** 音界○注疏本作界非也韓詩足利本皆作介唐石經初刻界後改介

臣工之什第二十七

臣工 **鎒** 槈芸苗也○苗舊作田今依本書改 **意嘻** 意又作噫○注疏本作噫 **假爾** 鄭王竝音格○注疏本箋作格正義及足利本皆作假 **浚發** 本亦作駿○注疏本作駿鹽鐵論取下篇作浚 **發發伐也** 一本無一發字○注疏本發字不重 **豐年** **及秭** 數億至萬曰秭一本作數億至億曰秭○注疏本作數億至億曰秭正義曰定本集注皆云數億至萬曰秭 **祫** 本或作洽○注疏本作洽 **有瞽** **而合乎祖也** ○本或作合乎大祖注疏本作而合乎祖也正義作而合乎太祖又云定本集注直云合於祖無太字 **鞉磬** 字亦作鼗○爾雅釋樂疏引作鼗 **柷圉** 魚呂反○呂舊譌古今從注疏本 **賣餳** 蜜也方言云張皇也○蜜舊作密今從注疏本

張皇也之也舊譌作反今從宋本今方言張皇作餦餭又乾餹作乾餰 **永觀** 古玩反又如字注同○今注疏本箋中無觀字足利本有永長也觀多也正與此合 **潛** 小雅作槮○今小爾雅亦從水 **糝也** 槮槮也○槮字舊譌從米旁今改正 **雝** **宣悊** 本亦作哲同○注疏本作哲 **太姒** 下音似○舊譌下同姒今從宋本正注疏本音字不誤 **載見** **卑** 本又作俾○注疏本作俾 **有客** **既絀** 又作黜同○注疏本作黜 **武** **耆定** 毛音指致也鄭巨移反老也韓詩音同鄭云惡也○案此讀韓詩音同鄭五字爲句謂韓詩亦同鄭音其義則訓爲惡不與鄭老也同皇矣釋文耆之巨夷反毛惡也鄭老也可證二訓實同一音

閔予小子之什第二十八

閔予小子 **嬛嬛** 崔本作煢○說文漢書匡衡傳後漢和帝紀皆作煢足利本作焭卽煢之譌變 **在疚** 本又作㝌○說文作㝌 **敢解** 音懈○注疏本解作懈 **敬之** **佛時** 毛符弗反大也○段云此以佛爲廢之假借古廢佛音同釋詁廢大也 **小毖** **摩** 本又作掣

○足利本作挈

載芟 **其芸**本又作耘○注疏本作耘

畛易本亦作場○注疏本作場

有略字書作挈同○案爾雅釋詁挈利也

其麃說文作穮云穮耨鉏田也字林云穮耕禾閒也○今本說文訓同字林

有飶字又作苾○白帖六十八引詩作有苾

有椒沈作俶尺叔反云作椒者誤也○段云毛傳飶芳香也俶猶飶也俶與飶字相配若作椒爲別物不得云猶飶也

良耜

秋報社稷也本或有冬字者非○正義說亦同

犉牡本亦作犉○注疏本作特說文犉作犉

絲衣

繹字書作襗○襗舊作繹今改正

之融尚書作彤○注疏本作形

載又音戴同○案爾雅釋言注玉篇頁部皆引詩作戴此非毛詩乃三家詩也據鄭箋云載猶戴也可見

弁俅俅說文作紑○今本說文作俅

鼒圜弇上謂之鼒說文作鎡○宋本弇作奄說文云鎡俗从金从兹

舉冪本亦作冪○注疏本作舉鼎冪

光字又作兕○注疏本作兕光乃光之譌

觵字又作觥○注疏本作觥足利本作觵周禮小胥注閭胥疏皆引作觵

其觓本亦作觩○注疏本作觩

不虞說文作吳吳大言也○舊虞作吳注兩吳字作吳皆譌案王伯厚詩攷作不虞本之史記但今

史記漢書竝作吳然王所見必本是虞字今從之說文吳在夨部竝不從大古虞吳相通虞仲吳越春秋一名吳仲

不斁 本又作傲○注疏本足利本作傲 **斁嫚** ○注疏本嫚作慢是 **酌** 字亦作汋左傳宣十二○年荀子禮論篇皆作汋 **傳相** 直專反○專舊譌奪今從注疏本正 **桓** **婁豐** ○唐石經亦作婁注疏本作屢 **般** **般樂也** 崔集注本用此注爲序文○注疏本以三字爲注正義本作序云定本般樂二字爲鄭注未知孰是 **喬嶽** 下音岳○正義作岳 **於繹思** 毛詩無此句齊魯韓詩有之○臧氏云此句涉上賚篇而誤郎在三家亦爲衍文

駉第二十九

駉 說文作驍又作駫同○說文驍良馬也有駫字云馬衆多也駫字下但引四牡駫駫疑此當爲駫 **牧乎** ○注疏本作牧于 **牡馬** ○草木疏云騭馬也說文同本或作牧○說文騭牡馬也是與草木疏同顏之推云河北本爲牧正義作牧云定本牧馬字作牡馬唐石經初刻足利本皆作牧馬段以作牧爲是臧氏據陸璣疏謂三國時本作牡不容有誤文弨細審唐石經是初刻牡後改牧 **駱** 樊孫爾雅竝作白馬黑髦○正義本

毛傳亦作白馬黑髦曰駱又云定本集注髦字皆作鬣

繹繹　善足也一本作善走也○正義本作善走

有駜

咽咽　本又作鼝○文選東京賦注引詩鼓鼝鼝

歲其有　本或作歲其有矣又作歲其有年者矣皆衍字也○正義曰定本集注皆云歲其有年唐石經有下旁增年字足利本作歲其有矣

詒孫子　本或作詒厥孫子詒于孫子皆是妄加也○足利本作以詒孫子

泮水

頖宮　本多作泮○注疏本作泮宮

伐伐　本又作茷○臧氏云茷卽旆之假借字毛傳伐伐言有法度也不作旆字解今唐石經注疏本皆作茷茷非是羣經音辨人部引詩尙作伐伐

其茆　音卯徐音柳○卯丣聲相近徐邈音茆爲柳此古音也與下酒老正韻

蟜蟜　亦作蹻○注疏本作蹻

狄彼　王他歷反遠也孫毓同沈云毛如字未詳所出○案毛公於傳無狄遠也之文經作狄字則毛之如字審矣何必更求其所出王肅訓遠是改狄爲逖也遠字舊譌作達今從注疏本

不吳　鄭如字讙也又王音誤作吳音話同○不吳當依前絲衣作不虞故鄭讀如字或謂本作不娛然正義云鄭讀吳爲娛是本不作娛字讀吳當作讀虞虞與娛古通用王音爲誤亦見正義下當云何作吳音話非不當云同此段文有脫誤

不揚　余章反○舊不

字脫今補鄭氏本作不揚注疏本同　讙也○注疏本作讙也陸於絲衣亦作讙　其觩○注疏本
作觲舊弛貌作弛貌從宋本改下同　無繹又作斁同○注疏本作斁　施貌本又作弛同○注疏
本作弛　致者○注疏本作緻　悍彼說文作㦞○段云今說文㦞下不引詩矍字注讀若詩云
穬彼淮夷之穬蓋穬字當爲㦞也　閟宮　天用是馮依一本作馮依其身○正義
作馮依其身然非是　穋本又作稑○呂氏春秋任地注作稑　卑民本又作俾○注疏本作俾
屆極○注疏俗本譌作殛足利本宋本皆作極　乃筴○注疏本作策　不論○注疏本作礿
足利本作綸　鉼羡字又作鉼○注疏本作鉼案鉼字是　有樹○注疏本作尌　大山
本又作泰○注疏本作泰說苑雜言篇白帖五皆引詩作太山　遂荒韓詩作荒○作荒字誤浦疑是作巟
繹字又作嶧○初學記八引作嶧　在薛字又作薛○注疏本作薛足利本作薛　其姣
○案箋云奕奕姣美也此其字當爲衍文

那第三十

那　正考父本亦作甫○注疏本作甫正義本作父　置我毛如字鄭作植○案古植字作置箋云置讀曰植此申毛而非改毛也置植音義皆同不當過爲區別　夷繹字又作懌○注疏本作懌爾雅釋詁怡懌邢疏引詩同　庸鼓依字作鏞○案今爾雅作鏞然繹李巡注云大鍾音聲大鏞大也知爾雅本同毛詩作庸　薦本又作薦○注疏本作薦

烈祖　總也○注疏本無也

玄鳥　古者喪三年既畢祫于大祖明年禘于羣廟一本作古者君喪三年既畢禘于其廟而後祫祭于大祖明年春禘于羣廟○案正義本與陸氏同注疏本則與陸所云一本同惠云一本誤　郊禖本亦作高禖○作高禖者是禮記月令毛傳作郊禖　大國與音余○注疏本無與字足利本與字作也　是何音河本亦作苛○當作音荷卜苛字亦荷之誤足利本作百祿是荷左氏隱三年傳同可證也　檐負○檐舊從手今依宋本

長發　㤚字或作哲○注疏本作哲　作圜○注疏本作俗圓字　桓撥韓詩作發○古撥發音同　昭假非改字也○改舊譌韓　下士○舊士譌土今從宋本　歸鄉本亦作嚮○足利本作嚮　傳

奏 本亦作敷○注疏本作敷大戴禮記衛將軍文子引詩傅奏其勇羣經音辨入部亦引作傅

是總 本又作鬷○鬷舊譌鬷今從宋本

恐也 ○注疏本無也字足利本有

殷武

罙入 從冈米云冒也○今說文从网米云周行也

有梴 字音鱣俗作埏○此鱣字宋本作鱣埏字舊無今補白帖卷一百引詩松桷有埏則唐時本有俗從土者

周禮音義上攷證

天官

治官之屬 辨本亦作辯○案說文辨判也辯治也後來多通用 府藏○案府六人注云府治藏則此當云治藏府字誤 掌幕○今注疏本皆作幕人 閽音昏○宋本閽昏皆從氏係依說文誤

大宰 皋古罪字○舊字作反譌今從宋本改官本已正 鮌○注疏本作鯀 曰瑳○注疏本作磋 櫄幹○案今禹貢作杶榦說文杶下引夏書又重文作櫄又幹注疏本作榦 篠簜○注疏本篠作篠庾信宿國公碑用之俗字也 眡滌濯舊眡從氏案書內多從氏與視音亦無不合今從宋本正下放此

小宰 斂弛劉本作施音弛杜作弛○注疏本經文作弛注云杜子春弛讀爲施臧生鏞堂云釋文疑是劉本作弛音弛杜作施蓋即杜之音取之耳 治也下文治其弛舍同○注疏本弛舍作施舍陸本自作

弛字

宮正　荷其○荷舊作呵與注疏本同據宋本作荷後人必疑其誤而改之今仍從宋本案荷與何苛訶呵古俱通用

膳夫　膋了彫反○注疏本了作力　醬○此醫之譌據漿人作醫從毆從酒省是正字此與注疏本皆不成字

庖人　六畜許又反○又舊作六譌今從宋本正　乃令力呈反○案注疏本去乃字非是經文凡令自作令字讀此乃令見注始音力呈反若去乃字竟似正文亦與注同矣

内饔　膰○注疏本作蹯　犥本又作皫○注疏本作皫

亨人　肉湆○湆當作湇今各經皆從湆下日

甸師　焫○舊竝從艸下丙玉篇同說文止有爇字今依廣韻從芮

天官下

醫師　不瘳○案宋本注引孟子曰藥不瞑眩厥疾無瘳余氏本亦作無瘳此作不瘳與注疏本不同今注疏本亦改同釋文

食醫　萓音丸○注疏本音桓疑此避宋諱改

疾醫　嗽本亦作欶○說文欶吮也無嗽字玉篇欬上欶也一切經音義引倉頡篇云齊部謂欶爲欬則作欶爲正　其嬴○注疏本作羸案爾雅釋天夏爲長嬴陸云本或作羸羸是古竝通用

瘍醫　黄堥徐音母○舊母作毋則與上無音同非也今從注疏本改

酒正　酨昨再反○昨舊譌胙今從宋本正　與醷○宋注疏本作與醷與陸異

凌人　治鑑本或作監○案云左傳襄九年正義引此文作𪔂疑監字當本作𪔂　深三尺深尸鴆反○尸舊譌尺今從宋本正

籩人　麷或郎第反○當是本亦作麷　楅本又作煏同○注疏本楅作楅毛本煏譌福舊作偪亦非今竝從宋本正　糗乹○注疏本作乾　蔆芰○蔆舊作菱據宋本正

醢人　廬徐薄雜反○薄舊作蒲今從宋本　芹說文作菦○案今說文有芹無菦

鹽人　鬻盬音古○注疏本皆作鬻鹽

宮人　絜凊本亦作凊○凊舊亦作清譌依官本改

掌舍　榱戚疏關反○當本亦作椽

大府　斥幣徐畫栢反○栢舊作祏譌今從宋本正

玉府　飯唅○今書作含

外府　足枝○舊枝譌技今從宋本正　幣齎一音祖係反○一音二字舊作又今從宋本改

職內　種○案注云處之使種類相從下又云總爲簿書之種別與大凡是注中有兩種字其音不殊似當有下同二字又種別之別似當音彼列反今皆不著然則陸所見本當是總謂簿書之大凡無種別與三字種別之與大凡義正相反注疏本係誤衍觀賈氏所釋亦似無此三字

司裘　毴音毛○惠氏棟云毴當爲髦此涉下文毴髦而誤

內宰　酳士斬反○本作七斬反今從宋本正　潭○注疏本作淳　番○注疏本作蕃

典婦功　事齎本亦作粢○亦作舊譌亦又注疏本作本又作粢今從宋本正

染人　秋染不復重出○舊出作也今從宋本改　曰希曰蹲○舊誤蹲在前希在後攷爾雅亦鵨在前鶉在後今正之

屨人　著服一音知略反○音字舊闕今補　之救○監本注作之拘宋本余本注俱作之救案疏作之拘則監本自不誤宋本余本以釋文本改賈疏本非是

地官

教官之屬　其犉○注疏本作犉今官本亦從釋文　盛米○注疏本作藏米

稾人注音槁同苦報反○稾舊作稾譌下當從木與槁實一字注音槁師之槁故謂之槁注疏本三槁字皆作犒此習於世俗所用而遂改易舊文不知古竝無犒字也漢碑亦止有[illegible]字宋本釋文作槁人此正古字之未經後人妄改者注音槁但誤從禾不旁作然猶不作犒也即經文宋本作稾亦誤從禾觀疏以枯槁爲言則唐人尚未改字

明矣下竝放此　主宂○舊作宂譌今依說文正之與穴字本不同

大司徒　早物音皁本或作皁注同○注疏本自作皁字今官本亦盡改從釋文案說文本無皁字蓋卽以草爲皁此以早爲皁亦古　鱗物劉本作鰲音鱗○舊鰲作麵譌字書無此字攷說文鰲魚也從魚敖聲正與鱗音同集韻鱗字注通作鰲正本說文而傳寫誤作敎字頭當并正之　縟毛一音如勇反○當本亦作縟　臞又作臛音稍○臞字舊作爠因下有與考工記爠後音同之語故從之案宋本作臞毛本猶然廛人下亦同蓋與爠後同音不必卽同其字也今依宋本正　貐○舊作腧今從宋本正　榛栗側巾反○舊側人反譌依前後文改　筭卒○舊作算今從宋本改二字本通　閒民○此下注疏本有知音智三字宋本無之或陸所見本是智字故不音今不便遽增　睦婣音因○毛本官本姻音因注中亦作姻唯正文作婣疑注疏本皆是姻字婣轉是後人以釋文改耳

小司徒　爲羨淺面反○毛本錢面反

鄉師　爲藉慈夜反下皆同或云此如字下皆慈夜反○舊無或云二字脫耳今從官本補

黨正 孝弟○注疏本作悌係今字

閭胥 政役○今書作役政

封人 絜清○今書作潔 以豸直氏反○氏舊作氐注疏本作抵今從宋本正 肥

腯徒忽反○忽舊譌忍今從宋本正

鼓人 帗音拂劉音弗○注疏本拂作佛譌案廣韻弗分勿切拂敷勿切二字實不同音今從舊本

發眗本又作呴○呴舊譌朐今依注疏本正

牧人 副○今注疏本作疈 憚其徒旦反○徒舊作待毛本作特皆譌今以音求之正作徒

牛人 槁牛○槁舊作犒今從宋本正說見前 之互劉音護徐音牙○牙舊作互則與互同音護不煩別出今從宋本正詩楚茨正義引亦作互

地官下

載師 桼林劉本作桼字之變也○宋本正文作桼林非是乃劉本作桼耳故云字之變舊譌劉本作

桼今從段氏改正注疏本作漆林

師氏　以知音智○案經文云孝德以知逆惡則知當如字讀陸音智恐失之

保氏　闕闕○舊本不重今案當與上下一例補之　濟濟皇皇○此濟濟陸又音齊注疏本卽作齊齊　暨暨其器反○案經內亦有其訖反一音與詻詻爲雙聲九合

司市　成賈○舊奠賈而賈兩賈字俱脫今案文補正　賈氏○舊作賈民與注疏本同不知陸所據自作賈氏今依宋本正注同　斂賒○舊賒作賖係俗字今據宋本正下同　賒貰一時夜反○一下脫音字　廣夾○注疏本作狹　爲柎○舊從示今依宋本正毛本同

質人　國基○注疏本作朞

廛人　緫布鄭音惣○緫注疏本作總又惣係俗字注疏本作摠下租稯作租穗

司門　轂○注疏本作繫

司關　令奸○奸俗姦字注疏本作姦是

遂人 致甿○宋本作氓 及竈本作窔○今注疏本作窔

遂師 庇其○注疏本庇作庀 抱磿○本譌作磨今依宋本正

縣正 趣其○注疏本趣作趨

稍人 卒伍 所謂○案注文所謂在卒伍前此誤倒

委人 賦斂○案經文云掌斂野之賦絕句斂薪芻又句則陸氏當出掌斂二字音力豔反下當有下及注同四字今皆不然竊疑陸所見經文當本是掌野之賦斂薪芻爲一句注中云所斂野之賦語有錯綜正釋賦斂二字不可因此遂謂掌下必當有斂字也今注疏本正文皆作掌斂音義刪去賦字後人無從別之

藩蘿○余氏注疏本作羅監本毛本皆同釋文

草人 凡糞○注疏本作糞官本依釋文改 彊○各本此字左下皆有土官注疏本去之良是而音義未改今亦姑仍其舊

林衡 林麓○注疏本作麓官本依釋文改

掌蜃 御濕○注疏本御作禦官本依釋文改

囿人 燕樂○注疏本燕作宴

稾人 則接○今注疏本作則共其接盛陸所見本當是則接盛無共其二字觀注云扱以授舂人舂之舂人職云祭祀共其齍盛之米然則非稾人共之明矣注疏本係誤衍 一扱○余氏注疏本一作壹

槁人 毛注疏本作稾與槁同官依釋文改 菚餘 音淺本亦作殘○案音淺當作音殘

春官

禮官之屬 女秩○注疏本汝作秩宗此無作字官本依釋文汝作女 隮○注疏本作躋

鋪之○注疏本作鋪陳 味食飲之味○注疏本食飲倒 猶繹 字書作禪○舊禪作釋譌今改正

鞮 許慎云履也○舊作屨也今依宋本正下同說文二徐本皆作革履也則與下引呂忱說同疑非 蹋鼓○注疏本作蹋鼓 問著○案今本占人注云占著龜之卦兆吉凶此在簭人前陸氏何以反音其在後者因知占人祇占龜不兼著也今注疏本皆衍著字當據此刪之

不

貣○注疏本作貸幷音義亦改從之今官注注疏本又盡從釋文

大宗伯

爲禋音祀又作祀○今注疏本鄭注云故書祀作禋鼯爲罷此作爲禋禋與下爲罷一例作爲字是但又作祀三字欠明祀爲禋以其不同也若祀爲祀理不可通觀下鄭司農云禋當爲祀書亦或作祀然則又作祀自指故書而言此句下又作祀三字當爲衍文

礫禳○余氏注疏本作攘毛本同

閱衆○今注云閱其車徒之數陸所見本其當是衆字

混淪○注疏本作崐崘說文山部無之水部有混淪知古皆借用也史記又作昆侖陸氏於大司樂云崐崘本又作混淪各依字讀非也

淫失○舊作淫泆與注疏本同今依宋本正

蕩滌○今注疏本倒

亨牲○注疏本亨作烹

曰儐○注疏本作擯

純衣○注疏本作紂衣

以筴○注疏本作策

小宗伯

茋也○今注疏本無也字

之齋本又作賫○賫俗字舊作賫更譌

齍

脃之脃七歲反舊作脺誤劉清劣反或倉沒反字書無脺字但有膬字音千劣反今注本或有作膬字者則與劉音爲協沈云字林有脺音卒脺者牛羊脂膬者耎易破恐字誤案如沈解義則可通聲恐未協○案注疏本作

腐脆之脺脆俗脃字脺則陸氏以爲誤注疏本若從舊則當作腐脺之脺或同釋文而但字俗則當爲腐脆之脆今上作脆下作脺似更諧攷說文脃小耎易斷也從肉從絕省此芮切膬耎易破也從肉毳聲七絕切此穿壙當用易破之膬陸氏猶以聲不協爲疑殊未審也臧氏琳說如此案脃與膬實一聲之轉古音自與今讀異然則聲亦何嘗不協也

肆師　及其祈或巨依反○巨舊譌作旦毛本作區亦臆改今依宋本正　侇室○舊本侇作夾與注疏本同今依宋本作侇　及禜酺也○注疏本無也字

鬱人　焦中○注疏本作鐎官本依釋文改

鬯人　壇墠○注疏本作墠壇　蚌曰合將○余氏注疏本同釋文官本亦同他本作合漿毛本作合漿

司尊彝　挩飾舒銳反下本或作拭○注疏本挩飾作挩拭挩又誤從木惠氏依經文改作涚下字舊脫毛改本爲飾今依例當有下字補之其本字仍依元文

司几筵 馮玉○注疏本作憑玉 柔嚅○余氏注疏本作礝譌

天府 賁鼓○注疏本作蕢鼓 數穀數上所主反下所具反○此所音疑誤民數穀數兩者竝言豈可截去民字而以數穀數爲文注明云上民穀之數於天府陸氏何以有此謬誤令人不解

典瑞 薦申○注疏本作搢紳 謂函○注疏本作插官依釋文改 叚嘉○注疏本叚作瑕官依釋文又誤爲段

典命 樊纓步干反○舊步作畔官本從之毛作步案他處作步字者多今從毛本

司服 以上○注疏本作已上

世婦 而呵○案天官閽人陸氏正文作苛云本又作呵呵今字故但附出此賈疏內作呵陸氏正文當亦同前作苛今亦作呵殊無定見

冢人 亦併薄令反○舊令譌泠據宋本改正與小師音正同

宗伯下

大司樂

育子 音胄本亦作胄○惠云敎育子此孔氏古文僞古文作胄子陸氏混而同之非是

能禪 ○舊作彈與注疏本同今依宋本與音合

搶搶 ○余注疏本作鎗鎗

大蜡 士嫁反○士舊作七今從宋本注疏本同禮記音仕詐反

九磬 依注九音大諸書所引皆依字○依注舊本注疏本竝作依字係涉下文而誤今正之下云依字則九不音大也

與鬼 音餘本亦作輿○舊與與輿字互易今從宋本改正

屍出 ○余注疏本作尸出官本毛本竝從釋文

三侑 ○余注疏本作三宥官本毛本竝從釋文

樂師

采齊 ○注疏本作薺

作跢 倉注反○余本倉付反

視瞭 ○官注疏本作眡瞭

大胥

比樂 鄭如字○鄭指賡成舊作劉今從毛本改

爲庇 ○注疏本作爲庀是

小胥

觵 ○舊譌從魚今改正

士犆 ○注疏本作特官本改從釋文

大師

鼓朄 ○說文作朄此從東譌

小師　搖之本亦作遙○舊遙譌搖今改正莊子逍遙遊亦作搖二字本通　飴餳○舊竝從昜與從易同　六空○注疏本作孔　篪○篪正字此省　併而○舊作併兩今從宋本改注疏本作併兩而吹之案云併則兩可知陸所見本無兩字後人乃改而爲兩

典同　鶕○注疏本作韽譌　當蹕○余注疏本同今官本毛本竝作蹕似誤

鍾師　夏納○注疏本倒作納夏非　執傹○余注疏本同他本有作競者

笙師　七空○余注疏本空作孔下竝同

鎛師　將趨○掌固注作將趣文不同

籥章　伊耆又作帆○舊帆譌帆今改正　躋堂○此不取躋彼二字亦變例臧云疑鄭注本約舉與後頹疧正相類

大卜　三兆○注疏本作兆官本從釋文而亦不盡改　之釁○注疏本作釁唯余本同釋文

三㝱○注疏本作夢官本改從釋文　作緷○注疏本作爲緷非　謂菑音災○宋本音

周禮音義上攷證

灾　視高○注疏本作眡高

垂氏本又作菙○舊本作菙氏與華字形小異實一字耳今從宋本正　燋李又祖堯反○祖舊作粗今從毛本

占人　以毄○注疏本作繫官本改從釋文

眡祲　如暈本亦作煇○注疏本作如煇官本改從釋文亦字改作又

大祝　香其○注疏本作薌其官本改從釋文而上薌合之薌不改　從持脝○注疏本無持字又脝作胏下竝同官本改從釋文而亦不盡改也　卻左○舊作左卻譌今依鄉飲酒禮乙正

振動今佞人拜以兩手相擊○佞當與倿同

小祝　爲名○注疏本作銘官本改從釋文　禎末○舊禎譌作績今改正　識識

○案注云以死者爲不可別故以其旗識之與檀弓文合無識識連文官本改注作以死者爲不可別識增一識字是因釋文而誤增也然亦不能合兩字相連葢陸氏所見本旗字作識識古幟字亦旗類漢書王莽傳旌旗表識師

古注識讀與幟同高祖紀旗幟皆赤下注云幟旗旂之屬史家字或作識或作志此足明上識字是幟下識字乃記也下司常注亦有徽識語

小史　昭穆或作卲○集韻載此字毛本作邵譌

馮相氏　南僞○舊作譌與注疏本同今依宋本

保章氏　運○注疏本作暈官本改從釋文　側匿朒音女六反○舊缺音字今依例補之

內史　八柄○注疏本作枋

御史　數凡○注疏本二字倒案注云鄭司農讀掌贊書數則數字在上明矣釋文並不誤

巾車　婁頷戶感反○戶本作尺宋本作所今以注疏本皆作戶從之　坐乘下坐乘皆同○孔云下坐乘止有一當補所乘來乘乘四字方可云皆同　連車○注疏本作輦車　謂羸○注疏本作羸　攝菔音服○注疏本作服官本以音服爲下箙作音非　爲輪○注疏本作作輪

都宗人　禱祠○注疏本作禱官本改從釋文然於家宗人仍如其舊作禱字皆由不知注疏本與

釋文本各據其所見
難強之使無異同也

周禮音義下攷證

夏官

政官之屬　見於○注疏本作見于　稾人○注疏本下從禾是也此從木與春官之槁人同矣當由轉寫致誤　校人○戶教反字從木若從手旁作是比挍之字耳注校之校人同○案宋郭忠恕作佩鱅因此遂分別校挍二字各異其實古來止有從木之校無從手者且通周禮及他經皆未有如此分別者此語殊可疑　數也○注疏本無也字

大司馬　監國○注疏本作監一國　乃縣○舊本此下有治象直吏反五字案夏官所縣者政象此段內又無他治字明是衍文刪之　將軍本或作軍將○注疏本作軍將釋文少音工匠反四字　獻肩詩作豣○宋本作豣非　摝音鹿李扶表反○李音必所見本或從麃然二字皆不見說文　車驟仕救反○仕舊作在毛本作仕今從毛本　㠯和○注疏本㠯作以　麎音辰又音胥又止尸反○案舊作又音胥止尸反以止尸切胥頗不經見故於止尸反上加一又字今疑胥字當爲衍文

若作叉音止尸反何其直截萏仍讀爲祁字耳字林作上刃反當讀如腎 **三貜** 本亦作貜○舊三作曰與注疏本同今從宋本正爾雅本無曰字說文有貜無貜 **弔勞** 力報反○舊力作老余本同疑譌他卷作舊力到反今改作力 **楨也** ○舊作楨也今從宋本正

司勳 **般庚** ○注疏本作盤庚 **從與** ○宋注疏本作預余本作與

量人 **國分也** ○舊誤枉州涂下今案文乙正

挈壺氏 **畚** ○案下當從由亦作畱此從田譌

射人 **治逆** ○舊作治達與注疏本同案注云受而達之王王有命又受而下之則與掌復逆者無以異宋本作治逆今從之 **能中焉** 丁仲反○丁舊譌下今從衆本正

射鳥氏 **鴟** ○注疏本作鴟案說文鴟或從包

掌畜 **皁蕃** 音燔○余氏注疏本音煩俱通 **鶩** ○注疏本作鵝說文作鷈

夏官下

大僕

令聞 力呈反○此五字宋本有在䏿石之上各本脫各本於䏿石下有遽令力呈反五字此大誤也宋本無案注云令聞此鼓聲則遽逆御僕與御庶子此令字乃使令之令故音力呈反若與遽令三字是經文陸止音遽字竝不爲令作音此遽令自讀力政反書內如此者竝不音亦無無於注文之後轉爲經文作音之理今改正

氾祭 ○氾舊作汜今從宋本正

祭僕

九个 古賀反下同○今注疏本作箇徐鉉謂个字無從下筆然經典多有此字不可謂後人所造也鄭氏環曰个當是從介省案九个見注舊下同作注同誤今依孔校改

弁師

玉璂 本亦作琪○孔云琪疑當作璂

反紒 本又作紒○注疏本作反紒釋文本作反紒舊誤作反紛今依孔校改

司弓矢

庾弓 師儒相傳讀庾本或作庾○舊作本或作庾誤今改正

庳 ○注疏本譌作痺余本不誤注痺病始從疒

散射 素但反○但舊譌旦今依孔校改

軒輖 音周一音丁二反○舊誤作定周反案輖與輊同作丁二反是今從宋本正

倫比 方二反○本作毗志反誤今從宋本

正余氏注疏本與上條亦皆同宋本

校人 **三乘** ○孔云此上養乘乘馬亦當音繩證反陸氏失攷 **爲轂** ○注疏本作繫今官本亦改從釋文

庾人 **牡驪** 絕句 **牝玄** 絕句 **駒褭** 郭璞義異鄭○案今爾雅作牝驪牡玄與此牡牝字互易所謂義異鄭也此注舊本亦皆作牝驪牡玄卽疏亦如是今官本盡改從釋文鄭注禮記檀弓引爾雅文謂牝者色驪牡者色玄與此注疏舊本恐皆因郭本爾雅誤改鄭義陸氏爾雅釋文云孫注改上騋牝爲牡讀與郭異是孫炎亦本於鄭也此於牡驪絕句牝玄絕句明白如此而今爾雅本本乃反以騋牝句驪牡句此又邢昺之誤也郭氏但牝牡異句讀當與鄭同耳注疏本褭作褱今亦改從釋文

職方氏 **篠也** ○官注疏本作篠案說文作筱 **滎洛** ○余本經作滎注作滎今注疏本竝從水 **波漾** 故今從高貴鄉公○鄉字舊脫今依左氏音補 **虖** 又香刑反○案毛居正云當作香于反

合方氏　相奏○注疏本作相湊官本亦改從釋文

都司馬　其正本亦作政音同○注疏本作政舊音同作音下同下字衍刪之

秋官

刑官之屬　貍○注疏本作理官本亦改從釋文　柞氏○注唶屋筦皆同唶字文當重

挍剝○注疏本作刊剝此作校剝義晦校從手亦非　藴崇○注疏本作藴崇　硩宅歷反○舊宅譌他今依孔校改　絜清○注疏本作潔清　爲纁○注疏本作爲之纁此或省文

大司寇　趩○注疏本作蹕改釋文亦從之非

小司寇　鍼嚴子案漢諱明帝名莊○舊諱作書譌今依孔校改　牟子○舊作眸子與注疏本同案宋本作牟子今據改　而辟婢亦反○舊婢作槪譌今依孔校改

士師　斟汋○注疏本作斟酌　數條○今注疏本作敎條案宋本與釋文同是今本誤也

朝士　示于○注疏本作寘于官本改從釋文　國期○注疏本作朞　畜積○注

疏本作蓄積

司盟　禮義音儀○注疏本作禮儀無音今改從釋文有音案義本古儀字

職金　椎拷○注疏本拷從本作椁

犬人　祓縣○注疏本作庪縣與爾雅同　疈辜○注疏本作疈辜今亦改從釋文

司圜　著墨幪○注疏本作墨幪是

秋官下

薙氏　謂陂彼宜反○舊彼譌披今從宋本正　爲壍○注疏本作塹　粊誓○案說文粊从米北聲周書有粊誓今注疏本作柴又案儀禮既夕記有柲注古文柲作柴柴竝與釋文同廣韻亦同今亦仍之

庶氏　嘉艸○注疏本作草今改從釋文

赤犮氏　求○注疏本作蛷今改從釋文

庭氏 詘詘○注疏本作出出與左傳同

銜枚氏 嗚吟○舊作嗚吟譌今從宋本正

大行人 衣版○注疏本作板 屬其幓○案注云斿其屬幓垂者也此屬其二字當是誤倒 餽之本又作饋○案饋字是說文饋餉也又吳人謂祭曰餽注疏本正作饋 柱地○注疏本柱從手作扗乃俗字古枝柱字並從木 其摯本又作贄○注疏本作贄下經文各以其所貴寶爲摯仍從手 耆慾○注疏本耆作嗜官本改從釋文案王制本作嗜欲

小行人 眡館○眡舊作眡今從宋本正案前後亦並從氏

司儀 賓拜送依注賓音擯○案賓拜送幣與上文賓車進賓三揖皆是賓主之賓其音擯者自往下賓亦如之句觀注先釋每事如初後云賓當爲儐謂以鬱鬯禮賓也正指賓亦如之言若賓拜送幣則在每事如初句之上其爲誤摘顯然此拜送二字當改爲亦如之三字方合 客从本又作從○注疏本作從官本改爲从案从爲篆文從字隸作从釋文本作兩刀誤書内從字甚多唯此一字作古體

掌客 倍鼎音裴○注疏本倍作陪案二字古通用 曰總本又作緵○注疏本作曰稯與聘禮記文同鄭彼注云稯古文作緵則知陸所云又作乃古文也 手把○舊作手杷從木誤今從宋本正 亨○注疏本作烹

冬官

以上○注疏本作巳上 柲也○注疏本無也字 創物依字作㓺○㓺從井刅聲舊從并從刃誤今據說文正 鸛鵒○注疏本作鸜鵒同左傳 貉依字作貈○案說文有貈無貉 簳栝舊作栝譌今依宋本正與說文同 摶李音團劉音博○案劉以經文作摶故讀隨字改此不分析言之亦略也 鞄𤿭○案說文𤿭柔韋也从北皮省夐省今此下似兖而又非兖乃俗字之至無理者宋本作夐下與瓦形近而譌耳鮑人同 皆插○宋本作皆接案接與插通用儀禮內多有之注疏本作插後人遂併改釋文今以插易明姑仍之

輪人 輪箅○本作箄注疏本同今從宋本正官本同後車人亦同 稹理本又作縝○舊

作本又作稹譌今以義正之作縝

則摯 讀爲槷○槷舊從埶譌今依宋本正亦見下文說文作槸

去一 後去三去二皆同○舊作去去一去三譌今改之然當云下去三及注去二皆同

丸漆 ○今官注疏本丸從說文作凡

輨 或作幹俱音管○注疏本作幹毛本改釋文云轄或作幹官本知轄爲誤改作幹而幹字之誤亦未改

不隊 直類反落也○落也二字各本脫宋本有之今據補

輈人

兩軏 ○官注疏本從說文作軏

不汙 ○注疏本作汙無甚異唯盡而不汙之盡各本皆譌作淨此不學之人所妄改也宋本作盡而不汙出左氏成十四年傳文賈疏例於此等皆略而不言今因文相比近偶一及之

東辟 音壁○注疏本作東壁各家本因欲并載音義乃改東壁爲圭璧之璧音壁太覺可笑

冶氏

三鋝 ○三舊誤作二今據宋本正

韗人

之賁 ○注疏本作鼖

畫繢之事 ○宋無此四字此本有之亦不可去

周禮音義下攷證

㡛氏○案說文作⿰巾㐬五經文字云⿰巾㐬又作⿰忄㐬見周禮皆無艸字頭豈陸氏所見本無其字與

漚絲○經文漚其絲此無其字

冬官下

矢人　鏃也或七木反○舊七作比譌今依他卷正

陶人　爲甗沈魚偃反○魚舊譌魯據宋本及注疏本正

旊人　墾○宋本作墾案說文本無墾字新附有之云貇聲宋本貇誤當從豕

堅致直致反○宋本作直吏反據宋本正後弓人滑致下亦音直致反不誤

梓人　爲簨○注疏本作筍官本亦改從釋文

儗度○注疏本作擬

螪○注疏本作⿰豸啇所載音義仍作螪

胷鳴○注疏本作胷蓋從劉本毛本音義作胷鳴本亦作骨鳴今官注疏本盡改作胷鳴

螾衍羊忍反○宋本上羊忍反各本脫上字當補之

蚣息容反○宋本作思容反爾雅息忠反

頃小音傾李一音懇○注疏本作頎小陸所見本是頭故音傾下似當云本一作頎李音懇今但云李一音懇少欠詳注疏本

并改音義作傾小音傾恐失陸意

匠人 藝也○注疏本作藝無也字官本從釋文作藝但不補也字

通雍○注疏本作通其壅塞官本雍從釋文

車人 晧落○晧本作皓從白宋本從日今據正陸云劉作皓音灰此語亦似有誤

頮疵○案注云疵讀爲其頮有疵之疵今陸所引無其字有字當是省去

或作摶○注疏本作或爲摶毛本譌或爲摶今官本已改正

耎者○注疏本作需者官本亦改從釋文

弓人 不畜畲○案今注作不畜而畲而字當是衍文易及禮記坊記皆無而字

觕理才苦反○舊苦譌若今依注疏本改正

辟如○官注疏本作譬如案後引如下云引依注音譬是陸亦作譬字讀

簫臂○簫舊誤從艸今依注疏本正

無燂音朁○舊譌音僭今從宋本注疏本作音潜與朁音同

三侔本又作件○件舊作桙與下複今從宋本正集韻類篇皆有件字桙字

厈蠖○厈卽斥字毛本作斥官注疏本從說文作㡿

周禮音義下攷證

儀禮音義攷證

此經注疏本所載音義於釋文刪削不載者甚多又雜以經傳通解中所音迥非陸氏之舊於此竝見元本之不可廢也

士冠禮

主人爵冠朝服則是仕於諸侯天子之士朝服皮弁素積○舊本諸侯天子誤倒今注疏本巳依朱子說改正則是仕於諸侯句絕不連下讀

以眂○注疏本作視

記爻戶交反○舊本無今從通解增

識爻音志○舊作戶交反案爻字見上自當先音此音識字為是今從通解本改正

為衆于偽反○案注云其不宿者為衆賓朱子於賓字句為讀如字是也陸氏此音誤

直音値下放此○注疏本作吉値反無下放此三字大誤

再染如琰反下二字同○此殊可疑上云凡染絳當無別音何以舍之而音再染今注疏本作一入謂之縓再入謂之赬三入謂之纁朱則四入與爾雅釋器作一染再染三染陸氏所見鄭注當全依爾雅元文今又何以但出再染此書通例於相次比者多云下同今何以獨云下二字同又下四入與亦當如上六入與之例音餘此亦闕音疑此

書爲後人所顚錯脫落者多矣

以叏○舊本上作山下作文譌今依宋本改正注疏本作韜案說文叏滑也又取也雖弢訓弓衣有韜藏義士昏禮內韜髮陸云字又作叏同是鄭取其音同故得通用

筍息嗣反○注疏本作音嗣

如答力丁反○注疏本力呈反譌

玉璂○宋本作琪

爲檐○舊本作襜今從宋本與張淳識誤所引同

袗玄之刃反劉之愼反一音眞同○案注古文袗爲均故鄭云袗同也卽用古文均字爲訓讀亦當從之若袗字本義說文訓爲元服趙岐注孟子袗畫衣也玉篇緣也皆無訓同者以此知袗當讀爲均陸氏音皆非是之刃士昏禮內作之忍此似脫爛又一音眞同後作又普眞反後同似皆此譌

紒音計○注疏本音界譌

乃祝之又反一音之六反注皆同○案書內祝祝皆有兩音祝史之祝音之六反祝辭之祝多讀之又反如今人所作呪字注疏本全刪此條却有項丁浪反四字爲此書所無案前缺項已音下講反此不須再見又改爲丁浪反更非是

捷栵初洽反本又作插亦作扱○案毛本經文作捷栵此誤也唐石經作建栵張淳云注之扱栵釋文作捷栵故爲作音耳注疏本乃并經文改之非是他篇亦竝作建今官校李如圭集釋本經文定作建鄭注云建栵扱栵於醴中陸氏所云亦作扱者是指注言明甚陸氏所見

本是捷賈氏所據本是扱扱字可不必改唯經及注首之捷柶必當仍還作建柶耳

奠贄○注疏本作摯

清糟子曹反○案今本注止有重醴清糟四字集釋及通解俱於重醴下有稻醴清糟黍醴清糟粱醴清糟十二字全引內則文今本注必後人有意節之近刻集釋既載下三句當於重醴下刪去清糟二字庶合內則元文今猶仍之葢不疑後人所改而以爲鄭注所有失之矣

扃鼎扛也○鼎扛舊作扛鼎係誤倒案鄭注云扃鼎扛所以舉之者也鼏覆之此十二字今本闕集釋本有陸氏葢即用鄭注爲訓今據乙正

鼏鼎覆也○舊本作鼏鼏覆也誤注云鼏覆之此云鼏鼎覆也義各有當不必同

螔蝓音揄劉又音由○注疏本作音俞一音由凡陸氏所引劉音注疏本多刪去閒又改易之深沒其所自甚非也後不悉著

涖之○注疏本作莅下所載叶音本經傳

柎方于反劉音鈇○宋本柎作拊從手注疏本方于作方夫刪下通解非釋文所有三字

毋追○舊毋作母今據宋本改

而諡○舊作謚據宋本改正注竝同

士昏禮鄭云取其陽往而陰來○注疏本無取其二字脫耳案當有

爲庪居委反○此條舊無案後有以庪居委反劉居綺反一條疑後人割以移此然陸氏於古文今文異字亦

時有音今亦依注疏本添入

拂拭 上音弗下音式○此音注也注疏本見經文先有拂几字遂截拂音弗三字於前

遂遁 ○舊本遁作巡必後人所改案書內多作遂遁此不應獨異今據注疏本改正

梧授 ○今注作迎受故注疏本不載此條案張淳梧授作梧授是迎字乃後人所改其授字當作受爲是梧字從木爲正

湆 ○字應從肉泣聲石經從日今亦依元本不改下竝同

以庡 ○舊本才誤作丬今改正注疏本移前此則闕

親迎 魚敬反○舊作魚正反譌今改正

謂緣 又以全反○舊全作令譌今改正

袗玄 一音之愼反○舊脫音字今補

刺黼 ○注疏本作刺

作懆 ○浦氏鏜疑懆當本作幧

媵席于奧 ○今經文作媵布席于奧陸氏所見本無布字似無者是

媵御 下御受同音○舊受作授經文亦然皆譌又音字譌作者今皆改正

廼撤 ○注疏本作乃徹

將覸 今本亦作見○集釋本作見

而衣 ○注云笲竹器而衣者今注疏官本作竹器有衣者

蕢蘆 ○集釋本亦從艸各注疏本竝從竹然蕢簣皆不見字書五經文字艸部有蕢字音臾陸氏同云見禮經注今字書所引作笑籚

段脩 ○注疏本作腶

淬 本或作染如琰反○注疏本作染如汙穢之汙

誤連下文　**帥道**音導下帥道同○案下注今作勉帥婦道以敬其爲先妣之嗣張淳據此以正下注之誤倒　**不餒**○注文作餧是餒本字

士相見禮

贄○集釋作摯下同　**謂擯**必刃反○注疏本刃作忍　**相者**○舊本作也據宋本作者是今從之　**以索**悉各反注同○經文維之以索今注中止出維字無下三字此云注同是全出注文張淳據此補注愚謂賈疏本或不與陸氏同　**猶辦**○古止作辨俗作辦案鄭注中辨皆作辦張淳疑此處爲後人妄改得之今注作辯亦非下同　**呫嘗**穀梁有未嘗有呫血之盟○舊穀梁下無有字張淳云建陽本有有字又下或徐未詳張云監本以詳爲許今皆依其說增改　**曳踵**○舊譌腫今改正

鄉飲酒禮

小辟○注疏本作少避　**則諺**戶孝反○注疏本作則傚案大射燕禮諺俱戶教反此戶孝似亦當作戶教　**復重**直用反○此似當作直龍反　**宴樂**○注疏本作燕樂　**葛覃**○舊

作覃與注疏本同據宋本作蕈譏誤同今從之下同五經文字九經字樣皆云覃亦作蕈　解古賣反○注疏本作懈下篇同　惰　進奏○注疏本作媵

鄉射禮

縣于○注疏本于作於大抵經文多作于然石經亦閒有作於者　獲者劉胡蘗反○舊蘗作櫱今從宋本正　傳命下傳主人同○舊脫主人二字今補　小辟○注疏本作少辟　醋主○注疏本醋作酢案醋本古酬酢字酢之本義酸漿也今人二字多互易此書內亦多作酢　取觶之豉反○毛注疏本有下同二字此無　則爲下注爲涖同○舊涖作位案下注云立司正爲涖酒爾則當作涖今改正又案下經文云賓對曰某不能爲二三子許諾注疏本有爲于僞反一音此無之蓋但顧注而忘經文漏也　爲涖○案此已見上則爲注中不應重出注疏本無此條　三笴劉古老反○注疏本作古可反　下鄉遐嫁反○下有下物自如字讀注疏本剛去鄉字便不明析　而乘下乘矢同○舊脫矢字今補　踣弓蒲北反○舊踣譌碚北譌比今俱改正　貢楛音戶字又作楛○注疏本

枯作楛楛譌栝騶虞壯由反○舊作側留反今從宋本小遂遁○注疏本小作少

猶勞○注疏本猶作九樂賢音洛○舊無此條今據通解補臑字林云臂羊豕也○案說文臑臂羊矢徐鍇云骨形象羊矢此作羊豕譌拳之音權○案朱子云橫而奉之或誤寫作拳釋文遂以權音令人失笑說矢吐活反又始銳反下同○舊脫今依注疏本補散○注疏本作若交反譌釋文三音皆闕歧蹄○此歧字依宋本然當作岐爲是

燕禮若卿大夫有勤勞之事○舊本勤作動譌今從注疏本改正

樂之下宴樂同○舊宴作宴今從監本此篇注竝同宴見字林五經文字以宴爲宴之重文若錫劉音余章反○劉本錫作鍚故音亦異下爲緆亦同壹弛尸氏反○壹今注作一毛本尸作戶譌

爲其下爲恭同○舊恭譌祭今依識誤改夫辯○舊夫作文譌今依識誤改則傚○注疏本作效關雎七徐反○宋本徐作如樵也闔人○案闔人見經在前樵也見注在後張淳所見本已倒不腆它典反○舊本它作他今從宋本注疏本譌作天饗時許兩

反或作鄉非○案張淳引注文主國君鄉時親進醴其下文闕官校本謂張氏先標饗字於上意欲從釋文改鄉爲饗然疏云饗禮亾無以引證食禮又無酒醴所獻之事故不言而云鄉時也據此則作鄉是官校如此乃毛本注及疏竝作饗字不作鄉豈因張說而誤改與鄉當音許亮反 **酏**以支反○舊支誤皮今改正 **朱禱**○此禱字之或體唐人多用之

大射儀

巷涂○今注作塗 **若絺**劉作綌音郤○舊作若絺今依宋本綌字無攴云音郤必本是綌之誤

壺獻下汁獻竝同○舊汁譌注今改正 **以醋**○注疏本作酢 **則設**○今注作做

壹從○注疏本壹作一下同 **中之**下注於中同○舊中譌次今從宋本改正 **捷也**○注疏本作扱也 **爲絹**又于貧反○案絹本亦作絹故有此一音習禮家謂絹字是 **眡算**○注疏本作覗 **一个**○舊誤在坐說下案當在鄬字上今移正 **所儗**○注疏本作擬 **鷩**○注疏本作鼈同說文 **懽樂**○注疏本作歡 **薪蒸**章淩反○舊淩作夌今從宋本正

聘禮

大宰 音泰下放此○案石經及注疏本宰命司馬上無大字集釋所載鄭注有云諸侯謂司徒爲大宰下又云大宰之屬也則經亦當有大字今本皆無當依陸氏及集釋本補之

于禰 乃禮反○舊無此條毛注疏本有官本同今據增

妃合 ○注疏本作配合

一肄 ○注疏本一作壹

者與 ○據張淳所見本注作其有來者者蓋與字傳寫又誤作者監本疑其複遂刪去一者字非是集釋本亦少一者字今注依釋文作與然朱子疑或是介字

簠方 簠本或作簋外圓內方曰簠內圓外方曰簋○張淳所見諸本並作簋方因辨之云釋文明著內外方圓之制蓋辨或本之誤也鄭注云狀如簋而方若易簋以簠字讀之簠義甚明今注疏本作簠方依張淳從釋文也然細審之器雖有內外方圓不同究當以一望可識者爲定名簋之方在外故石經與集釋皆作簋注當云狀如簠而方若經作簠又何用以簋相擬張欲解注之簋爲簠此是也但賈疏却似作簠方云凡簠皆用木而圓此語頗不的

之祧 遠庿爲祧○庿舊本作廟今從宋本下同

既拚 謂洒埽也○舊洒作灑今從宋本注疏本作掃洒倒

設飧 音孫下及注同○舊脫下及二字案飧見下經及注

今補

六鈃○張淳云此卷經注鈃字凡六其二作鉶釋文但爲鈃作音不及鉶字從釋文官校云說文鉶器也鈃似鐘而頸長儀禮公食大夫篇注云菜和羹之器不當作鈃明矣五經文字云鉶鈃上祭器下樂器禮記或通用下字爲祭器明鈃字雖可通用究以作鉶爲正張氏欲盡改鉶從鈃疏矣

俟辨蒲莧反辨具之辨○古皆以辨爲辦舊作辧誤據前士相見禮改正官注疏本并此小注亦作辧是也

而上○注云反面傳而上注疏本譌作面上

鄉入○注疏本作鄉張云此曩鄉之鄉宜從日

加萑音完○注疏本移莞音完音下莞筵字譌案尚書毛詩莞皆音官又音關萑葦之萑乃音完

尚擸○此音經文也注疏本移置以飲前乃音注中面擸字且刪去音獵一音果於改作如此

醓醢他感反又注曰醓醢汁也○下七字疑誤衍

相拜○此下經文夕夫人使下大夫韋弁歸禮注疏本音義有今文歸作饋下及記同九字頗似注文而下及記同又不類疑他處移入陸本無

之繐○繐爲繻之或體此處當作縳音絹陸反以縳字作正文甚非是劉亦有絹一音今止載劉音須更不審毛注疏本作縳不依釋文是也官本乃改從釋文舊說文下闕云字今依注疏本補

使之將一本作使之將兵兵則後加字○注疏本有兵字舊本兵則後

加字譌作將則後加字今改正

于闐○張云釋文云於闐案今作于闐與張所見本不同

不亨○宋本作不亨

方版○今注作板

作約聲類以爲約字○字疑有譌

又賁○賁

乃齋字之俗陸氏上齋已有音此復加音是其所見本如此也注疏本作齋張氏過泥釋文官校正其誤是巳

絜清○今注絜作潔

其摯○今注疏本同宋本却作贄張同

鞠窮劉音弓本亦作躳○

云劉音弓則讀如本字者多也注疏本作鞠躳張淳云鞠窮蓋復語與蹴踖相若自論語作鞠躳學者遂不復致思於其閒余案張說甚有理鞠窮蹴踖皆雙聲廣雅作匑匑云謹敬也曹憲上音邱六反下音邱弓反正讀如鞠窮記下云摯入門鞠躳焉如恐失之魏氏要義云溫本作鞠窮

卷豚大本反○舊本作徒門反以豚犬本字讀之大誤注疏本作大本反正與玉藻音同今據改張氏所見注作卷遯今本作豚

俞俞○注疏本作愉

萊易○注疏本作陽

曰稷○舊本凶字內加四點下稷字亦同皆誤今改正

公食大夫禮

公食下注饗食食禮同○舊食字不重今補

曰辵○注疏本譌作辵

處也○注疏本

無也字　**不綷**○注疏本作不言綷　**于鐙**○舊本作鐙今案詩于豆于登不作登據改正然金旁作亦非是　**設鉼**○注疏本作銂　**復出**○此本先者反之注毛本誤以疏作大字置前而以此段注在下由門入升自西階之下舛錯特甚　**它時**○注疏本它作他　**駕**○注云無毋此二字當音牟無以免人惑他處有之此疑後人不解而妄刪今補官本但有無音牟三字亦不全余因疑上文毋過注云古文毋爲無則毋字可不音舊反有音安知非改此以贅於前乎　**作莞**○注疏本爲莞

覲禮

覲禮其靳反○舊靳譌覲今改正　**訝者**五嫁反○舊反譌同今改正　**禕冕**○注疏本此上有禰乃禮反此本無　**愒**苦蓋反○舊愒譌揭今從宋本正

喪服經傳衣服年月親疏隆殺之禮也喪必有服所以爲至痛飾也○舊隆作降今依注疏本改注疏本喪服下有子夏傳三字引鄭目錄失載喪必有服二句　**苴**七如反○注疏本作七餘反．**大搹**扼也○今注作扼也張淳謂當從釋文案說文扼爲搹之重文

似不宜以扼訓搹說文搹把也

一溢 鄭云二十兩曰溢○舊作二十四兩宋本無四字與注合今從宋本

右縫 ○此條當在前條屬之下誤脫在後注疏本置於升之下鍛之前亦非是今移正

言嫡 本又作適同丁歷反○集釋本作適注同陸氏於後適子始作適云後除適人之類可以意求之其實於此即當作適爲正張淳過泥釋文殊不必

圻內 ○注疏本圻作畿

越竟 ○注疏本作境

猶傁 ○注疏本作叟

不復 ○案注云不復祀別子也今注作不得誤

士喪禮

北庸 本亦作墉○注疏本作墉

以馮 ○注疏本作憑

旗識識之 下音式亦作試○注疏本作下音志

掘坎 其勿反○注疏本其物反

不綪 注作綪說文云綪縈繩也○案說文綪赤繒也非此處義故注讀爲綪說文綪紆未縈繩也多二字

竹笏 ○舊譌笏作音忽案竹笏見經文注云今文笏作忽陸氏不應捨經而音注而繫於倏茶之後若云笏作忽音忽尤無此理今故移於以翣之上而正之

珵 本又作珽同○注疏本作珽

組綦 一音其記反○注疏本記作計非

於筐 ○於今經

作于　櫛於箄○注疏本於作用張淳必改從釋文亦不必　繘劉俱筆反○注疏本筆作必非

用爨○注疏本注文作甸人取所撤廟之西北扉薪爨之無用字　處也○注疏本無也字

倮裎○注疏本倮作裸　足坼丑宅反○注疏本作恥格反非　不數○注云不在數

明衣在字衍張淳從釋文　捷也○注疏本作插也　于擘○擘當從說文作擘　爲藉

才夜反○注疏本不音藉而音爲云于僞反謬　槖劉古道反○注疏本作姑勞反譌　袍繭○注

疏本作繭　爲奠○注疏本不依釋文音爲字而爲奠字作音有意變更不可爲訓　易服○陸

氏不標貌易而反與下句服輕者相連失之　今著○注疏本作今之著幓頭矣此無之字　東

夾劉古協反○注疏本古作右譌　乃杝必李反○舊李作季今從宋本　爲脾○此乃音注注

疏本作髀是音經文矣誤　禮坊○今注作防　用軸丈六反○舊本丈作大譌今從注疏本改

釋菜○注疏本作采　耆酒○此與窟室朝至公焉其四條注疏本不全引注文此遂以無所麗

删之案集釋本所載係全注云春秋傳曰鄭伯有耆酒爲窟室而夜飲酒朝至未已朝者曰公焉在其人曰吾公在

鑿谷伯有者公子子艮之孫艮霄字　**楚焞**○案注疏本此下有燋哉約反又祖堯反此無似脫　**燋**

挈本又作契○集釋本作契

既夕禮

饌于○舊于譌子今改正　**朝柩**○今注作朝正柩正字衍張淳云釋文無正字　**用蒸**○張淳所見釋文是蒸字

拂抙○注疏本抙作仿　**之楯**○舊本作輴注疏本同今從宋本張淳同

執筴○今經文作策　**御也**○御今注作禦　**甕**○注疏本作罋　**冪**○注疏本作冪

篓○舊作翣張淳所見是篓字云此非檣翣之翣今據改　**則梧**○注疏本作捂　**玩好**○注疏本玩作翫

㨒也○今注無也字　**堲**○集釋所載注檀弓曰夏后氏堲周殷人棺椁今本闕此九字遂併刪釋文此條

拾更○宋本此注即在前拾踊下今本注在此而釋文亦隨之　**人諦**○舊本作啼今據張淳本改諦與啼通管子豕人立而諦荀子禮論哭泣諦號春秋繁露執贄篇羊殺之不諦淮南精神訓病疵瘕者蹝蹋而諦皆與啼通

衽而鴆反○舊而譌西今改正　**如軛**○張淳釋

文本作輗
倮 ○注疏本作裸
便也 ○今注無也字
不見 ○今注不作無下不破同
于摯 ○當作摯爲正
一溢 劉音實○注疏本實作寔非
爲幕 音莫○注疏本作冪
駹 亾江反○注疏本亾譌步案周禮牧人尨亦音亾江反
差飾 初皆反○注疏本勅賣反非
諸穾 本又作窔○注疏本作窔
載蕢 ○注疏本作簣
用荼 茅莠○注疏本作茅秀
管 ○注疏本作菅
翫好 ○翫今注作玩
爲柴 ○舊譌柴毛注疏本又譌作柴張淳所見是爲柴二字
矢猴 ○舊作猴矢張淳云釋文猴上更有一矢字然則必本作矢猴矢後人刪去其上一矢字耳上矢字爲下猴矢志矢作目非衍文今乙正

士虞禮

作鉉 ○注疏本作爲鉉
搏衣 ○注疏本作擐衣
既封 劉道鄧反○舊道譌通今改正
淳尸 之純反○宋本之作韋注疏本作童皆譌舊之字亦改刻與內則同今從之
妥尸 坐安也○案注作安坐此似誤倒
擩 人悅反○舊作韋悅反譌今從宋本正
猶墮 ○注疏本墮之

猶言墮下也言猶二字誤倒隳作墮　**猶養**弋亮反○舊弋作才今從宋本注疏本同　**爲枯**劉本作栝音先古反○栝舊作枯譌今案音改正注注疏本先古作先枯譌　**爲苄**○注疏本作作笇譌　**不楬**○注疏本作毼　**勸彊**○注疏本作強　**于濟**○今注作泲　**烏翅**○舊作鳥翅譌據周禮注改正宋本同　**從也**子容反○此音縮從之從注疏本乃置執几從席從下誤　**差疏**初賣反○注疏本初作所　**揃**○注疏本作翦

特牲饋食禮以歲時祭其祖廟之禮○注疏本廟作禰

爲詛○案集釋本注有今文詛皆爲詛六字今本闕　**爲璧**○舊爲作作今從宋本改張淳同　**鉼**○注疏本作鉶　**兩敦**又都愛反○注疏本愛改作壘非　**以筴**○今注作策　**齊坫**○今注作齊于坫　**道之**○注疏本作導之　**朼載**○注疏本作匕　**刊其**苦干反○舊苦譌若今改正　**抽扃**古螢反○舊螢作熒今從宋本　**東枋**○注疏本作柄　**豕**羊夜反○注疏本夜譌掖　**季少**○注疏本作小　**西辟**○今本作壁　**作激**劉本作徼

音敖○舊敖譌敷今依張淳說改　弟婦○注疏本弟作娣

少牢饋食禮

丁己音紀○宋本譌音祀朱子始正之　大庿○注疏本作大廟　圜而于宣反○毛注疏本作圓于舊譌音今改正　省也○注疏本作省文也文衍字　割亨○注疏本作烹　侈袂本又作袳○舊本袳作移今依宋本改　爲餳○注本有今文錫爲餳注疏本無錫爲餳三字釋文遂無所附麗　隋祭○注疏本作墮　㨎于如悅反○舊如帨反譌今從宋本改正　作偏○注疏本作爲偏　直於○注疏本作置于　先食啗之○注疏本食作飲官本從釋文　袂音決○此條有譌錢氏大昕云今本注云古文替爲袂袂或爲裁裁替聲相近案袂與裁替聲不相近○𢧁正字當作𢧁詩巧言秩秩大猷說文作𢧁𢧁大猷秩秩乃與𢧁聲相近袂字當作秩然不知陸氏已誤爲袂與抑後人妄改與與若作秩則當別有音必不音決明甚　有司本或作有司徹○注疏本有徹字

大庿○注疏本作大廟　爲儐○宋本作賓　氾埽○舊氾譌汜今改正注疏本作汎

竝併○注疏本併作幷　泉也○注疏本泉下有實字　碎鉼○注疏本作鉶

胳○注疏本作骼　刳魚口吳反○注疏本作空吳　挘如悅反○舊作如悗反宋本作人悅反今悗字從宋本改悅

以抒○毛注疏本作杼　膮許堯反○音與各經同宋本作呼雕反張云監本呼彫反

作臘○宋本作作臘注疏本作爲臘　延熹○毛注疏本譌延景官本已改正

禮記音義一攷證

通志堂別有禮記經注刻本後附釋文四卷係依淳熙四年撫州公庫本而此諸經後有乾德二年開寶二年諸臣銜名似其來更古然頗有不及淳熙本者當由後人改易之故今惟擇其善者從之

曲禮

嚴○注疏本作儼

欲不如字一音喻○舊脫一音喻三字撫州本有之毛本官本竝同案學記情慾下云如字一音喻此正相同若無一音喻三字則如字二字亦甚無謂此必後人誤刪今補

貴餓音賊本亦作賊○注疏本作賊云音餓本亦作餓大謬今本同釋文

有畜○注疏本作蓄

咎犯○宋本注疏作鼻犯

士丐本亦作匄○匄正字俗作丐今書內多從俗

弗亨○注疏本作不饗

不辭說文以詞爲言詞之字辭不受也○案說文辭不受也受辛宜辤之辭訟也此所引有脫誤

共給○注疏本作供

嬰母○注疏本作鸚鵡官本亦改從釋文不知孔陸本各不同也下皆類此

狌狌○注疏本作猩猩官本改從釋文

禽獸則獸亦可稱禽稱禽卽盧本作走獸○案單文

不必言獸今此上明云飛鳥則此自當言走獸何必又贅禽字盧本是也

鹿牝 舊扶死反○本作舊扶允反謅今從宋本正與他經所音皆合

輕佻 ○舊作恍與注疏本同案宋本作佻佻今從之

八十九十曰旄 ○注疏本作耄

凊 本或水旁作非也○水旁作毛本改爲作水旁近人語耳陸本不如此

四皓 園公綺季夏黃公角里先生○官本增二字作東園公綺里季案不增亦可角舊作用係俗字今從宋本作角讀爲祿李匡乂資暇錄云漢四皓其一角里先生角音祿今多以覺音呼誤也至於改角里爲用里則謚謬矣案今所刻隸釋有四老神坐机作用里乃沿俗誤寫必非本來如此

爲槩 ○撫本作概

瞑 ○注疏本作冥

無誑 本或作誑同九況反○毛本誑作迋又衍一誑字誤

便易也 ○注疏本無也字

瞻無 徐如字○注疏本無作毋此本似誤上無誑與此無字義同彼不音此亦何所疑而加音簭本是毋字故有音耳

膺葉 ○注疏本作膺擖足利古本是葉字今管子書作揲

謂掃 ○注疏本作埽是

令左卬 ○注疏本俱作昂足利古本作仰

挈 本又作契又作絜

皐 絜皐依字作桔槔○舊作橰槹撫本作絜皐與細注合今從之注疏本作橰槹

請衽 本○官注疏本作袵

再辭曰固一本作曰固辭○足利古本作曰固辭也

不恙○今注疏本作無恙又上有安否二字疑皆妄增改

無作○注疏本作毋作

書筴○注疏本作策

毋勦○舊從力作勦誤岳本從刀今從之

應也○注疏本也作者

跋半末反○注疏本作本末反誤

惡

也○注疏本無也字

毋褰○注疏本作褰說文作攐

同柂○注疏本作椸

枷古本無此字○古本注疏本作古文誤

不相知本或作不相知名名衍字耳○注疏本有名字

醯○注疏本作醯

蔥渫○注疏本作涞

后辯○舊作後辯今從撫本注疏本作後辨下辯亦同案宋本皆作辯

酳又士覲反漱口也○舊士作仕漱作嗽今從宋本毛本官本同

能烹○注疏本作亨

濡肉字亦作濡○注疏本作濡是

臠也○注疏本無也字

少牢徐式照反○舊武照反誤今從撫本毛本官本並同

嚌之○今本注疏皆連上足利古本少牢下有禮曰二字則不連

羹本又作齊○注疏本作齊

梜箸○注疏本梜猶箸也此或省文抑所見不同

齕之徐胡切反○毛居正以胡切當作胡勿案下滅紇梁紇俱有胡切一音蓋古讀與齕音相近後人作胡結反其音正相似毛說

不必從

拂其 ○注疏本作佛

畜烏 ○烏舊誤馬係沿宋本今各本俱改正

筴綏 ○注疏本作策

冑 ○下從月與從月者別

券要 ○券下從刀注疏本誤從力

耶也 ○注疏本耶作邪是陸氏每通用

脃也 ○注疏本作脆字俗

昭穆 時招反○此讀韶也葢古來相傳如此以爲爲司馬昭而改音者其說非也

心很 ○作狠者非

車綏 耳隹反○毛本官本作耳崔反譌

軍辟 ○注疏本作壁

之使也 ○注疏本臣不敢煩君使也無之字

巳與區 巳與區竝去求反一讀區音羌虯反又巳于反案漢和帝名肇不改京兆郡○惠氏棟云左傳火焚其旗敗于宗邱竝讀爲區當音邱于反此去求羌虯二反皆非也孔氏疏謂邱與區音異而義同亦誤案漢和帝之名當作肇伏倏音兆章懷引許慎音火可反二音不同

冠娶 ○注疏本作取與前同是也

麗 ○注疏本作驪

非贄 ○注疏本作摯

善蘭 ○注疏宋本正德本皆同古本足利本亦同嘉靖本改作躪官本從之毛本更譌作躝

自御之 依注音訝○釋文所見注必本是訝字今注疏本作迓

五雋 本又作雋○案雋字不當從雋陸氏不加審擇非也

爲縈 本又作縈○宋注疏本作縈足

利古本亦同說文有紮無紮

曲禮下

適子丁歷反○舊多歷反今從從通例改　行舉足一本作行不舉足○注疏本有不字　作

諡○舊作謚今從宋本正與說文元本合　傎○注疏本作顚　齊衰本又作齋○作舊譌曰今

從眾本　廄庫○庫舊譌車今改正　去國祭器不踰竟一本作大夫士去國下去

國踰竟亦同○注疏本皆與一本同　皆爲○注疏本作皆自爲貶損憂民也釋文自當在爲字下

不恙○注疏本作無恙與前同　皆擯○舊誤置于一人前今移正　某父○注疏本俱作

甫　卝人革猛反徐故猛反○注疏本作丱乃童丱字作卝爲是撫本音辜猛反毛本官本皆從之又注

疏本故猛反作故孟反非周禮卝人徐音穬虢猛反　冶冶氏爲箭鏃○毛本官本作冶氏爲煎金非

段本又作鍛○宋本足利古本注疏皆作鍛　曰享許兩反○舊作亨今從撫本易經內凡亯饗之字皆

作享有說見前　自陝依字當作陝○石經及宋本正文皆作陝注云當作陝從夾爲是舊陝字譌作陜義

禮記音義一　攷證　三

無所取今改正 天子謂之伯父 本或有同姓二字衍文○注疏本有似非衍文 於郤 ○郤舊作郤譌今改正下同 自謂寡人 一本作自稱○注疏本作自稱曰寡人 躄 將六反○毛本官本子六反同上篇 瑪人 ○注疏本作孺人 使自稱 本或作使者自稱○注疏本有者字 數畜 許又反○毛本官本作許六反非 歲徧 本又作遍○毛本官本又字作亦 腯肥 本或作腞○案此正文當作腞肥釋文當作本或作腯觀鄭注云春秋傳作腯則此不作腯明矣釋文下又有作腯徒忽反一音若腯字上先見當云注同下不必更出矣腞各本俱譌豚此段當以左傳釋文互證 脡祭 他頂反○注疏本作肥頂反譌 薌萁 字又作箕語辭也○箕疑其 嘉疏 本又作蔬○注疏本作蔬 傎壞 ○注疏本作顛 游目 ○舊作遊目注疏本同今從撫本 大夫與士肆 本又作肄○舊肄肆互易注疏本從之案內則請肄簡諒釋文亦作請肄本又作肄則此亦當同今從撫本 輟朝 丁劣反○注疏本竹劣反是後人所改凡丁字多改作竹後不悉著 樊纓 ○足利本與釋文同注疏本作繁 枳椇 ○注疏本無椇字足利本椇枳椇也與釋文合是今本脫耳

掃○注疏本作埽

檀弓

不樂如字又音洛○舊作又音岳則仍是如字矣今從各家本正

卽周○注疏本作皇下折卽亦同又四周於棺舊棺作冢謌今從毛本官本正

乘翰字又作鶾○舊從鳥作鶾謌今改正

孋姬○注疏本作驪

共世子○注疏本作恭

誄之諡也○舊作諡也今從宋本

隅坐

不與成人竝音並○竝爲竝之俗體當以人所習讀曉之耳

臺駘上音胡下音台○毛本官本作下音臺謌

大高一音勑佐反○書內多作他佐反足利考文亦云勑字誤下巳猶大大重皆不見下文

皮藏○皮舊從攴謌今改正注疲亦同

副音付○注疏本音仆非

來者一本作爲爾哭也來者○注疏本同一本

離羣上音利○注疏本利作詈此類音同而字僻

精麤本又作麤○麄俗字陸不辨

稅○注疏本作說

枻○注疏本作曳

涕音體○亦可讀他米反

之耆○舊作嗜注疏本同今從撫本

委乎○注疏本作萎

夾之本又作俠○舊

禮記音義一攷證 四

俠作挾譌今從注疏本
嚮明本又作鄉○注疏本作鄉
如襵○注疏本作如攝毛本宮本並改從釋文
干楯○注疏本作盾
塡池依注音奠徹○徹舊譌徐今改正
飰於煩晚反○注疏本作飯案前云食旁作卞扶万反此不相應
且服也本或作且服過○也字唯岳本注有之毛本宮本皆脫古本足利本有過字
請鬻本又作粥○注疏本作粥
縱縱依注音揔○岳本音揔近本依正體作總譌
子璅依字作瑣○注疏本作瑣
綌衰下七雷反○注疏本作七回反
已斂○舊誤置縣棺後今移在前
反復○注疏本作覆岳本古本同釋文
椑徐房益反○毛本宮本房作戾譌
飯煩晚反○此與前從卞者同一音例不畫一
無絇屨頭飾○屨舊作履今從各家本
於薰本又作纁○注疏本作纁
周帀本又作迊同子合反○毛本宮本迊作匝子合譌子答
能濕○注疏本作溼是濕與漯同陸氏每不辨
銜枚下莫杯反○杯舊作坏今依詩周禮音改正
共焉○注疏本作供

檀弓下

爲差○案注云尊卑以此差之陛所見或不同　嚴然○注疏本作儼　子顯依注音韅○其字子繫名當爲韅說文韅字著掖鞥也此從顯省　重與奠也○毛注疏本無也字足利古本同古注疏本作重與奠也與大誤　箄　袒括　慍哀○舊箄下閒以縣諸齊敬碎踊三條案當在前又袒括在慍哀後皆誤今移正　俠○注疏本作夾　羨道音義隱云羨車道○義字疑衍　慍斯

戚本或有於此句上有舞斯慍一句并注皆衍文○注疏本有洵爲衍文　班白○舊作斑今從宋本　撫本毛本同　慨焉憊皃○宋本空小注二字當由後來因複下文刊去今依通例補　嚮也

○注疏本作歸也　諫爭爭鬭之爭○此音似非疑當音諍　行之　粥之○舊行之倒在下今移正　啜叔○注疏本作菽　斂手○注疏本作斂首觀疏云斂其頭首及足明是首字今亦依釋文改作手　以縡○以舊譌其今案注改正　爾已○注疏本作以　其母○今注疏本沿近人所讀則豈不得以其母以嘗巧者乎爲一句改毋爲母與鄭注不合失之矣　禺人○公爲之字也說文爲母猴也爾雅在寓屬故以爲字　弗能○注疏本弗作不下句始作弗　馬鬣○注

疏本作督漢書古今人表作篤

嫳盧○注疏本作敝

攢塗○注疏本作菆塗

有餽○注疏本作饋是說見前

櫜韔○注疏本作韔是

巳夫音符○舊音扶今從宋本毛本官本並同

虛墓○注疏本作墟

以莅○注疏本作涖

頓也○注疏本作鈍下魯頓同

有殺○注疏本作弒下子般殺亦同

之畜狗○舊狗字誤脫在爲埋之下今移正

子貢本亦作贛○舊贛字下從貢誤今依撫本改正說見前

窺○注疏本作闚

追然○注疏本作退然

不雨○舊誤在而鄉下今移正

暴尪○注疏本作㬥本說文下同

王制

肥墝本又作墽○注疏本作墽說文有磽墽無墝

覜聘○注疏本作頫聘

章管○注疏本作障管

自陝○舊作陜今從宋本

之涂○注疏本作塗

禷○注疏本作類

不揜○注疏本作不掩

不麛本又作麑○案說文麛鹿子麑狻麑義別

豐秏○注疏本作耗字俗

之畜○注疏本作蓄

薾字又作璽○璽俗字

郊鮌○注疏本作鯀

黃

能○注疏本作熊 沛也○注疏本無也字 旃裘○宋注疏本旃作旜今本亦同釋文

相嚮○注疏本作鄉 耆欲○注疏本作嗜欲 傜役○注疏本作繇役 命女○注疏本作命汝 郵罸俗作卹○舊卹譌郵今據郊特牲改 倗也○舊作倗人譌今改正

苛察○注疏本作呵察 札書側八反○注疏本作策書音測入反譌 止觀○注疏本作上觀譌 翌○注疏本作皇 㐭力甚反○舊作兵品反譌今依月令音改他處亦多作力稔反

提契○注疏本作提挈 絜清○注疏本作潔清

月令

於陬○注疏本作諏 宓戲音密又音服○案音服當作虙伏戲本當作虙戲 其器○注疏本作器 龍卷○注疏本作衮 還乃○注疏本無乃字 帝藉○注疏本作籍後同

徑術○舊作經術今從注疏本 猋風○案說文有猋字無猋字 捶治○注疏本捶作極譌

奮鐸○注疏本作奮木鐸 權槩○注疏本作概 小間○注疏本作少間

沍寒○注疏本沍作沍　母無○注疏本作鴾母　蝃○注疏本作螮　蝀　槌也　又丈偽反○宋本偽作爲　挍數○挍當從木　礫禳○注疏本作攘　蛙○舊誤在邱蚓上今移正　萆挈上皮八反○初學記作蘼挈上音蒲結反官本挈作挈譌　以粗○注疏本作麤　應鍾○宋本撫本皆作鐘　無索○注疏本作母索　則執○注疏本作縶　耆欲○舊耆作嗜注疏本經文作耆依宋本則此作耆注疏本作嗜足利古本亦同今從改　爲熒○注疏本作螢　始鷙○注疏本作摯　傜役○注疏本傜作徭撫本傜役與前同　徑音逕○案此當在耆欲句下　辱暑○注疏本作溽暑　夏日○舊誤置萊地下今移正　檻呼覽反○舊呼作好譌今依周禮音改　土畜許又反○舊許作呼譌　隄本又作堤○舊堤作提譌　朝宴○注疏本作朝燕　脩困○注疏本脩作修　務畜○舊誤置坏戶下今移正　僇禽○注疏本僇作戮　之簿徐步各反○舊各作角今從撫本注疏本同　熊蹯于弓反○舊于作乎譌今依詩斯干音改　椓聚○注疏本作涿聚與韓非子史記同漢書古今人表作顏

濁鄒

害處尺慮反○前後俱作昌慮反

爲壐○說文下從土

曷旦苦割反○注疏本作鶡旦苦割作戶割

麋角解○舊誤在馬鬣之下今移正

上行時丈反○案前俱作時掌反

雞始乳○注疏本無始字

錤音其○注疏本作音基是

禮記音義一攷證

禮記音義二攷證

曾子問

於禰○注疏本於作于　士則朋友一本作士則朋友奠○注疏本有奠字　脫○注疏本作說案脫亦當連奠字　賓長知丈反○注疏本竹丈反　作謚○舊作謚今從宋本前後皆同　其詞○注疏本作辭非　不附祭本或作祔○注疏本作祔　于堰○舊從亘非當從亙得聲下倣此　塗邇音迩○注疏本音爾　堲周本又作堲○注疏本作堲　柴○注疏本作費案柴說文作枽廣韻作柴

文王世子

壹飯○注疏本作一飯　九聆本或作齡○注疏本作齡　莅阼○注疏本作涖下同　干楯○注疏本作盾　舍采○注疏本作菜　語說徐始銳反○舊銳譌說今依宋本改　廣三尺三寸一本作廣三尺三寸三分○注疏本有三分二字　諸父守貴室本或

禮記音義二攷證

作守貴宮貴室○注疏本有貴宮二字
含胡暗反○舊暗譌諳今從宋本正
則纖依注音鍼之林反刺也徐子廉反注本或作纖讀爲纖者是依徐音而改也○案如釋文則注本作纖讀爲鍼鍼刺也鍼刺又見下今注作纖讀爲纖纖刺也正所謂依徐音而改者纖訓爲刺不可通自當從釋文爲是
以樂闋○案上注有獻畢而樂闋陸氏以注不音然下以樂音洛亦出注又何以音此有舛錯
以樂○案上以樂闋之下無以樂字唯以樂闋之前有注云師樂爲用此以樂當作師樂當置以樂闋之前方順且上注以樂之亦止當讀如字

禮運

逮一音大計反○舊大作代今案書內多作大計改之
●**無匱**其媿反○注疏本作其魏反
道
死疾皃也○舊作疾貌今從宋本并補也字
掬本亦作臼音蒲侯反○案臼即掬字舊作杵臼之臼譌今依宋本改正但不當音蒲侯反上抔音步侯反此音與之同疑當有又作抔三字脫耳
櫟本又作巢○注疏本作巢
令甓○注疏本令作瓴
及瓶大也○注疏本無也字
以冪○注疏本

中從莫譌 **示號** 本又作祇○注疏本作祇 **鉼** 本又作鉶○注疏本作鉶案鉼乃樂器此當作鉶下竝同 **於乎** ○注疏本作鳴呼 **孔甯** ○注疏本作寧今亦依釋文改 **取殺** ○注疏本作取弑下不悉著 **以治政** 下文注以治事同○舊事譌政今依下文改 **肅峻** ○注疏本作駿 **煇光** ○注疏本作輝 **竝併** ○注疏本作幷 **播於** 波左反 **五行四時** 本亦作播五行於四時○注疏本於字正在五行下案前播音波我反此處舊音彼左反注疏本作彼佐反疑皆非 **爲畜** 許又反○注疏本作許六反譌 **矞** 本又作獝○注疏本作獝 **合於月之分** 本或作日月之分日衍字○注疏本以此十五字混入注案宋本幷足利古本竝不譌 **罷也** ○注疏本無也字 **不種** 不亦作弗○注疏本作弗 **有畜** ○注疏本作蓄 **卝人** 革猛反○舊革譌華今改正 **而取** ○注疏本作娶 **之烖** ○注疏本作災 **澧** ○注疏本作醴 **胎** 土才反○舊土作七譌今依宋本改正上卷音吐來反 **而窺** ○注疏本作闚

禮器

恇懼○注疏本作匡懼
堵者本又作闍○注疏本作闍
五重○下及注皆同舊譌注及下皆同今依宋本撫本正
熏裳○注疏本作纁
幎○注疏本作鼏
誠殼本又作慤○注疏本殼作慤
不摩本又作麾○注疏本作麾
不綦不亦作弗○注疏本作弗
於鉼○注疏本作甁
詔圜本亦作詔圓○注疏本圜作侑改詔圓爲詔囿係妄改
順之至也順亦作愼○注疏本作愼改云順當作愼非古順愼本通
樂之○注疏本無之字
作護○注疏本作濩
屬屬之六反○注疏本之玉反

郊特牲

誠慤○注疏本作慤
饗禘音藥○當音樂今音藥者豈以樂尚有兩音之不同與
婁嘆○注疏本作屢歎
時難○注疏本作儺
北庸○注疏本作墉
圜丘○注疏本圜作圓
氾○舊作汜譌今改正
卷○注疏本作衮
冕載○注疏本作戴
璪
迎猫字又作貓○注疏本作貓案說文無猫字貓亦新附有之
薀財○注疏本作蘊
旣蜡而收○舊

蜡譌唶今改正

麋臡字又作觀字林作腝○案觀字無攷宋注疏本作臡官本同腝舊作腝今從宋本撫本正

蒙○注疏本作薦

彫○注疏本作雕

俎奇○舊譌寄今改正

冠義注始冠冠而敝之○始冠句冠而敝之又一句舊少一冠字今補

毋追○注疏本毋作母

執贄○注疏本作摯

說齊字又作涗○注疏本作涗

腊毒隱義云腊久也久酒有毒○周禮昔酒昔訓爲久此作腊借也周語厚味實腊毒韋昭訓腊爲亟又一義久酒有毒論殊不然今酒以經久者爲佳

內則

礲○注疏本作礱

如父母一本作如事父母○注疏本有事字

衿嬰○注疏本作纓

苛養本又作癢○注疏本作癢說文無此字

灑埽○注疏本作掃

穤子○注疏本作孺

何止○注疏本作趾

唾涕○注疏本作洟

解也○注疏本無也字

姑予○注疏本作與

解勌○注疏本作倦

糗又昌紹反○舊紹作糾今從宋本與周禮籩人同

苞苦○注疏本作包

蜱本又作蚍

蜉本又作蚽○注疏本作蚍蜉蚽字舊未刻宋本作桴譌官本依

說文改蠹其重文作蜉皆正字也然陸氏於他經往往作蚍蚽必不於此獨從說文故今定爲蚽字

麏○注疏本作麕下同下卷麏爲亦同

蠭本又作蜂○注疏本作蜂說文作蠭古文省作蠭無蜂字

用[亠貝隹]俗本多作蕹非也○注疏本作蕹

鶉雞羹本又作鶉羹雞羹○注疏本作鶉羹雞羹

鯁人又工孟反○舊工譌下今依宋本改正

麃○注疏本作[目麃]

鹿[歹委]於偽反○案廣韻作餧於爲切云鹿肉音不同

巽粻字林丈量反○舊作字林云量也譌今從毛氏正誤改爾雅作丈庚反

齊喪○注疏本作齊衰譌

三王有音又出注○案宋本注作有讀爲又此陸氏所本也今本作有善爲法譌

若將依注音牂牝羊也○案鄭注及說文以牂羊爲牡羊此作牝羊依爾雅及毛詩傳

涂皆乾○宋本涂作塗注疏本同

鉅音巨其據反○梁仲子云其據上似脫又字

使湯一本作使其湯○注疏本有其字

穰如羊反○舊如羊倒今乙正

魄莫下亦作膜○舊膜作漠今從注疏本改

醯與○注疏本作醯醢與

湛諸又直蔭反○舊脫又字今案當有補之

糅食○注疏本糅作糝

舉焦○注疏本作燋

同杝○注疏本作椸

年未五

十本又作年未滿五十○注疏本有滿字　齊漱側皆反○舊側皆作爭皆今依通例改此當以將御者齊爲句下漱澣二字爲句　耆○注疏本作嗜　孩而名之字又作咳○注疏本作咳孝經疏引作孩　三月之末一本作子生三月之末○注疏本有子生二字孝經疏引子生三月無之末二字

請肆○注疏本作肆　絛也○注疏本無也字

玉藻

四簋本或作簋○注疏本作簋　䏭也○注疏本作胃也　黨鄉之細也退謂傷側也一本或作黨鄉之細者謂傷側也避君之親黨○注疏本有也字及避君之親黨五字謂傷側也之上依正文亦當有退字此與注疏本皆闕　先飯扶晚反○舊扶作煩今依注疏本改　遝通○注疏本作遝巡　閒傳直專反○案閒傳篇名此音誤孔云當作直戀反　散送悉旦反○孔云當作悉但反此譌　不施○注疏本作髦　青犴○注疏本作犴犴案說文犴爲豻之重文

無說本又作稅○舊又作亦今從宋本撫本改　裳緝○案注齊裳下緝也此脫下字　爲或

禮記音義二攷證

○注疏本作惑案或爲惑惑本字　與栽○注疏本作災　佩瓀徐又作瑌同○宋本瑌作碝

先君子悉薦反○舊薦作見今從注疏本改　補脫重也○注疏本無也字　愼乎

尊卑也○注疏本乎作於無也字　靡迤○注疏本作匜疑誤　圈腞○注疏本作豚

頤霤○舊在弁行剡剡之下誤今移正　宿宿○注疏本作縮縮　嚱咳○注疏本作欬

如睹○注疏本作覩　有下○案注云讇謂傾身以有下也各本皆同唯毛本作自下宮本同

分陝失冉反○案陝當作陜

明堂位

偝也○注疏本作背　此周公明堂之位也本或無周公之字○案之字疑當作二字

藩服○注疏本藩皆作蕃　壹見○注疏本作一見　卑侯○注疏本作俾侯

彫篹○注疏本彫作雕　自卷○注疏本作衮　劘○注疏本作摩　桴思○宋注疏本作浮思今攷從釋文　左仗○注疏本作杖字是　蕃鬣郭璞兩被髮○爾雅注髮作毛

大○注疏本作泰　大琴徐本作瑟○案今文云大琴大瑟中琴小瑟豈徐所見本無大瑟而故以琴爲瑟與陸氏引之當亦本無大瑟否則語不可通　應輮○當從柬此從東譌　重牙直龍反○舊於無句之下有重直龍反四字乃因此文而誤衍今刪去　四連○注疏本作四璉　禿土本反○舊土作上譌今從宋本撫本改　黻音弗○案正文作韍注云韍或作黻則不當單音黻字豈陸所見本正文作黻注云黻或作韍與　熏○注疏本作纁

喪服小記

别男女○舊女譌子今從宋本正　子期○舊作之期譌案注云女君猶爲子期今據改正

說喪○注疏本說作稅　不貳降一本作隆○宋注疏本作隆今依釋文改降與正義不合

不絕本或作不絕本非也○注疏本有本字

大傳

叶○注疏本作汁兩通　汜配○注疏本汜作汎　省於案爾雅云省卽訓善○孔疑云字衍

禮記音義二攷證 五

干祫 ○舊干譌于今改正

不贍 ○舊贍譌贍今從宋本正

長長 後除注所逮者長也竝同○案後注周之禮所建者長也此處宋本亦作建字然逮字亦可通今姑沿舊本不改

婚姻 ○注疏本婚作昬

少儀

適它 ○注疏本作他

絜清 ○注疏本作潔

不特 ○注疏本作牠

拋 ○注疏本作拖

怠惰 ○注疏本作墮

爲懽 ○注疏本作歡

稅屨 本或作脫○注疏本作脫宋本或字作又撫本同

稅綏 ○注疏本稅作說

菅蕈 ○注疏本菅作萑今本亦依釋文作菅

爲騶 本又作馴○宋注本作爲馴今亦依釋文改作騶

右鬐 ○注疏本作鰭

濊 ○注疏本作穢今亦改從釋文

捲犂之 ○宋注本作剗離之

有湑 ○當作滑陸此書通作湑

與焄 ○注疏本作葷

柄尺 ○注疏本作尺柄倒

齊之 ○注疏本作嚌之

擩于 本又作擩○舊擩譌懦今依浦改作擩亦見前文

臂臑 說文云臂羊矢○案徐鍇云以其骨似羊矢故名

九个○注疏本作箇下同　彫幾○注疏本彫作雕

禮記音義二攷證

禮記音義三攷證

學記

樂其 音岳又音洛又五孝反○此音樂其友句也何以先音岳陸氏於當音洛者亦往往音岳如易繫辭傳所樂而玩但音岳或古人不細分別無足怪也但此前有不興其藝不能樂學樂當音五孝反而陸不音豈謂當讀如字音岳而他音皆無當故闕之與 **凍洛** 此二字竝從冫或水旁作非○段云說文無洛有垎字水乾也玉篇土乾也王逸九思自注垎竭也則此注洛當作垎舊水旁作作作水旁今從注疏本與前後文一例 **始駕者** 一本作始駕馬者○注疏本有馬字

樂記

肉湆 ○湆當從月泣聲陸氏竝皆從日姑仍之 **謂鄭** ○當作鄭爲正 **無邪** 字又作耶同似嗟反○陸每以耶同邪不單以餘嗟反作語詞用 **治辨** ○注疏本作辯下同 **獿雜** ○舊作獿唐八往往卽讀爲優字究謬今改從正體 **鎗** 七羊反又七衡反○案七衡舊作吐衡毛本作叱衡官本作士

衛皆七之譌今改正

雜記

緇裳帷本或作緇布裳帷○注疏本有布字　虆本亦作薦○注疏本作薦　世柳○注疏本作泄柳

𡦜悲本亦作孺○注疏本作孺下似此者不具出　倨慢本亦作慢○注疏本作慢

紟字又作紷○注疏本作紷

喪大記

八諦本又作啼○注疏本作啼案古諦與啼通用管子大匡篇豕人立而諦荀子禮論哭泣諦號淮南精神訓病疵瘕者蹝蹄而諦春秋繁露執贄篇羊殺之不諦　巫止本或作巫止門外門外衍字耳○注疏本作巫止於門外　用欑○當從贊後似此者不具出

祭法

繆乎○注疏本作謬

祭義

旣濡 本亦作濡○注疏本作濡

仲尼嘗 ○嘗當從旨凡從甘及下作言皆俗字

濟濟者客也 口白反賓客也下客以遠同○注疏本客作容下客以遠亦同正義云王肅爲客字破鄭義明鄭義容字也此說殊未然鄭注云客以遠非所以接親親也容以自反非孝子所以事親也若兩句皆作容字何須如此分疏正爲父母而賓客之所以爲遠正申明客字之義客禮豈可以接親親乎其旨顯然而作正義者反謂於文勢不便殊不可曉

神見 一本作神可見○注疏本作神可見

於廋 本又作搜○注疏本作搜案廋訓匿搜南越人名犬義皆別此當作蒐

凍餒 ○案說文餒飢也一曰魚敗曰餒則餒乃餒之本字後人始作餒注疏本作餒

之差 本又作之等○注疏本作之等

爲筴 ○注疏本作策

耆欲 ○宋注疏本作嗜欲

哀公問

親迎 魚敬反○舊迎敬反譌當是迎本或作逆字有脫誤耳今從前後例作魚敬反

仲尼

畎畒○舊作畎敂今從宋本正

坊記

斯畸本亦作騎○注疏本作騎　駮親○駮當作駁此書多通用五經文字載二字猶有別

禮記音義四攷證

中庸

有佔○宋注疏本作覘後來皆改從釋文　所憾本又作感○古即以感爲憾　治之要也一本作治國之要○注疏本作治國之要無也字○注疏本作策　方策○注疏本作策　螺螺本亦作蠃○注疏本作蠃　華嶽本亦作山嶽○案山嶽是也中庸子思所作何爲近舍泰嶽而遠取華左傳山嶽則配天有成文矣當作山嶽無疑　鮫龍○注疏本作蛟　慎德一本又作順○舊注疏本亦作慎惟毛本作順　優優倡優也○此語不曉何義得無竄入與　明叡○注疏本作睿　蠻貊本又作貊○注疏本作貊案說文無貊字　隱遯本又作遁字○宋注疏本作遁足利本作遯今注疏本作居

表記

創乂本又作艾○注疏本作艾　強焉一本作俛音勉○注疏本作俛　靖共本亦作恭同○

毛注疏本作恭今作共當是依釋文改　則愼本亦作古昚字○舊昚下從日譌今依說文改

緇衣

以錯本亦作措同○注疏本作措　不貳本或作貣○舊貣作貸今依中庸改正　章義○注疏本作善　卒亶本亦作擅○注疏本作擅　儗射本亦作擬○注疏本作擬　天作孽可逭也尚書作天作孽猶可逭也○尚書無也字　不可以踣本又作逭○注疏本作逭是　祁寒○注疏本祁作祈當是誤　是故一本作是以○注疏本作是以

奔喪

奔𠷎○注疏本作喪　不以數也本亦作不以爲數○注疏本作不以爲數

問喪

之䴢本亦作糜同○注疏本作糜　耶中亦作邪○注疏本作邪是　袹頭本或作貊○注疏本作貊袹貊二字皆不見說文釋名作陌頭說文亦無陌字　猶傎○注疏本作顚說文無傎字

三年問

蹢躅○注疏本作躅 踶字或作踋○注疏本作踋

深衣

若卬○注疏本作或卬

投壺

稅屨本亦作脫○注疏本作脫 八筭○注疏本作算下同 請為勝者立馬俗本或此下有一馬從二馬五字誤○注疏本有此五字

儒行

怪妬○注疏本作妒與說文合經典內多作妬字

大學

如瑳○注疏本作磋說文所無 如摩本亦作磨○注疏本作磨說文無磨字 吾聽訟

猶人也 論語作聽訟吾猶人也○注疏本與論語同

賁事 本又作僨○注疏本作僨

拒之 本亦作矩○注疏本作矩官本改從釋文注仍作矩

偝棄 ○注疏本作倍棄官本改從釋文

爲巨 ○注疏本作作巨

若有一个 ○宋注疏本作介足利古本同說文無个字

無它 ○注疏本作他

佛戾 ○注疏本作拂戾

迸諸 北孟反○注疏本北皆作比似誤

冠義

鄉大夫鄉先生 並音香○案注云鄉先生同鄉老而致仕者正義云見於鄉大夫謂在朝之鄉大夫也以注疏推之經文鄉大夫當作鄉大夫而疏之兩鄉字亦鄉之譌見大夫不當遺鄉注於鄉先生始釋爲同鄉則上本不作鄉字可見若指地官之鄉大夫則言偏矣此字沿誤已久陸氏亦不能辨而云並音香更使後人不復致疑矣

昬義

昬者 一本作昬禮者○注疏本作昬禮者昬字注疏本並同官本依說文改爲昏不知說文氏从氐省之訓實

非許氏元文且又明云一曰民聲則當從民明甚且䖵部蟁卽蚊也又作蟁云蟁或從昬以昬時出也其他从昬之字亦甚多注疏本作昬乃正字不當反改爲昏

巹 說文作巹字林几敏反以比巹爲謹身有所承說文云讀若赤舄几几○比巹疑是此巹案說文巹从己承讀若詩云赤舄己己此段文有脫誤

聘義

拜況 本亦作貺○注疏本作貺說文新附字

雍 字又作饔○注疏本作饔

亨 本又作饗○注疏本作饗案說文亯作亯獻也饗爲鄉人飲酒義别

以媿 本又作愧○注疏本作愧說文媿爲正字愧或从耻省

一食 一又作壹○注疏本作壹

致 本亦作緻○注疏本作緻

枯木 亦作槁○注疏本作稾

春秋左氏音義一攷證

春秋序 本或題爲春秋左氏傳序者沈文何以爲釋例序今不用○舊本左傳中閒無氏字陳氏樹華以爲當有今從補之沈文何陳書作沈文阿然此處宋本作何前注解傳述人內亦作何字仍之

之乘 一云乓乘○舊作一云兵車譌今從浦氏鏜校改

記注 字或作註○注疏本作註書內竝同

參會 七南反○注疏本作士南反譌今改正

創通 字書作刱○注疏本字書作字林亦臆改浦疑書是亦字正與宋注疏本合當從之

隱公 諡法不尸其位曰隱○舊本諡皆作謚出後人所改以五經文字攷之作諡爲是宋本作諡

皆放 ○注疏本作倣下竝同

則褰 ○注疏本作纕

沼畤 本又作沚○注疏本作沚

以殁 ○注疏本作沒

是何 本又作荷○注疏本作荷

傳見 一本作具○注疏本作具

蘊 ○注疏本作縕

汎城 音凡○注疏本汎作凡

強虣 ○注疏本作彊

伐載 ○注疏本作戴

公孫閼 安葛反○注疏本於葛反譌

沁 七浸反○注疏本七侵反譌

鄖 一本

春秋左氏音義一攷證　一

作息○注疏本作息　**請殺**○注疏本作弑

桓公

粢食餅也○注疏本作餅也譌　**不鑿**字林作毇○案說文作糳從毇丵聲糲米一斛舂爲九斗曰糳

馬膺於陵反○舊本於稜反譌今從注疏本改　**筑陽**音逐○注疏本音竹譌　**湞城**本亦

作鄖○注疏本作鄖　**婁盟**本又作屢○注疏本作屢　**盧戎**本或作盧○注疏本作盧戎

緼于○注疏本作於石經于　**曹與**○注疏本脫曹字　**之椽**說文云周謂之榱齊魯謂之桷○舊作周謂之椽案說文云榱秦名爲屋椽周謂之榱今依本書改正

莊公

遜于本亦作孫○注疏本作孫　**郚**子斯反○官注疏本改作子斬反譌十一年同　**父殺**○注疏本作弑

入員或作鄖○注疏本作鄖　**齧也**○據此注當有噬齧也三字注疏本脫

解古買反○舊作嫌蟹反譌今從注疏本改　**將率**率又作帥○注疏本作帥　**繩**○舊本誤在以

語下今乙轉

般庚 步干反本又作盤○注疏本作盤步干作步丹

以畔 ○注疏本作叛反以畔爲俗字誤

盍納 胡臘反○注疏本作胡獵反譌

將將 本又作鏘○注疏本作鏘

彊 ○舊本作疆今依石經改

嚮入 本或作向○注疏本作向

鬭穀 漢書作穀○袁氏文云穀無乳義當作穀廣韻穀穀皆乳也舊穀作穀譌宋本正義正作穀今據改

書殺 ○注疏本作言殺

閔公

乘軒 許言反○注疏本作許元反

孔嬰齊殿 丁練反○舊本作丁見反案書內多作丁練反此處注疏本亦作丁練反今從之

熒澤 ○注疏本作滎譌石經作熒

迸散 檗諍反○廣韻北諍反音亦相似注疏本作必諍反

僖公上

常準 ○注疏本作准

懦 偄音讓犬反○舊讓犬作讓丈譌今改正

夏四 ○舊作夏六譌今改正

陳袁 本多作轅○注疏本作轅

漢以爲池 本或作漢水以爲池水衍字○注疏本有

春秋左氏音義一攷證 二

水字之揄羊朱反○注疏本并入上渝字下云下揄同音釋文無此例軟縣音大○舊軟從
犬音犬譌今改正尨莫江反○注疏本作莫紅反譌茸取焉本又作娶○注疏本作娶
惡大叔叔又作𣏟○注疏本作叔又作州譌耋老○注疏本作耋顛隊○注疏本作墜
凱本亦作愷○注疏本作愷悌下邳蒲悲反○注疏本蒲作滿譌下拔舍一條同小
駟音四○注疏本音士譌伏也○舊伏從犬譌今改正子罃於耕反○舊作於寅反譌
今從注疏本改絻服又作免○注疏本作免曰上天降災此凡四十二字檢古本皆
無○四十二舊作四十七連乃舍諸靈臺數在內也靈臺杜有注則本不連在內故今定爲四十二字無
監○舊本監從皿譌說文在血部引此文五經文字亦同今定從血講虛本又作構○注疏本作構
蛾晳本或作析○注疏本作析○

春秋左氏音義二攷證

僖中

而隊○注疏本作墜　公與斂本亦作公與小斂○注疏本有小字　爲長于僞反○舊作丁丈反案上文長衛侯巳云下注同此當音爲字不當音長今改正　不勝又尺證反○舊尺作升譌今改正　東徑音經○注疏本作東經　而復之一本作而復伐之伐衍字也○注疏本有伐字石經同　適妻○注疏本作嫡　早莫○注疏本作暮　上嚮○注疏本作向　伏戲○注疏本作羲　而御○注疏本作禦　登陘○注疏本作升陘　不歿○注疏本作沒　所殺○注疏本作弑　以呈○注疏本作逞　伯儵本又作儵○儵字是注疏本作儵後竝同　駢脅說文云駢幷脅也廣雅云脅幹謂之肋○案說文骨部骿幷脅也引此傳舊本作脅幷倒今乙正廣雅膀胠胉脅也幹謂之肋與所引微異　而殺○注疏本作弑後不盡著　女中宿一本作女中宿至○注疏本有至字　懼者其衆矣本或作甚衆矣○注疏本其作甚　子

臧之及一本作之服○注疏本作之服　享醴○注疏本作饗　柩其救反○舊其久反注疏本其九反皆譌據三十二年音改正　壺飧○舊作飧譌今從石經改正下同　至嶲本又作鄬○注疏本作鄬　爲稱尺證反○舊無此條從注疏本增　適子○注疏本作嫡

僖下

責禮也本或作責無禮者非○注疏本有無字　郤縠本又作穀○注疏本作穀　猶勤○注疏本作勵　上嚮○注疏本作向　韅說文作韅云著掖皮○案今本書作著掖鞥轡鞥从革弇聲一曰龍頭繞者　靷說文云引軸也○舊無引字從本書增　鞅說文云頸皮也○本書作頸靼也靼柔革也从革旦聲　絆○說文無　卑○注疏本作俾　隊　瓊玣○注疏本作弁　夜縋丈僞反○舊丈作文譌今改正　孟子本或作孟兮○石經本作兮後改子　適母○注疏本作嫡　猶卒寸忽反○舊子忽反今從注疏本改　鉏也本又作耡○注疏本鉏作鋤

文上

期之日○注疏本期作朞　毛伯衞來錫公命一本作王使一本作天王使○釋文本此句上無王使二字注疏本有之石經錫作賜　惛亂○注疏本作昏　覆卑○注疏本作俾

閔上一本無閔字○舊作一本無上字案注云嘗爲臣位應在下令居閔上故曰逆祀若去上字便不成文故今定爲無閔字又令居之上亦當如前注有今字　適夫人○注疏本作嫡下多同　平與○注疏本作輿　而隋○舊作惰譌今依注疏本改　肆業依字作肆○注疏本作肄　公子變息協反○注疏本正文脫公字　當也○注疏本無也字　辟獄○注疏本正文作辟刑獄此當是辟獄刑　中行○注疏本中作仲　王臣本或作王臣○舊譌作五臣今據定四年音改正　廢適○舊廢譌殷今改正注疏本適作嫡　大皞○注疏本皞從白非　華禦事○注疏本禦作御　能蘽○注疏本作藟　戴己一音祀○舊音杞譌今依十四年音改　公壻俗作聟○舊聟作聓注疏本改作婿案聓字見五經文字今從之　僻陋○注疏本作辟　公與斂○注疏本作公與小斂

文下
叔彭生叔又作𡶬或作叔仲彭生仲衍字○注疏本𡶬譌州有仲字　御之○注疏本作禦
彤班○注疏本作琎石經班　貞亭本又作鄭○注疏本作本又作鄚譌　未笄○注疏本
作未嫁　儌福○注疏本作徼下同　禱求丁老反○舊作丁考反今從注疏本改　于
棐方尾反○注疏本方味反　以筴○注疏本作策　馬檛字林作箠○案當作棨　多
畜○注疏本作蓄　子孌普協反○注疏本昔協反案前作息協反　汙君汙辱之汙○注疏本
作汚汙辱之也大謬　伯禽至僖公十七君子順公潩○舊順作眞今依史記改下同
儵直留反○儵當作儵　乘馹○注疏本作驛譌　而豔移驗反○注疏本以驗反似當作以
瞻反爲是　以扑字亦從手作木旁非也○書朴作教刑從木說文無扑字此手與木必互譌　匿
也女力反○注疏本女乙反孔云是　稷契古文作离○舊作卨譌今改正　契作斯列反○
與上息列反同上條應云下注同此可不重出　謂鮌○舊作鯀今從宋本　四窻本亦作聰○注

疏本作聽

宣上

喪取 ○注疏本作娶

侵崈 ○注疏本作崇

命於楚 本或作受命於楚非也○注疏本有受字

馘百 本或作馘百人者人衍字○注疏本有人字

宜其禽也 一本作宐其爲禽也○注疏本有爲字

私感 ○注疏本作慽

多鬒 字又作鬒○注疏本作鬒字俗

彫牆 ○注本本作雕

祇 ○注疏本作提

公㗋 說文云使犬也服本作㗋○案說文作使犬聲段云字書皆無㗋字當作取案類篇收之音蘇后切云使犬聲

麗姬 ○注疏本作驪

之適 ○案今注疏本正文作之適子宋本無子字

所厎 音旨致也○案此當作底

承縣 ○注疏本作承

御 ○注疏本作禦

汏 他末反○注疏本作汰他來反譌

畜于 ○注疏本作於

爲 于僞反○爲當作爲十十字不可省

猶繹去籥 ○猶繹二字衍文與籥文不連上文爲繹已見不必更作音

泰誄 ○注疏本作課

楚彊 ○注疏本作疆譌宋本已然

無傚 ○注疏本作効

譌

春秋左氏音義三攷證

宣下

又儌○注疏本皆作徼　僻○宋注疏本作俾　倪　于逵說文作馗云九逵道○舊作九逵道誤今改正　九縣莊十四年滅息十六年滅鄧○官本改莊六年滅鄧在十四年滅息之前而以此爲誤此讀左傳不熟而妄有改易也楚文王伐申過鄧在莊六年伐申還伐鄧鄧未滅也十六年楚復伐鄧滅之其明白如此而反以舊文爲誤何其不檢至此　臾羊朱反○官本毛本皆誤作滋朱反今案前文改正　騈

序當其次一本作序當其夜○注疏本作夜　二感○感本古憾字後來始改憾今注疏本多巳從近體下不具著　未歇許謁反○注疏本多作許竭反　皆井字林一皮反○皮字定譌以形聲求之或是袁字　黎氏○舊本作黎民譌今改正　必以殉本或作必以爲殉○注疏本有爲字　宣謝本又作榭○注疏本作榭　鳩乎徐音豕直是反解也本又作豕注同○注疏本鳩作豕案石經初刻豕後改鳩　以徵本又作懲○注疏本作懲

成上

止御○注疏本作止禦改釋文作 鞫居○宋本鞫作鞠 右援音袁○注疏本作音爰 桴○注疏本作枹案說文枹擊鼓杖也桴楣棟名今注疏本作枹良是陸氏本不盡依說文後來亦多借用今姑仍之

絓於○此下始音驂馬七南反則此句首本無驂字可知呂東萊春秋集解云一本無驂字正與釋文合

用𧒅○注疏本作蜃從說文 弃逋補吳反○注疏本弃作棄吳作吾 謂暴本又作虣○注疏本作虣 以傳直戀反○舊直譌中今改正 驛也○注疏本無也字 去盛饌也○注疏本無也字 此中呂所邑也一本作所以邑也○注疏本有以字

平與○舊作平輿今從宋本 無辟○舊作僻今從宋本 前詰○注疏本作前哲

勇夫重閉一音戶旦反○閉或作閈故有此一音 我也本或作爲我也爲衍字○注疏本有爲字 勿亟或欺冀反○舊欺異反譌今改正 見生代○注疏本見下有其字 糶○舊本糶作糴案與徒弔杜敖土弔三反俱不合攷集韻類篇俱從出作糶今從之 鍼也○注疏本

作針無也字

成下

不娉○注疏本作聘　傒人本又作傒人○注疏本作傒人　璅澤依字宜作瑣○注疏本作瑣　無壅○案石經作雍　卑本亦作俾○注疏本作俾下卑我同　隊　干城○宋本在能爲下　伯廬本亦作盧○注疏本作盧　勠力○石經亦作勠注疏本作戮誤　蔑死我君本或以我字在死上非○注疏本脫非字　螽賊爾雅蟲食苗根爲蟊○舊本脫根字今補

芟痍本又作夷○注疏本作夷　昵就○注疏本昵作暱　子般字林作班○注疏本作班　字林舊脫字字從山井鼎補　欣時徐云或作歆亦音欣○舊歆作款聲不近誤也今改正　侯彊○案注作強　子相息亮反○舊亮作湏謫今從宋本　兕觥○注疏本作觵

剌公子依字作刺○注疏本作刺　而罷本亦作疲○注疏本作疲　集睦集又作輯○注疏本作輯　復從徐子容反音或如字○音字疑衍　范匄本又作丏○舊丏作丏則是音勉非也丏

乃俗字後人用以代匈　諠本又作喧　譁本又作嘩○注疏本作喧嘩　巢車說文作轈云兵車高如巢以望敵也○案今說文如作加疑誤　掀公字林云舉出也火氣也○案火氣也乃焮字之訓不當幷引此三字當爲衍文　韎韋○石經韎從末　中車○舊車誤軍今改正　殺○注疏本正文作弑　偃與謀○舊脫謀字則與上偃與鉏相混今訂補　謫我○注疏本謫作讁　嚮日本亦作向○注疏本作向　反自鄢一本又作自鄢陵○注疏本作反自鄢陵　而嬖必計反○上文有外嬖當先音注疏本移前　不從本亦作縱○注疏本作縱　無猒○注疏本作厭

襄元

鄼縣才河反○才河之音本當作鄼後人多只作酇　伯睔古困反○宋本困作囷疑譌　弃力○舊弃作棄注疏本同今從宋本注同　子相息亮反注同○舊注誤作皆今改正　于彭○石經于作於　鮦陽孟康音紂直九反一音童或音直勇反非○案鮦有兩音地名當音紂注疏本直九

作直又誤

昭夏○舊昭作韶案宋本作昭

夏納本或作納夏誤○注疏本作納夏

爲已下注爲言同○注疏本作爲之言

中康○注疏本中作仲

攸家本或作攸處○注疏本作攸處

番縣應劭音皮白褒魯國記云陳子逸爲魯相蕃子也國人爲諱改曰皮○舊本音皮誤作作皮今改正案番本有皮音漢書古今人表司徒皮卽詩之番也是不必定爲蕃諱陳子逸舊譌遊今據後漢書蕃傳改正

合髻本又作結又作紒音同○注疏本作結說文結字見影部注有髮字無髻紒字

淩誺○注疏本淩作陵

城棣直計反○注疏本作力計反

遷于郥本或作遷萊于郥○注疏本有萊字

于鄬字林几吹反○舊本几作凡今依宋本

于鄖又禾南反○注疏本禾作采案七報千消二音於鄖合禾南則太遠得毋鄖或有作鄒者與

所殺○注疏本作弑

上其名○注疏本正文上作書

參和或音三○注疏本作或作三非

伯業本亦作霸○注疏本作霸

而庇○毛注疏本作庀案石經作庇

一个○石經同注疏本作介案說文無个字

今辟本多卽作譬字○注疏本作譬

孫臧○注疏本作藏此從古

畚揭○畚下不當從田當

從出挶石經從木作梮
士轝○舊作士輿非今改正
畜本又作蓄○注疏本作蓄
標表○標舊本作摽六朝人木旁手旁往往互用今定正從木
四庸本又作墉○注疏本作墉
般庚字亦作盤○注疏本作盤
士雃苦田反○舊苦譌苫今從宋本改正
晉饑又音機○注疏本機作幾非
于氾音凡○注疏本音汎譌
更攻○注疏本此下有復扶又反四字案注有復侵自當有音恐漏也

襄二

狄虒彌徐音弭○舊弭作弥則仍是本字今定作弭
以几本又作机同○注疏本作机
師帥所類反○案正文云舞師題以旌夏陸所見本注作師帥也注疏本作師樂師也蓋本周禮
及著徐張慮反○舊張譌都今依宋本改正
能御○注疏本作禦下同
東底○舊作厎誤今改正
于亳蒲各反○注疏本作蒲洛反
閒茲命本或作茲盟誤○段云僖廿八年傳有渝此盟此云或閒茲盟一也下云司慎司盟說文作司慎司命是也此正命與盟互譌耳陸以盟爲誤非也
縣

鍾 ○鍾當作鐘舊皆通用

嚮其 或作向○注疏本作向

爲汏 ○舊作汰非今改正

以歿 ○石經作沒淳化永懷足利諸注疏本皆同

昊天 胡老反○舊胡考反譌今改正

汏奓 ○注疏本汏譌汰奓作侈

卬之 本亦作仰注疏本作仰○

匱神乏祀 本或作之祀誤也○案周語上匱神乏祀與此同新序雜事一困民之性乏之神之祀金王若虛云之祀未必是誤

非謗 本亦作誹○注疏本作誹○

徇於 ○注疏本作于石經作於

湨 古闃反○宋本作古歷反

堵

苟 本或作狗○注疏本作狗○

春秋左氏音義四攷證

襄三

彪也○注疏本無也字　子格古百反○注疏本古核反　釋慼○注疏本作慽　無鳩居牛反○注疏本作居九反譌　遂飲○注疏本飲馬于重邱上無遂字　鄅叔○注疏本作郰叔　之晳○石經同注疏本作晢譌　執扑○案字當作朴　麄本又作麤○麄俗字注疏本作麤　衰○注疏本作縗　乃脫吐活反○舊吐作勑譌今改正　揚豚○注疏本揚從木作楊石經永懷足利本皆同釋文　蘧○注疏本作蔿　子馮　中子○注疏本作仲子　立適○注疏本作嫡　將傳音附　食高唐音嗣○將傳食絕句高唐二字不應連引　以漆本或作溙徐音七○溙舊本作淶梁履繩云韓勑禮器碑溙不水解溙亦漆字知作淶爲誤　殺之申志反又如字○注疏本注云終有弒殺之禍弒殺二字不應連文當本是終有見殺之禍後人注弒字於殺字旁傳寫者誤以爲改見爲弒遂去見字弒殺二字殊不成文觀此知必無弒字也　誠著直據反○注疏本作

直豫反非

叔罷○注疏本作羆　儆之○注疏本儆作效　泄命○注疏本泄作洩

游販○石經同說文亦從目引此傳注疏本從日誤

襄四

有鄣○注疏本作障　無解○注疏本作懈　臺觀官喚反○注疏本作古喚反非　隊也○注疏本無也字　跳從彫反○注疏本作他彫反譌　轢槐○注疏本轢作櫟譌淳化本與釋文同

熒廷本亦作庭○注疏本作庭　築壘辟也○注疏本辟作壁無也字　既沒其言立今俗本皆作其言立於世○案晉語上作其言立於後世　是以請請罪焉○注疏本不重請字　計其○注疏本作計基　小阜扶有反○注疏本作扶又反非　皆踞俱慮反○注疏本作居慮反　不可取○注疏本作娶　閒伐注閒晉之難同○閒晉之難卽杜本注注疏本刪之但作注同是也但下文有獲閒閒公及注閒隙亦皆同音疑本是注及下文并注同寫者脫誤耳　陪臣干徐云讀曰扞○舊扞作犴譌今改正　掫說文云掫夜戒守有所擊也○舊無守字

依本書增但昭卄年正義所引亦無守字疑所見本不同
反隊○石經作墜
木刊苦干反○注疏本作古干反譌
祝祓徐音廢○注疏本廢作沸音同但廢字較易明
後駐○注疏本作駐後
妃胡公本亦作配○注疏本作配
以馮○注疏本作憑
鹵說文云鹵西方鹹地
○舊地作也誤今據本書改正
騫裳本或作褰音雖同義非也說文云褰袴也○注疏本作褰
頷之本又作頷五感反○舊頷作頷譌今以說文玉篇定作頷字五感注疏本作戶感亦非今從宋本改注疏本於釋文不依次

襄五

羈紲○注疏本作絏
復愬悉路反○案上文孫氏愬于晉下文始言復愬于晉今爲愬字作音不當幷連復字下當有復愬扶又反疑傳寫者失之
先輅○注疏本作路
穆公十一子子罕公子喜也○喜宋本作憙
諸隄○注疏本作堤
而很○注疏本作狠俗
惠廧或作牆○注疏本作牆
閱也○注疏本無也字
晨厭○注疏本作壓
之蠱本又作蠱

注疏本本作蠶

使駉○注疏本作驛譌

無媿○注疏本作愧

蔽諸侯徐甫世反服虔王肅董遇皆作弊婢世反云踣也○甫世注疏本作亾世譌正義引服虔曰斃踣也一曰罷也則知服本作斃王肅董遇本皆作蔽據此則陸氏云服虔一作弊誤也謂王肅董遇皆作弊則不當槩云踣也疑罷也一訓實就弊字生義而正義謂王董與杜同作蔽以蔽掩爲義實爲膠葛不清

无咎○注疏本作無

發泄○注疏本作洩

日其○石經作曰不開口亦仍是日字

使駉○注疏本作驛譌

辯別○注疏本作辨別

弗說○注疏本作不說

襄六

取弁本又作卞○注疏本作卞

有慼○注疏本作慽

問王子圍之爲政一本無圍字○注疏本無圍字

很也胡墾反○注疏本很作狠俗又墾作懇

相下戶嫁反○注疏本遐嫁反

使走服虔王肅本作吏○注疏本作吏

嗚呼本又作烏乎○注疏本作烏乎石經作烏呼

汏侈○注疏本作汰非

與子上用兩珪質于河一本作與子上

盟絕句用兩珪質于河別爲句○注疏本有盟字注中作與子上絕句脫盟字誤　**褚褔**○注疏本作畜

民生幾何○注疏本民作人　**三易襛**○注疏本作褱石經同　**寡君使**

丏本又作匄或作正字○注疏本作匄正舊本作丏今據昭六年改正又印段字子石舊本作伯石誤亦依前注改正　**汚人**本又作圬○注疏本作圬　**屈狐庸**居勿反○注疏本居作君誤　**其傷多**一本作其傷實多○注疏本有實字

昭元

莒展出奔吳一本作莒展輿○注疏本有輿字　**所雍**○注疏本作壅　**誹也**方畏反○注疏本作非畏反誤　**持之**本或作恃誤○舊恃作特譌今依十九年音改正　**其使**下注其使出使下召使者同○注疏本作出使自使誤　**禦也**○注疏本無也字　**死麏**○注疏本作麕　**使尨**○注疏本作厖譌　**弁端委**本亦作弁冕端委○注疏本有冕字　**亦遠績功**本或作亦遠績禹功○注疏本有禹字　**惡讙**或作諠○注疏本作諠　**不祏**音又

○注疏本音右非

能御○注疏本作禦　耆欲○注疏本作嗜　汏侈○注疏本作汰

非　四輔○注疏本奔奏作奔走　亢也○注疏本無也字　介休○注疏本作界

乘遽○注疏本駬遽作驛遽非　殞命○注疏本作隕從說文　嬪嬙○本又作嬙○注

疏本作嬙　枉衺○本亦作纕○注疏本作纕　丕顯○注疏本作丕　燥也○注疏本無也

字　筴○注疏本作策　之汰○常作汏

春秋左氏音義五攷證

昭二

三塗服云大行轘轅崤黽也○舊黽作澠今從宋本　**泝鄉**或一音隸則當水旁作尓○舊隸作肆尓作示今並從宋本正　**夭札**夭死曰札字林作殀壯列反○上夭死當作大死說見下十九年傳舊本脫殀字今從十九年音義補　**盟津**○注疏本作孟津　**汰也**○汰當作汏下同　**很也**○注疏本作狠非　**以徇**○注疏本作狗俗　**輿櫬**初覲反○注疏本作所覲反非　**於夏**戶雅反注同○舊脫注同二字今補　**遂啓彊**○舊作疆今從宋本改　**而猳**○當從注疏本作豭　**曰唯**唯應辭猶呩也○字書作呩音惹案字從尓或當讀如古詩諾諾復爾爾之爾　**杜泄**○注疏本作洩　**廁也**○注疏本無也字　**鄭地**○注疏本地作也　**又披**普彼反○注疏本作普皮反譌　**坤上艮下**○舊前後互易今案文乙轉　**且昳**田結反○舊田譌由今從宋本正　**禺中**○注疏本作隅　**避難**○注疏本作辟　**于汜**○舊汜譌

氾今改正 輔櫟本又作躒同○注疏本作躒昭九年傳同 羊舌四族○見注不錄案陸氏
於巳見注者往往重述不避重複此見注不錄四字自是後人刪省如此 莅之○注疏本作涖 而
儌○注疏本作徼 見鍼○注疏本注中脫見字又鍼字作箴 柳良久反○注疏本久作九
乃與寺八柳比毗志反○注疏本刪乃與寺八柳五字下作合比大誤合比自當讀如字 采
樵○注疏本作採石經采宋本同 匃本或作丐○舊丐作丏譌今改正 楚僻○注疏本作辟
下同 薳泄○注疏本作洩 士鞅今相范鞅○舊本今作令譌今改正 游至○注疏本
游作斿 溥天○注疏本作普 黃能○注疏本作黃熊石經作黃能 公孫泄○注
疏本作洩 孟僖子病不能禮本或作病不能相禮○注疏本有相字 而偃紆甫
反○舊本甫作羽今從宋本正 鬻麋也○注疏本作糜也 必屬說音悅○舊說音悅三字脫
今從注疏本補

昭三

卑躳○注疏本作俾　適夫人○注疏本作嫡　郎囿苑也於郎地築苑也舊于目反○苑舊作苑今從宋本　斄城他來反又音來一音力之反本或作釐○正文疑當作斄方與他來反及音來爲合斄則音力之反注疏本作釐亦同音陸氏此條不分明注疏本改易亦未是　如卞○注疏本作弁　宋公成何休音恤○案公羊作戌故音恤非讀成爲恤也　蘊利○石經作薀下同永懷足利本竝同　生蘖○注疏本作蘗　北宮他○注疏本作佗　厥慭一音牛轄反○舊牛作五今從宋本正　非胙○注疏本作祚　捄助○注疏本作救　不可復振扶又反本亦無此字○注疏本改作本或作沒振大誤　夢以帷一本作夢以其帷○注疏本有其字　之蓮本又作蓮○舊蓮作造今改正　鄉四月○注疏本作向　復枉○注疏本作復於　有酒如淮學者皆以淮抵之韻不切云淮當爲濰○不切疑當爲不協陸以淮爲是古淮濰實同聲　強禦○注疏本作彊　沾縣字林他兼反○注疏本兼作廉譌　攸乎徐以帚反○舊帚譌帝今從注疏本改　守于○注疏本作狩　司馬[illegible]○注疏本作督　呂級本又作汲

○詩齊風譜正義亦作呂汲注疏本改伋　**曾居**○注疏本作嘗　**獲歿**○注疏本作沒　**數日**色主反○注疏本作所主反當從之

昭四

築壘辟○注疏本作壁　**離也**依字應作籬○注疏本作籬　**觀從謂子干**本或作謂子干曰○注疏本有日字　**皆厭**又於豔反○注疏本作於輒反　**淫芻**說文云刈草也○注疏本刈作割非　**以底**音旨○當作底　**爲墠**○注疏本作壇　**收介特**又古賀反○介本亦作个故有古賀一音　**公子鐸**待洛反○舊待作符案後作待洛今從之前亦作徒洛反　**蒞事**○注疏本蒞作涖　**去樂**○舊在故爲下倒今移前　**鄐**又起六反○舊起作超今從宋本正　**苟櫟**本又作躒○注疏本作躒　**靜默**○注疏本作嘿　**恭恪**○注疏本作共　**放從**○注疏本作縱　**僻**○注疏本作辟　**邪**　**何厭**○注疏本作饜　**子齹**說文作齹云齒差跌也在河千多二反○案說文作齒差跌皃舊千作干今從宋本正　**瑦子**○注疏本瑦作瓀

其唱○注疏本作倡

己姓音紀又音祀○案音祀則己本一作巳下師己放此

鵻鳩音隹本又作隹本或作鴂子堯反○舊本鴂作鴂注兩隹字皆作焦又鴂作鴂皆譌宋本郎如此今據通典改正孔子世家補亦同

鶻鵰○案鵰當作鵃官注疏本作鵃

曰希本又作鵗○注疏本作鵗

嚮○注疏本作向

相搏○注疏本作薄

昭五

將有大祥本或作火祥非也○梁氏履繩云火祥如上年傳所云水祥也不可謂非

身泯面忍反○舊面作而譌今改正

祓禳芳佛反○舊佛作弗今依注疏本改

僻陋○注疏本僻作辟

紀鄣○注疏本作障

釐婦○注疏本作嫠

上之人亦謀一本作城上之人亦謀○注疏本有城字

札大死也字林作⿺歺乚壯列反云夭死也○舊本大死作夭死則與字林無異大死蓋謂死者多也⿺歺乚舊本作死今從集韻作⿺歺乚從歺小聲字

侯盧○石經作廬

僚也○注疏本無也

適母○注疏本作嫡

終夕與燎一本作終夕與於燎○注疏本有於字

不

媿○注疏本作愧　斬艾○注疏本作刈　齊侯至自佃○注疏本作田　遄臺市專反○舊市譌七今改正　以亨○注疏本作烹　以泄○注疏本作洩　周流古本有作疏者○注疏本作疏　爽鳩氏樂之○注疏本作之樂　盡之本或作盡殺之殺衍字○注疏本有殺字　無○注疏本作毋　從　不訾○注疏本作呰　赭丘○又作丠舊本作北譌今從說文正　王子朝或云朝錯是王子朝之後此音潮○舊潮作朝今改正　樊頃子本或作須○案頃乃其人之謚不應作須　奔平時一本作于平時○注疏本有于字

昭六

將禦○注疏本作御　期焉從旦至莫爲朞○宋本杜注作從旦至旦爲期　所厭○注疏本作壓　以儆○注疏本作徼下同　辟也○注疏本無也字　郁釐○注疏本作𨤏　莅問○注疏本作涖　𨤏不○注疏本作嫠　瓶之○注疏本作缾　逞其志○舊在焉得下案上文有無民而能逞其志當先音今乙轉亦當有下同二字　袴也○注疏本無也字

裯父○舊裯作稠案前皆作裯石經亦從衣今改正　又揔○注疏本作訴　若泄○注疏本作洩下泄聲同字

可畜○注疏本作蓄　勠力○注疏本作戮非　脊也○注疏本無也

汏○注疏本作汰非　輈　須眉○注疏本作鬚俗　藋谷○注疏本作萑

關塞○宋本杜注作闕塞　濆媛○注疏本作優　以藩○注疏本作蕃　于𩐳直制反○注疏本作直例反

剝亂帀角反○注疏本作邦角反　無猒○注疏本作厭　儌

佷○前佷作很注疏本作狠俗　竄柾字林七外反○注疏官本外作姘係妄改　攸底○當作底

奬順○石經亦作奬注疏本作獎　狡滑○注疏本作猾　不謟本又作慆○注疏官本改作不慆本又作滔大謬蓋誤認謟爲諂字而凡從舀者皆改從臽毛本亦同斯誤然但從臽誤耳於釋文尚無改易

臣共○注疏本作恭

春秋左氏音義六攷證

昭七

祁犂力兮反○此爲犂字作音卄九年傳可證注疏本刪去犂字大謬 郲快苦夬反○注疏本苦怪反 鄢將師又音烏戶反○鄢本或作鄔故有此音 多僻○注疏本作辟 末喜○注疏本作妹喜 妲己下音几○注疏本音紀 孋姬本又作麗○案檀弓釋文有亦作孋三字注疏本作驪 成鱄又音附○鱄或亦作鱄故有此音 莫其爾雅貊莫安定也○案今爾雅莫作嗼 不颺餘常反○注疏本改音揚 帷裹○注疏本作幃 鬱堙○注疏本作湮 其巛○注疏本作坤 文公搜○注疏本作蒐 明厎音旨○當作底 吾

好一本作若好吾○注疏本作若好吳 書糇○注疏本作餱

定公上

殺叔○注疏本作菽 以敲說文作敲○注疏本說文作敲譌又訓此敲云橫擿也此作從擿譌下又

春秋左氏音義六攷證

或作摯或作搞作又作茅或作剃皆大譌　公孫生○注疏本作姓　鼓鞞○注疏本作鼙
歃也○注疏本無也字　大輅○注疏本作路　倍敦本亦作陪○注疏本作陪兩通
甫田○注疏本作圃　鑢金○注疏本作鑪　草茅○注疏本作莽　堂谿苦兮反○
舊苦作芳譌今從孔校改　盤鑑○注疏本作鑒　爲質○注疏本正文作爲之質　苫蕢
○注疏本作夷

定下

焉○上似脫君字　頭覆○注疏本作傾　尾鬣馬鬉也○注疏本鬉作騣下同　子爲
不知一本爲作僞○注疏本作僞　陽不知也陽本亦作佯○注疏本作佯　艾字林
作豰音艾豕三毛聚居者○豰舊譌豛毛本譌作豭今依宋本改正舊又脫豕字依集韻校補
哀上敬王二十六年即位○六舊譌八今改正
周帀○注疏本作匝　高陪○注疏本作倍　可竢○注疏本作俟　妃嬙本又作廧

或作嬙○舊嬙作牆今依宋本改 夫先自敗也已本或作夫差先自敗者非○案說苑作夫差 斯役○注疏本作廝 公孫尨○注疏本作龍 所鄉○注疏本作向 攸暨○詩作塈 夫摀子○注疏本作擩 于繒○注疏本作鄫 子泄○注疏本作洩 荐之○注疏本作栫 荐雍也○注疏本雍作擁 武子賸○舊作賸今從注疏本改 射陽食夜反又音亦○舊作食食亦反譌今改正 無丕○注疏本作丕 御諸○注疏本作禦 繇役本或作徭○宋本作傜 其嬖童○注疏本作僮 褽以一本作褽之以糸纆○注疏本有之字 諱取○注疏本作娶 離也○注疏本無也字 螫者直立反○注疏本直力反譌官本直切反更譌 玉暢一本作王暢○王郎古玉字舊作士譌今從宋本改正 錫一音星歷反○錫或作錫故有星歷一音

哀下

子狂其迋反○注疏本狂作狂迋作廷譌 御之○注疏本作禦下十七年同 撟命○注

疏本作矯　褚中呂反○此與成三年音同注疏本作中呂反譌　返祐○注疏本作反　使

諜○注疏本作諫　不泄○注疏本作洩　使興國人一本作與○注疏本作與　將

亯○石經作亯後人加以四點案襄十六年乃亯伊戾昭廿年以亯魚肉並作亯　不謟本又作滔徒刀反○注疏本作不滔案詩天降滔德亦從水舊徒刀作佗刀今從注疏本改　己氏又音祀○舊祀作杞今從宋本

昆命于黿本或從尚書作昆命于元黿○注疏本有元字　親暱○注疏本作暱

溼也○注疏本作隰　韤亾伐反○舊亾作戶譌今改正　抵徒○舊作抵徒今從宋本改宋本正文亦同

屈肘竹九反○舊斤九反譌今依成二年改正　劬勞其俱反○舊其居反譌今改正

多忩○注疏本作㚣　卑下之一本卑作早○注疏本作早

後序○毛本不載官本有之而不載音義　科斗蟲名形似科斗○疑形似上當有古文二字

春秋公羊音義攷證

序

釀嘲○舊釀作讓譌今從注疏本正

隱公

開辟○注疏本作闢　夫不○注疏本夫作天元本及今官本皆作夫　而去下去惡同○舊本脫惡字文不足今案後文去惡就善補　其處○案注云會盟戰皆錄地其所期處重期也則當作期處其字似譌　郤缺○舊郤作卻譌今改正　隱爲下注爲內幷年末注同○舊脫內字今案後文補　歸唅○注疏本作含　殺其○注疏本皆作弒　與夷假借字則時復重出○舊作借假案後多作假借語順今乙正　傳與下音与○舊作音與譌宋本作与疑亦未是　將辟今本多卽作避字○舊避仍作辟今改正　鄣谷○注疏本作障　元率○宋注疏本作帥　邵公○注疏本作召　編年字林聲類皆布千反○舊千譌干今從宋本改　從適○注疏本

作嫡　**絜齊**○注疏本作潔　**廣四**○宋本四作卌下衰四同

桓公

嚴然○注疏本作儼　**秏減**○注疏本秏作耗字俗　**曰庾**○注疏本作蒐　**左脾**又作膘○注疏本作膘　**右髃**○注疏本作腢下作中腸腢皆譌詩傳作腸髃亦髃之譌　**而酭**又七刃反○注疏本依宋本士刃反　**嚴公**○注疏本作莊公　**以復**下不復同○注疏本作下反復同譌　**不愉**○注疏本作偸下作柔亦作婾　**戮力**字亦作勠○勠字爲正宋本注作勠

搚幹本又作搚○注疏本二字互易　**崧高**本亦作嵩○注疏本二字互易　**邵忽**○注疏本作召　**浚洙**音殊○注疏本改作音珠　**伏雞**扶又反○注疏本扶六反係妄改　**于鄍**規面反○注疏本面作因係妄改　**斷脩**○注疏本作腶脩

閔公

鹿門魯南城東門也○注疏本誤入注末

僖公

夲怗○注疏本作帖　甯毋○舊作毋宋本作母今據改　不預○注疏本作與　隋也○注疏本作惰　是月或一音接兮反○注疏本本作提月初學記晦日條下引作提月宋陸佃注鶡冠子王鈇篇家里用提注云提雩日也亦引公羊爲證今本作是乃後人依釋文改之陸氏不云本或作提亦踈漏也

六鶂○注疏本依左氏作鷁非　豎刀○舊作刁字俗今從宋本作刀刀亦有貂音

獻捷○應在淏梁之上此置復出之下音經不音上注也　至巂又似兗反○本或作雋故有似兗一音

衛雍又作壅○注疏本二字互易　不瑑丈轉反○注疏本瑑作琢改釋文作琢大博反妥甚

嶔鄂誕生○舊誕作深譌今改正下又本或作廞注疏本從厂今從之說文止有庢字云石地也

取菆○注疏本作叢

文公

隮僖本又作躋○注疏本二字互易　喪取本亦作娶同○注疏本二字互易　而隊○注

疏本作隊 眣晉本又作眣丑乙反○舊眣作眣注疏本同今案除本又作眣外凡眣晉曰眣眣瞚俱當作眣今改正注疏本丑作伊譌 伐圏説文作圏字林曰万反○舊作説文作圏譌今案本書改正又曰舊作自今從宋本作曰 輕隋○注疏本作惰 佗伎其綺反○石經佗作他 竹箯韋昭音如頻○注疏本如頻下衍一反字

宣公

有人何本又作荷○注疏本二字互易 愬又訴路反○訴疑蘇 祁彌○舊誤在頸之上案文當在而食下今改正 劇不本又作遽○注疏本二字互易 大貊○注疏本作貉

成公

奧若本又作燠○注疏本二字互易 踦閭又音於綺反○舊綺作倚今從注疏本改 眣魯音舜○舊本注疏本皆作眣說見文七年 伯臤本或作堅○注疏本二字互易 見者賢徧反下同○舊脫下同二字今從宋本補注疏本亦有 爲重眾○舊無眾字注疏本有之案注內有當舉傷君

爲重句此爲爲重讀如字則不容不分別今從注疏本補衆字

蜚林 又音配○注疏本作又作配

襄公

爲中 于僞反下及注幷下文鄭爲皆同○注疏官本作爲于僞反下爲中皆同刪去數字以下不見有注故以爲誤衍去之案毛本曷爲爲中國諱下本有注云据莒伐杞取牟婁不爲中國諱十二字釋文亦全載疏云上注諱伐喪也古本無此注又此段云何氏不注之官本依疏所云故刪去注又節釋文而不知陸氏所見本與疏異也

于操 一音七南反○古枲與參往往易混此音七南必本有作摻字者

䟽由 ○注疏本作禍

見大 ○今本注作見火譌

綴流 一本作贅旒○注疏本舊作贅旒十六年傳可證今此本亦作綴流是後人依釋文改之

至巂 戶圭反又似兗反○舊巂作攜又似兗作囟兗今據僖廿六年改正巂本或作雋故有似兗一音

狊梁 本又作湨○注疏本二字互易上目字俱譌自

憍蹇 本又作驕○注疏本二字互易

庚子孔子生 一本作十一月庚子○今注上有十有一月四字

仲孫偈 亦作羯同居謁反○注疏本作羯互易釋文又謁亦譌作羯

陳儀 ○此條注疏本譌作注

昭公

庾 本亦作蒐○注疏本二字互易

宋戌 讀左傳者音城○宋戌當作宋公戌脫公字注疏本讀字作註又音城舊本皆作音成今據左傳音改又與君毛本譌與治

可彊 ○注疏本作強

成然 左氏作成熊○注疏本下有穀梁作成虔字六字虔乃虎字之譌此句必陸氏本來有之入唐避諱不知何人刪去虎下字字衍文

檇李 音醉本或作醉○注疏本互易音醉改作音檇謬

大庾 本亦作蒐○注疏本二字互易

鬱氂 ○注疏本作釐

將殺 音試○注疏本作弒名皆不正當音如字

干楯 食允反○舊食尹反今從注疏本

玉戚 千寂反○舊本毛本千作于官本作干案書內多作千今改正

嗛自 ○注疏本作謙

以鞌 ○注疏本作鞍

鄟陵 ○注疏本作剸譌

伯甯 左氏年下滕子名並作寧○注疏本年作并譌

荷櫟 亦滴濼也皆同力狄反一音與灼反○注疏本亦作示譌

負箠 本又作棰○注疏本二字互易舊棰從手毛本從木是

周愬 本亦作訴○宋注本作訴今同釋文

盱 ○傳有子焉謂之盱當句絕

夏父 盱及夏父郲顏公之二子○此語大誤傳文甚

明上云叔術爲之殺殺顏者而以爲妻有子焉謂之盱此叔術子也下云夏父者其所爲有於顏者也分明如此何以致混

定公

不衺 一或作蓑○注疏本衺作蓑一疑是本字

將爲 于僞反下不爲匹爲是注爲子胥同○注疏本不爲匹上有不爲也三字案從不爲也應如字此係後人妄添入

罷弊 ○注疏本作敝

曹竫 才井反本亦作竫○注疏本作竫

鋟其 本又作鐵鐵本或作鋟誤○注疏本鐵譌鐵又鋟作鉛

而隊 ○注疏本作墜

馬極 ○舊本注疏本極皆從手非今改正

質柎 又芳于反○注疏本柎從手非又芳舊作方今從注疏本改

公子池 左氏作地○注疏本誤作注

大叀 ○注疏本作蒐

晉趙陽 ○注疏本作趙鞅

曰燔 又作繙音煩○繙疑繙字之誤

鼷鼠 音兮○注疏本音奚

厭死 ○注疏本作壓

下吳 ○注疏本作昃

哀公

色然又或作危○舊又作本今從注疏本改　男戍本亦作戍○注疏本二字互易　采樵○注疏本采作採

援神音袁○注疏本音爰　駈除○注疏本音驅

春秋穀梁音義攷證

序

七耀 本又作曜○今書作燿是正體　穨 本又作頹同○今書作頹說文止有穨字　也巫 ○案此乃巫覡之巫楊士勛疏謂多敘鬼神之事是也今人引用多誤作誣全不一攷出處　夏隊 ○今書作墜

隱公

皆氏 本又作底○今書作底　時惡 ○案注云入例時惡甚則日時屬上句惡屬下句此當標惡甚二字爲得　隱殺 ○今書作弒案凡經典弒多有作殺者後人往往以名分改之故與陸氏本異後不悉出

君完 本又作皃音丸○皃字乃篆體與完實一字舊譌作皃則與貌同矣今改正　之挈 本又作契○契舊亦作挈譌今據他經改　入郕 音成注同○郕字並不見注此注同二字乃衍文宋本無注疏本削去之是也　僭侈 又尺氏反○舊氏作是今依宋本改　若令 ○今注作若今似譌

桓公

宋督 ○下當從目此從日乃俗字五經文字云督督上說文下經典相承隸省

與夷 如字音餘○音餘上左傳音有一字此脫當補

計數 ○舊無計字案今書作討數據石經作計數今從之補此必後人以本書無計字遂刪去之耳

弟御 ○今書作禦

兼旬 ○今書作甸

城向 舒亮反○注疏本作舒尚反則讀如本字矣係謬改不可從

稱數 色戶反○陸氏每音色主反此疑亦後人所改

莊公

則涅 ○今書作則滯說文涅作泥

傍朞 ○今書傍作旁

見于下 ○于今書作於

隕隊 ○今書作墜

道之 ○今書作導之

非適 ○今書作嫡

反惡 ○舊反譌敗今依注疏本改正

犲狼 ○今書犲作豺說文無犲字

令得 ○今書與令得執作與令相執譌令得執正釋與字之義作相字便不可通

雉腒 傳曰堯如腊舜如腒○上如字舊脫

自脩飭 ○今書飭作整

屈完 居勿反○舊居作君譌經典內皆作居今改正下同

衣裳之會十

有一僖元年會朾○案穀梁經作會檉見下文又寧母作甯母亦依下條改正　越疆○今書作越竟

不艾魚廢反○注疏本作牛蓋反係妄改　淫佚○今書作淫泆　絕期○今書作朞

閔公

弟御○今書作禦

僖公

是鄉○今書作向　挈其苦結反○舊苦譌去今改正　寧母左氏作甯○案亦當連引母字　以鄉○今書作向　正適○今書作嫡下竝同　菆木○今書作欑木　以鄣○今書作以障　豎刀○舊作刁字俗諸子書亦尚有作刀字者今據改正　甸師徒徧反○舊徒作扶今從毛本桓公內音徒薦反　至巂又似兗反○當是本或作雋故有似兗一音

文公

喪取○今書作娶　而冠工喚反○舊工譌江今改正　已亟去冀反數也注同○案數

也亦當標明作音襄公內音所角反此亦當同

敬嬴 依公羊應作頃熊○公羊舊譌作左傳依官本改正

宣公

泄冶 ○石經泄作洩此猶未爲唐諱

不冠 工亂反○舊亂作翫今依注疏本改

先穀 ○石經作穀

謂捶 章蘂反○舊章譌草據宋本改正

成公

艮夫跛 波可反○舊波譌戒據宋本正

謂笑其蹝跛 ○今書無蹝字

鄉之 本又作鄉亦作向○今書作向之本又作鄉亦作鄉

一稱 尺證反注同○舊無注同二字宋本有

襄公

杞姓 ○舊脫姓字今補

公子溼 本又作隰同音濕○舊作公子濕則不當云音濕毛注疏本前後皆作溼今從之案溼爲申入反濕卽濕字他合反二字音不同然陸往往不辨如易水流溼作水流濕是溼音濕乃其本文如此但隰當音習何以亦云同音濕今注疏本俱删去此三字

于相 莊加反○舊加譌如今改

正

昭公

子卷　左氏作麇○舊麇譌麇今改正

陳火　左氏作災宋本災作灾○

子痤　在禾反○案前經文作痤在禾反此處宋本在戈反

注乎　○毛注疏本注作註

之稱　尺證反○此二字無所附麗注云故以君殺大夫之辭言之豈陸所見本之辭作之稱與然未安

茀于　○今書作孛于

羈貫　羈又作羇○舊羇亦作羈譌今改正

適兒　○今書作嫡

鸛　本又作鶴音權○舊權作灌案公羊音權此哀末年亦同今據改正

郤宛　○石經郤作郄係俗字

祁犁　○今書作犂

適歷　丁歷反○舊丁狄反乃音下歷字歷字例不作音注疏本作丁歷反正音上適字與嫡音同今據改正

定公

皋鼬　由又反○舊由譌曳據左傳音改

撻平　土達反○舊土譌上今改正他經土亦作吐

能亢御之　○今書作能抗禦之

不肖　音笑○舊笑作笑今從宋本

屬其　章玉反○

舊章譌意據宋本正 **渠蒢**○宋本蒢從竹今注疏本皆作蒢

哀公

監門○舊無門字案當有補之 **鋝**○今書作寽 **郛也**○今書無也字 **西郛**音孚

○舊闕此條據注疏本補

孝經音義攷證

鄭氏注 相承以爲鄭玄○鄭志目錄記康成所注書竝未有孝經說者謂其孫鄭小同所注今已亾失釋文依鄭注作音義而今本則唐明皇所注以釋文附之自多不合校此書者往往云本今無卽入之陸氏書中殊爲混殽今作黑圈以別之近海鹽陳氏鱣集孝經鄭注爲一編其有可證者卽附見此書之下

開宗明義章

仲尼 又音夷字作𡰥古夷字也○舊𡰥作尼譌今改正 **曾子** 名曑字子輿或作參音同義別○案此作曑參當謂天上曑曐也乃云字子輿則與作參參者義竝無別不知陸意云何 **先王** 三王禹始傳於子於殷配天○舊子亦作殷今改正然於殷配天之文亦有脫誤當謂殷亦世及故殷禮陟配天多歷年所陸之意得無如此 **有至德** 王云孝爲德之至也○爲德之德舊脫今補 **孝悌** ●本今無此字○案孝悌見鄭注陸氏於上文明引鄭云至德孝悌也 **卌彊而仕** ○卌爲四十字廣韻二十六緝有卌字先立切

引說文云數名今直以爲四十字

縣車致仕 ●自父母至仕字本今無○疏引鄭注父母生之是事親爲始卌彊而仕是事君爲中七十行步不逮縣車致仕是立身爲終也

母念 念爾雅云勿念也○孔氏校經錄云今爾雅作勿忘也

聿 爾雅循也述也○孔云爾雅下當有云字

天子章

形見 ●本今無○經云形於四海注形見也舊形作刑與經互異今改正

引辟 上鹿艾反辟止本或作譬同●本今無○案鹿艾反乃爲上賴之作音止字疑行本字板脫今補或止字卽本之譌李善注文選與孫晧書引引譬連類

諸侯章

危待 ●本今無○危待也是鄭注

滿而不溢 ○明皇注卽用鄭注見疏

卿大夫章

服山龍華蟲

素積 ●自山龍至茲亦反本今無○北堂書鈔百二十八周禮小宗伯疏文選

大將軍讌會詩注俱引先王制五服天子服日月星辰諸侯服山龍華蟲卿大夫服藻火士服粉米陸云字或作絑絑舊譌綵今改正又皆謂文繡也下儀禮少牢饋食禮疏引田獵卜筮冠皮弁衣素積百王同之不改

士章

食稟公羊傳云廩賜穀祿也○穀爲穀之俗字本作穀但小變耳從殸非也爲祿○舊爲下有於僞反三字是妄人所增宋本與祿字及下始字皆空白今依陸注內補

庶人章

分別五土　丘陵阪險　宜棗棘●自丘陵至棘本今無○案疏云分別五土視其高下亦鄭注明皇用之下云高田宜黍稷下田宜稻麥邱陵阪險宜種棗棘見初學記五太平御覽三十六引民之易○見因教化民之易也疏云亦用鄭注赫本又作⿱艹赤○⿱艹赤舊作赤譌⿱艹赤亦俗字此書內閒有之

孝治章

聘問○此以下亦今無案周禮大行人疏御覽百四十七引古者諸侯五年一朝天子使世子郊迎芻禾百車以客禮待之晝坐正殿夜設庭燎思與相見問其勞苦也

五年一巡守○亦今無案禮記王制正義引諸侯五年一朝天子天子五年一巡守

聖治章

故異其處○以下亦今無案疏引鄭云明堂居國之南南是明陽之地故曰明堂明堂上圓下方八牖四闥又南齊書禮志引上帝者天之別名又史記封禪書集解續漢書祭祀志注引神無二主故異其處辟后稷也

越嘗○郎越裳又作越常

行思可樂如字音洛○孔云如字疑當在行字下

難

進而盡中○中古與忠通用

紀孝行章

擗踊○明皇注擗踊哭泣盡其哀情用鄭注北堂書鈔九十三引

五刑章

科條三千謂劓墨宮割女子宮閑之宮字或作犗字○閑卽閑之變體犗舊譌瞎犗者去牛羊之勢也宮刑與相似今改正臏○舊脫今補呂刑作剕尚書大傳白虎通倶作臏大辟穿窬盜

竊者劓劫賊傷人者墨○舊空一字未刻今案無脫文男女不與○古與以通用尚書大傳作以禮交者宮割周禮無割字○字字舊脫今補壞音人○此上四怪人字亦今補垣

牆開人關闌者臏二字今補下舊空字未刻案無脫文手殺人者大辟非侮聖人者●巳下十四字本今無○舊巳下空字下空今下空此所補亦未必確人行者

○上當有非字

廣至德章

語之○明皇注本依鄭文選讓中書令表注又竟陵王行狀注倶引言教不必門到戶至日見而日語之但行孝於內其化自流於外天子父○舊脫今補事三老天子兄事○舊譌弟今改正五更

諫諍章

諫諍 諍鬭也此字從䦧音飢逆反兩丮相對鬥也○釋文於諸經鬭但從門而此獨加辨正則鬭字自不當仍從門今改正下鬥字亦同丮字亦依說文作丮 左輔右弼前疑後丞 ○本亦作承承舊仍作丞譌今改正此段亦本今無案後漢書劉瑜傳注引七人謂三公及左輔右弼前疑後丞 則身離於令名 ○孔云身下脫不字 陷 陷從爪下非下同○舊譌不同今改正上一下字似可省

感應章

神明章 本又作彰○注疏本作彰 矣 事生者易故重其文也 ●本今無○案疏引鄭云事生者易事死者難聖人慎之故重其文也 莫不被 ○疏引鄭云義取德教流行莫不被義從化也

事君章

死君之難 ○文選三良詩注引鄭注死君之難爲盡忠

喪親章

死事未見○見明皇注疏云此依鄭注案此下云故發此章明皇注作此事非　哭不偯說文作偯○舊偯譌怒今依本書正　服也○服字本從舟舊作般則譌矣今改正　鹹酸禮三年之喪食無鹽豉○豉舊作酸譌今改正　毀瘠情昔反○情昔二字舊未刻今補　羸瘦○舊作痠譌今改正文選宋孝武貴妃誄注引此下有孝子有之　不肖者企而及之賢者俯而就之○此亦鄭注明皇依之字句有改易此上疏幷引三年之喪天下達禮二句　再期○案禮記喪服小記再期之喪三年也鄭注當引此文

論語音義攷證

論語序

壞得 音恠○恠俗體正字當作怪

學而第一

有朋 有或作友非○有朋自遠方來與呂氏春秋貴直論有人自南方來句法極相似陸氏謂作友非語是

不慍 鄭云怨也○案何訓慍爲怒非

孝弟 悌○皇本作悌下並同

曾參 所金反又七南反○案曾子字子輿當讀爲七南反與驂同而今人咸不然孝經音義止有所林反一音非

道 本或作導○皇本作導

雖大賦 一本或云雖大國之賦○皇邢二本並作雖大國之賦

好色 下章好學同○章舊譌至今改正

毋友 音無本亦作無○皇邢本並作無

盡 津忍反○舊忍譌刃今據書內音改

子貢 本亦作贛○案說文貢獻功也从貝工聲贛賜也从貝竷省聲是贛乃贛之譌今從臧氏琳校正

摩 一本作磨○皇邢本皆作磨

患不知也 本或作患己不知人也俗本妄

加字●今本患不知人也○凡今本云云皆與時下本同此出後來校者之詞非陸氏本文今皆作黑圈閒隔之

爲政第二

猶北辰之不移 本或作譬猶北辰之不移○案皇疏有譬字 **道之** ○皇本作導

先生饌 士眷反鄭作餕○案初學記引鄭注云食餘曰餕又案儀禮特牲饋食禮祝命嘗食籑者又籑有以也注云古文籑皆作餕又有司徹乃籑如儐注云古文籑作餕籑即饌字然則饌餕特今古文異耳舊士眷譌上眷今改正

曾 皇偘云○舊作皇侃今據宋本改 **誨女** ○今書作汝 **枉** 紆往反○舊往譌枉今改正

孝于 一本作孝乎○案王氏鳴盛云蔡邕石經論語本作孝于惟孝載洪适隸釋太平御覽載華嶠後漢書劉平江革等傳序班固白虎通五經篇日本山井鼎所引足利本論語並同晉夏侯湛昆弟誥潘岳閑居賦梁元帝劉孝綽墓誌銘唐李善注邱希範與陳伯之書獨孤及衢州司士參軍李府君墓誌銘王利貞幽州石浮圖頌皆用孝乎惟孝之句後開成石經遂定作乎至宋儒且以書云孝乎爲句矣此因僞書而并亂論語之文也臧生鏞堂云案皇本經注皆作孝于惟孝疏又云于於也父母既云孝于惟孝則兄弟亦宜云友于惟友所以

互見之也初學記十七人事上引論語曰孝乎惟孝愚於王氏所引外又得此兩證

奚其爲爲政也一本無一爲字○皇邢本皆無也字

梔又作軛○皇本作梔邢本作軛

可知也○案也字古亦與邪通

八佾第三

撤本或作徹○皇邢本皆作徹

旅按祭山曰旅○舊按譌接今從注疏本改

多笇●本今作筭○案笇乃俗字皇邢本作算說文筭計歷數者从竹弄算數也从竹具是當定從今本

盼兮○舊盼譌盻今改正

絢兮鄭云文成章曰絢○案李善注文選蜀都賦引作文章成曰絢

禘大計反大祭也○舊譌作又祭也今據詩禮音改正

爲序下注同○舊脫下字今補

鬱暢●本今作鬯○舊正文亦作鬯誤案夏小正正月始用暢暢卽鬯也又案禮記雜記上暢曰以掬釋文云暢本亦作鬯此文亦與之同可知今改正

問社鄭本作主○案春秋文二年丁丑作僖公主正義云論語哀公問主於宰我古論語及孔鄭皆以爲社主張包周等並爲廟主

謂嫁爲歸●本今作曰歸○邢本作曰歸皇尚作爲歸

論語音義攷證 二

從之 何讀爲縱○案御覽五百六十四載鄭注云從讀曰縱縱之謂八音皆作則此字本依鄭讀也 **繹** 志意條達之貌○案後漢班固傳注引條作調 **木鐸** 直洛反○舊直略譌今改正

里仁第四

知 音智○皇本作智 **造次** 蒼卒也○舊蒼作倉今從宋本兩皆通 **僵**●本今作偃○案邢本作偃皇仍作僵 **好仁** 下及注同○案舊倒作注及下同非 **父母之年不可不知也** 此章注或云孔注或云包氏又作鄭予語辭○案皇邢本皆作孔注 **君數** 梁武帝音色具反○案梁音則讀數爲屢

公冶長第五

縲[illegible]本今作絏○案唐石經避諱凡从世字皆改从曳今本從之釋文作於隋末以前尚不爲唐諱皇本亦尚作紲 **宮韜** 本又作縚○皇邢本皆作縚官本同家語作韜史記索隱引之亦作縚 **彫** 本或作凋同○皇本及唐石經作彫邢本作雕疑誤 **賦** 魯論作傅○案賦傅音同舊譌作傳今改正 **吾與**

爾 本或作女○皇邢本皆作女　雕 ○皇本作彫　圬 本或作杇○皇本作圬邢本作杇　槾 或作鏝○邢作鏝皇作墁　申棖 蓋孔子弟子申續史記云申棠字周家語云申續字周也○案說文以廣爲古續字是續即廣與棖聲相近今史記作申堂索隱引家語作申繚今家語作申續疑續之誤　天道　元亨 ○舊本元亨在天道前誤今移正　棁 本又作棳章悅反○舊棳譌掇章譌草今皆改正　其知 音智注同○皇本知作智舊音智作音知譌又注同作下同案下文未知別有音則下字亦譌今從官本改正　名穀 本又作穀○皇本作穀乃穀之譌邢本作穀　未知 鄭音智注及下同○案漢書古今人表中論智行篇論衡問孔篇皆讀爲智故鄭氏本之　崔子 魯讀崔爲高○惠氏棟云王充論衡曰仕宦爲吏亦得高官將相長吏猶吾大夫高子也安能別之蓋用魯論語之言　弒 本又作殺○案弒殺字古多通用憲問篇殺襄本今作弒弒簡本亦作殺可證公羊穀梁釋文弒本亦作殺字亦通用　辟 本亦作避○皇本作避　伯夷 一本名元○案釋文本云名允字公信名與字正合此一本作元四字疑亦後人所加也　色足 一本此章有子曰字恐非○皇本邢本皆有子曰字　焉 衛瓘於虔反爲下何首○案皇

疏引衛瓘曰所以忠信不如某者由不能好學如某耳苟能好學則其忠信可使如某也

雍也第六

言任諸侯治 一本無治字一本作言任諸侯治國也○案邢本與釋文本同語簡而意明皇本作言任諸侯可使治國政也疑俗人妄加

大簡 注同○舊本誤作下同今依官本改

語 魚據反○案皇本亦作語使者邢作託乃淺人妄改當據校正

及如 一本及字作反○案皇本作及然疏云言人若不有祝鮀佞反宜有宋朝美若二者並無則難免今世之患難也反疑字誤當與注同作及下云一本云反如宋朝之美也通者曰佞與淫巽故曰反也此爲就反字通之邢本作反

文質彬彬 說文作份○案說文份下引論語文質份份又云彬古文份从彡林林者从焚省聲

瀆●本今作黷○作黷者邢本皇本尙作瀆

知者樂 音洛注同○舊作五孝反下同是知者樂水之樂音巳見上明誤無疑今改正

隋 ○邢本作墮

君子博學於文 一本無君子字兩得○臧氏琳云集解弗畔不違道君子乃成德之稱不嫌其違畔於道顏淵篇此章再見正文無君子字知此處亦無有者爲得也

矢之 蔡謨云矢陳也○案

皇疏載蔡謨說有云尚書敘曰皋陶矢厥謨春秋經曰公矢魚于棠皆是也

所否 鄭繆方有反不也王弼李充備鄙反○案皇疏載繆播曰否不也言體聖而不為聖者之事又王弼曰否泰有命李充曰夫道消運否則聖人亦否故曰予所否者

等以為男子者 集解本皆爾或不達其義妄去等字非也●今注云舊以南子者○臧氏琳云孔以南子是女人今稱為子是同等於男子之稱矣所以同等為男子者以其為靈公夫人本有小君之稱故曰子也有不達此注妄去等字作以為男子者故陸氏辨之今注云云此後人校者之辭疏云先儒舊有此解也則宋時已誤案皇本云等以為南子者惟男字作南南男古亦通用餘並同釋文

故孔子 一本作夫子○皇邢本本皆作夫子

之祝 本亦作咒○此亦後人校語皇邢本並作咒宋本作呪字小變皆俗體

述而第七　凡三十九章

●今三十八章○注疏本作舊三十九章今三十八章皆作大字亦後人所改也子曰善人吾不得而見之矣陸分章邢本合之故比舊少一章

不復 本或無復字非○案陸所見經文或有無復字者舊人讀法俱以甚矣吾衰也久矣為句則下自當有復

字若依今人讀甚矣吾衰也五字爲句則下句但作久矣不夢見周公并吾字亦可省故陸說謂無復字非此語自無可議

子於是日哭則不歌 ●舊以爲別章今宜合前章○案邢亦別章此所謂今又朱子本也若依朱子本則前當云今三十七章比舊少二章矣皇本亦合章者後人傳寫失之下亾而爲有亦同

與爾 與及也或云與謀也○案孔注與字當作及字解謀也一訓不可通考皇疏云與許也唯我許汝如此也謀必許字之譌

馮河 字亦作憑皇本作憑○

大 音泰○皇本作大邢本改太

疏 本或作蔬皇本作蔬○

食 如字謂菜食也一音嗣飯也○案孔云蔬食菜食當如字讀今皆音嗣非

我 **三人行** 一本無我字○皇本亦作我三人行邢本無我字考唐石經亦有鼂氏公武云蜀石經三人行必有我師焉上又有我字案注云言我三人行本無賢愚經文我字恐是因注誤衍

必得我師焉 本或作必有○皇本及唐石經皆作必得邢本作必有

亾而爲有 ●此舊爲別章今宜與前章合○此非陸氏本文

難與言 絕句○皇疏云琳公曰此八字通爲一句言此鄉有一童子難與言耳非一鄉皆專惡也案此說與注意不合當從陸氏於此絕句

揖 說文云攘也○攘古讓字

君娶 ●本今作取○

皇作娶邢作取

子疾 一本云子疾病皇本同○案皇疏云疾甚曰病是本有病字

有之誄曰 說文作讄或云作讄禱累功德以求福也以誄爲讄也○案說文云讄禱也累功德以求福論語云讄曰禱尔于上下神祇从言纍省聲讄或不省此或云作讄之云字衍禱累功德以求福也也字當移於禱之下其末五字陸釋說文之辭讄舊譌讄今改正

坦蕩蕩 魯讀坦蕩蕩爲坦湯湯○段氏玉裁欲改坦湯爲但湯愚以魯論亦不必二字皆異文故仍之詩宛邱之湯亦讀蕩但語音有輕重耳

子溫而厲 一本作子曰皇本作君子○案今皇本脫君字疏云亦有云子曰者

泰伯第八

民無得 本亦作德○臧氏云王肅注泰伯以天下三讓於王季其讓隱故無得而稱言之者所以爲至德也是集解本作無得後漢丁鴻傳論引作無德李賢引鄭注云三讓之美皆蔽隱不著故人無德而稱焉是鄭注本作無德案古德得亦通用鄭義亦從得

則葸 慤質貌○案慤舊作殼乃殼之譌後漢班固傳注引作質慤今從之

君子也 一本作君子人也○皇邢皆有人字

不易 孫音亦○案皇疏引孫綽曰不易已

得也教勸中人已下

悪 古臣字●本今作臣○案先進亦云悪古文臣字今前後無有作悪者皆是後人改之

予有亂十人 本或作亂臣十人非○案今皇本亦行臣字然考其疏云亂理也武王曰我有其理天下者有十人也則本無臣字邢疏有臣字

參分 七南反本又作三○皇本作參疏云參三也邢本竟作三

子罕第九

也純 鄭作側基反○案禮記祭統正義云鄭氏之意凡言純者其義有二一絲旁才是古之緇字二絲旁屯是純字但書文相亂雖是緇字竝皆作純鄭氏所注於絲理可知於色不明者卽讀爲緇卽論語云今也純儉及此純服皆讀爲黑色若衣色見絲文不明者讀純以爲絲也

嘗暴 本或作曾○皇作嘗邢作曾

惚恍 ●本今作恍惚○皇作忽恍邢作恍惚

行詐

少差 ○舊誤倒在行詐前今移正

韞 鄭云裹也○舊譌裏也今改正

而沽 賣也○案注疏本有下同二字而無下沽之音姑爲可從

少年 ●本今作年少○皇邢本皆作年少

衣弊 ●本今作敝○皇作弊邢作敝

縕 鄭云絮也

○舊本作臬也案集解載孔曰臬著鄭如與孔同陸又何必引鄭藝文類聚三十五引鄭作槷也又鄭注玉藻亦以緼爲舊絮今據以改正

狐貉 依字當作貈○案說文貈似狐善睡獸从豸舟聲論語曰狐貈之厚以居又史記仲尼弟子列傳引作狐貉

後彫 依字當作凋○皇本作凋

鄉黨第十

沒階趨 一本作沒階趨進誤也○臧氏云史記仲尼世家作沒階趨進儀禮聘禮注引論語同曲禮帷薄之外不趨正義儀禮士相見禮疏引論語竝有進字趨進者趨前之謂也進字不作入字解舊有此字非誤也趍音馳俗以代趨字非

領褎 字亦作袖○皇邢皆作袖

齊必 本或作齋○皇作齋

紾 本又作袗○邢本作袗皇本作縝廣韻十六軫紾單衣或作縝章忍切

焄 本或作葷同●本今作薰○邢作葷皇作薰考之說文葷爲正字焄乃俗字薰爲薰蕕字義別疑校者本從邢本而寫者誤作薰耳

瓜祭 魯讀瓜爲必今從古○案玉藻云瓜祭上環與古論合鄭巳校定從古朱子反從魯論作必未爲得也

人儺 魯讀爲獻○案郊特牲鄉人禓注云禓或爲獻或爲儺蓋獻儺聲相近故往往異文

遺孔 唯季反●本今無此

字○案皇本載孔注云遺孔子藥也與陸本正合邢本則作饋孔子藥校者不知饋卽遺字因云本今無

廄 夫子家廄也王弼曰公廄也○案集解載鄭注云退朝自君之朝來歸陸說本之鹽鐵論刑德云魯廄焚孔子罷朝問人不問馬王說本之

若爲嘗食然 一本作若爲君嘗食然○邢有君字皇作若爲先嘗食然也先疑君字誤

扡 本或作拖○皇邢皆作拖

居不客 本或作容○邢本作容

車中不內顧 魯讀車中內顧○案漢書成紀贊升車正立不內顧師古曰今論語云車中內顧今論語卽魯論語言今以別古論也文選張平子東京賦夫君人者黈纊塞耳車中內顧薛綜注內顧謂不外視臣下之私也李善注尊論語曰車中內顧漢書文選近人皆據今本論語改之

輿中 一本作車中○皇作輿中邢作車中

柅 本今作軛○皇作柅邢作軛

時哉 一本作時哉時哉○案今皇邢本皆作時哉時哉然皇疏云曰山梁雌雉時哉者此記者記孔子因所見而有歎也時哉者言雉逍遙得時所也邢疏云歎曰此山梁雌雉得其時哉而人不得其時也子路失指以爲夫子云時哉者言是時物也則皇邢本亦單作時哉重者近人所加

共之 本又作供○皇本作供

先進第十一

德行 鄭云以合前章○案鄭云疑當作鄭氏朱子亦合前章

康子問弟子孰爲好學 一本作季康子○皇邢本皆有季字

無椁 古廓反○案之椁見上文當音且當有下同二字今音無椁誤

焉能 上於虔反下同○舊本無下同二字於例當有今補之然缺者尚多也

仍舊 魯讀仍爲仁○惠氏棟云揚雄將作大匠箴曰或作長府而閔子不仁用魯論也

藏名 才浪反○舊藏名二字作細書在才浪反下正文止有藏字今訂正

㕹 普半反●本今作畔○案㕹舊作扳是因偏傍相近而誤或淺人所改皇本注云失於㕹喭廣韻二十九換㕹㕹喭切正本此邢作畔非

是與 音餘○案邢疏云謂口無擇言所論說皆重厚是善人與又云孔子謙不正言故云與乎以疑之也則邢亦音餘朱子如字讀

曾皙 史記云曾蔵字皙○舊譌作曾蔵字皙據宋本改

般頫 本或作見○皇作般見邢作般頫毛本誤作巛頫

鏗爾 投瑟聲●本今作瑟聲○投瑟聲舊譌作投琴聲今改正又皇邢本皆作投瑟之聲而疏中俱云投瑟聲無之字此疑當作本今作投瑟之聲

亦各言其志 一本作亦各言其志

也○皇邢本皆有也字　**莫春**本亦作暮○皇作暮　**沂**水名也○舊本大書沂水今删水字

而歸鄭本作饋○案論衡明雩云詠而饋詠歌饋祭也歌詠而祭也葢古論語故鄭本之　**焉**於虔反●本今無此字○案此焉字卽安見方六七十之安字異文古焉安二字往往通用禮記三年問焉字荀子禮論篇皆作安校者不知因云本今無

非諸侯而何一本作非諸侯如之何●案皇本正如此古而如字通用之字葢衍文

顏淵第十二

別者○皇本注有者字邢本脫　**吾豈得而食諸**●本今作吾得○正文舊作吾焉得而食諸則與注中同矣皇本作豈今據改正邢本作吾得而食諸疑脫一字史記仲尼世家亦作吾豈得而食諸又太平御覽六百廿二引論語惡吾得而食諸惡吾字葢倒

以折魯讀折爲制○案呂刑制以刑墨子尚同中篇引作折則刑是制折古以聲近互通　**之帥**○案陸不音經文子帥而音注中之帥疑誤　**情慾**●本今作欲○皇本亦作欲

草尚本或作上○邢作上　**問知**音智○皇本作智　**鄉**

也又作緜同○皇作嚮　有相切磋●本今作友○邢作友皇友有二字皆具

子路第十三

先道●本今作導○皇邢皆作導　曰毋倦●本今作無○皇邢皆作無　之迂枉也○舊譌狂也今改正　所錯本又作措○皇邢皆作措　纚又作纚同○皇邢皆作纚　莱公舒涉反下同●本今作葉○舊正文亦作葉公則校者不必云本今作葉矣葢唐人避諱改葉爲莱宋時乃復其舊耳　毋欲●本今作無○案古毋無字通用後人過於區別非也皇邢皆作無　直躬鄭本作弓云直人名弓○案呂氏春秋當務篇引孔子云異哉直躬之爲信也淮南氾論訓直躬其父攘羊而子證之注直躬楚葉縣人也躬葢名其人必素以直稱者故稱直躬雖同孔本作躬而皆以躬爲人名　父爲下同○舊譌作注同今改正　稱弟亦作悌同○皇本作悌

憲問第十四

枉朝●本今作在其朝○皇邢皆有其字　言孫音遜○皇本作遜案高誘注淮南覽冥訓章懷注後

論語音義攷證

漢書第五倫郭太等傳俱引作遜

蔬●本今作疏○皇作蔬邢作疏

公綽本又作綽○舊綽譌綽案汗簡下之一綽作綽云見古論語今據改正

卞莊子鄭云泰大夫○丁生履恆云韓詩外傳十魯與師卞莊子請行則莊子是魯人宋本新序八云齊與魯戰卞莊子請行後漢書班固崔駰等傳亦皆以莊子爲魯人顏生明云引鄭氏泰人之說殊誤荀子大略篇齊人欲伐魯忌卞莊子不敢過卞

公孫拔○皇本正作拔邢譌作枝顏生云鄭氏注禮記檀弓公叔文子名拔亦可證

殺襄●本今作弑○皇邢皆作弑

九合諸侯不以兵車范甯注云十三年會北杏又會柯鄭不取北杏及陽穀爲九也○案今穀梁注十三年下無又會柯有僖九年會葵邱皇邢疏所引皆同然鄭康成注論語亦有柯無葵邱則陸氏所引范注當有所本非誤也穀梁莊二十七年疏引鄭釋廢疾云去貫與陽穀或云與猶數也言數陽穀故得爲九也僖九年盟于葵邱疏云論語一匡天下鄭不據之而指陽穀者鄭據公羊之文故指陽穀然則鄭注不數貫而數陽穀穀梁疏所言與公羊傳一一卬合陸言鄭有貫無陽穀互誤矣

大夫僎本又作撰○舊撰作僎與正文小變其形實同一字誤也當作本又作撰古撰僎同字先進之僎士免反鄭作撰

子曰衛靈

公之無道 一本作子言鄭本同○皇作子曰邢作子言作子言是今皇本無道下又加久字考之疏本無

弑簡 本亦作殺○皇本作殺疏中同

之三子告 本或作二三子告非也○案陸氏但以此之字本或作二今皇本并上文公曰告夫三子君曰告夫三子者亦皆作二三子蓋後人展轉增加

知者 音智○皇作智

使者 所吏反下及注同○使者出方音所吏反今本多刪去者字竟似上文使人之使亦如是讀誤矣朱子集註本即繫音於使人於孔子句之下皆因此致誤

方人 鄭本作謗謂言人之過惡○案以子貢言人過惡故子曰賜也賢乎哉言汝己身果皆賢乎而謗人也夫我則不暇謗人而自治古論謗字作方蓋以聲相近而通借

反怨 本或作冤○古怨與冤通

某何 或作某何鄭作某何是●本今作某何爲是○案或作某何下必脫一爲字今皇邢皆作某何爲是然皇疏云言某何是爲栖栖乎則皇亦本作某何是

辟世 音避○皇本作避

不解 ●本今作不能解○皇邢本皆有能字

諒陰 鄭讀禮爲梁鵪○案鵪舊譌鴿禮記喪服四制高宗諒闇注諒古作梁楣謂之梁闇讀如鶉鵪之鵪闇謂廬也今據改正又春秋正義二後漢書注四十四引鄭論語注諒闇謂凶廬也是與禮注同義

治也 ●本今作治者

論語音義攷證

○邢本作治者皇本者也二字並有**長無**○案各本長下皆有而字陸本或無之抑誤脫也

衛靈公第十五

問陳●本今作陳○案顏氏家訓書證云太公六韜有天陳地陳人陳雲鳥之陳論語曰衛靈公問陳於孔子左傳爲魚麗之陳俗本多作阜傍車乘之車蒼雅及近世字書皆無唯王羲小學章獨阜傍作車縱復俗行不宜追改六韜論語左傳也據此則陳字從車六朝時本已如此今皇邢作陳又後改也**絕糧**鄭本作粻音張云糧也○案粻糧也爾雅釋言文舊云字譌作下今據改正糧皇作粻字俗**蠻貊**說文作貉云北方人也○案貉舊譌貌今改正說文豸部云貉北方豸種从豸各聲孔子曰貉之爲言惡也**枙**●本今作軛○皇邢皆作軛**知者**音智○皇本作智下才知同**行小慧**魯讀慧爲惠○案漢書昌邑王傳清狂不惠注心不慧韓詩外傳五主明者其臣惠顏氏家訓歸心云辨才智惠義並當作慧是慧惠古通今皇本尚作小惠**爲質**一本作君子義以爲質鄭本略同○案正文爲質當作義以爲質臧氏云下方云君子哉明不當先有君子**孫以**音遜○皇本作遜**今亾矣夫**○皇本作今則亾矣夫多一則

字　涖之○皇本作莅之

季氏第十六

宓本亦作伏○皇作宓邢作伏　邦域邦或作封○惠云且在邦域之中孔氏云魯七百里之封顓臾爲附庸在其域中依孔注邦當作封古字邦封同案邢疏云魯之封域方七百里顓臾爲附庸在其域中也又云顓臾爲附庸在此七百里封域之中也則邢作疏時本作在封域之中不知何時依釋文正字改　於匣●本今作柙○皇邢皆作柙　於櫝注同○舊誤作下同今改正　必爲子孫憂本或作後世必爲子孫憂○案今皇邢本皆有後世字然皇疏云不言季孫是貪顓臾欲伐取之而假云顓臾固而近費恐爲子孫憂疑本無後世字　政治●本今作理○皇作治邢作理是唐已後本　盾又作楯○皇邢本作楯　便辟下婢亦反○案公羊定四年傳疏云便辟謂巧爲譬喻又云今世間有一論語音便辟爲便僻者非鄭氏之意通人所不取矣據此則讀辟爲譬本鄭注也馬融則讀爲避與鄭義異故皇本注中作避乃惠云馬鄭皆讀辟爲譬誤　躁魯讀躁爲傲○案未及言而先自言之是以已所知者傲人之不知也

趣鄉 本又作向○皇邢皆作向 **陳亢** ○案說文作伉

陽貨第十七

莧爾 ●本今作莞○惠云周易夬之九五曰莧陸夬夬虞翻注云莧悅也讀如夫子莧爾而笑之莧是漢以來皆作莧唐石經作莞非廣雅莧笑也疑莞字小變皇邢本皆作莞爾 **涅而** ○舊涅作涅非今改正

如鄉 又作向同○皇邢俱作向 **穹踰** 說文作窬穿木戶也郭璞云門邊小竇音臾一音豆○案舊本引說文作穹窬本戶今據本書訂正唐韻窬羊朱切皇疏引傳云篳門珪窬窬竇也據孔注窬窬牆也陸氏作踰則當讀爲孟子踰東家牆之踰乃皇邢本皆作窬義疏釋文說多混 **是敗亂** 敗或作賊字○皇邢皆作賊陸作敗疑非

趣鄉 ●本今作向○案皇作向此承一曰鄉向也來不亡仍作鄉字邢本作嚮亦通

與哉 本或作無哉○案作字當衍 **能說** ●本今作悅○皇邢俱作悅 **孺悲** 字亦作擩○擩乃俗孺字 **期已久矣** 一本作其○案疑作朞 **據樂** 又音洛○舊譌音樂今改正

淫慾 ●本今作欲○皇作慾邢作欲 **而窒** 魯讀窒爲室○惠云韓勑修孔廟後碑亦以窒爲室

漢書功臣表有清簡侯室中同史記作空中徐廣曰空一作窒知室與窒通

不孫 音遜○皇本作遜

微子第十八

齊人歸 鄭作饋○案書中歸字鄭本多作饋

孔子下 鄭云下堂出門也○案莊子人閒世云孔子適楚楚狂接輿遊其門曰鳳兮鳳兮何如德之衰也云云可爲下堂出門之證

處也 ●本今無也字○邢本無皇本有

孔子之徒與 一本作子是●本今作孔某之徒與○案此正文當作是魯孔子之徒與一本作子是郎是魯二字之異文

滔滔 鄭本作悠悠○案史記孔子世家載論語云悠悠者天下皆是也裴駰集解引孔安國曰悠悠者周流之貌也又文選四十九干令升晉紀總論悠悠風塵注所引亦同是古論作悠悠鄭孔皆同何晏依魯論作滔滔采孔注而改之妄甚

辟人 音避○皇作避蔡邕石經論語殘碑亦作避世

耰 ○案說文木部櫌摩田器从木憂聲論語曰櫌而不輟字不从耒蔡邕石經作櫌不輟

徒與誰與 ○案今本皆作徒與而誰與

蓧 本又作條又作莜○案說文莜艸田器从艸條省聲論語曰以杖荷莜是莜爲正字論語本與說文合條乃條枚字說文云小枝論語作荷條於六書爲假借今作

蓧不省集解載包咸注蓧竹器與說文異皇本竟作蓧疏云以杖擔一器籮簏之屬則其誤已久

植其○案隸釋載石經殘碑植作置古置植字通

而芸多作耘○案隸釋載石經作耘

己知音紀一音以○案皇疏云濁世不用我道而我亦反自知之也邢疏云孔子道不見用自己知之也則皆音紀然音以是也

亞○舊倒在摯上今移正

鼗亦作鞉○皇作鞉邢作鼗

不弛●本今作施○案皇邢朱皆作施集注云陸氏本作弛福本同

周有八士鄭云成王時劉向馬融皆以為宣王時○案晉陶潛集聖賢羣輔錄上云周八士見論語賈逵以為文王時晉語說文王卽位詢於八虞賈唐云八虞周八士皆在虞官漢書古今人表載周八士在中上列成叔武霍叔處之前二人皆文王子則班固亦以為文王時

生○邢本云生八子與釋文合皇本作得八子

子張第十九

距●本今作拒○案蔡邕石經及皇本皆作距邢作拒非

恐泥乃細反注同○舊作下同誤今從官本正

儼然本或作嚴○皇本作嚴然邢本作儼然古嚴儼通曲禮儼若思釋文作嚴

厲如字下厲

己同 **厲** 王云病也鄭讀爲賴恃賴也 **己** 居止反下同○案舊本自王云病也至居止反下同皆作小字連於上條之下誤也正文厲己之厲舊本無今皆爲補正之 **洒掃** 正作灑經典○案經典下有脫文當云經典相承作洒說文灑汛也洒滌也古文以爲灑埽字經典中如毛詩論語及周禮隸僕國語晉語皆作洒掃是借用說文洒滌字也 **輕漂** ○今邢注作輕剽 **焉學** 下焉不學同○案焉不學舊脫焉字今補

闚 ○皇本作闚邢本作窺 **爲知** 音智○皇本作智 **道之** 音導○皇本作導

堯曰第二十

則說 音悅○皇本作公則民悅因注衍民字 **內** ●本今作納○皇作內邢作納古納字多作內俗人往往改之 **孔子曰不知命無以爲君子也** ○案上子張問章亦稱孔子曰以此篇紀堯舜禹湯武王之事故稱姓以別之皇邢兩本皆與釋文同朱子本脫孔字

老子音義攷證

道經

於是授漢文以老子章句四篇○舊以字在漢文上誤今改正 **弱其志**○舊在隆之稱也上誤案本文云弱其志强其骨今移於强字上 **淵侖**○今本皆作兮 **萬物**

舍又作捨○舊捨仍作舍譌今改正 **有爲**○舊有字未刻今補 **掘**又求月反河上本作屈○求字本字舊俱未刻今補 **多言數窮**顧云勢數也○舊數字未刻今補此下舊尚空四五格未刻

玄牝舊音扶死反○舊音譌云死譌比今皆改正 **處**一本作居○舊作本合作居 **惡**烏路反注及下同○舊譌注作同也今改正 **不昌**○案王弼注雌應而不倡不作昌字 **以知**

乎○今文云明白四達能無爲乎注作能無以爲乎河上本正文作能無以知乎此所音河上本也 **恃**河上本作侍○侍字舊未刻今補 **埏**○諸家本竝作埏古無埏字 **埴**釋名云埴膱○膱舊譌職今據本書正 **貴**河上云畏也○舊云字作公今依前後文改 **不皦**明式云胡老反○明式不知何

人不見序錄

繩 河上本作繩○當是作繩繩少一繩字衆家攷異俱不言

怳 ○今文作怳後惟怳惟惚同

卒 子恤反○舊子譌千今改正

凡物 本作夫○河上公作夫

無所容

鋒刃 ○王注作兵戈無所容其鋒刃有其字

行施 始豉反○舊豉作致譌今改正

則濡 ○王注則相濡之德生也有相字

行 ○王注仁義人之善也人本或作行

氈 本作旃○王注寒鄉之民必知旃裘

截鵠 ○王注鵠作鶴道藏本同二字本通用

若亨 ○河上公作饗諸本皆作如享宋本饗作嚮

廓 河上本作泊○今文我獨泊兮其未兆王弼本泊作廓藏本作怕說文怕無爲也藏本爲是今王弼本作泊古本作魄

飂 梁簡文作飄河上作淵兮○舊簡文在作飄下又下作字亦脫今移正并補

德之容 簡文云狀也○舊脫文字今補

窈 ○舊下從幻譌今改正

蔽 ○今文敝則新河上公作弊藏本同王弼作弊

道者於道 河上公於道者絕句○今文云故從事於道者道者同於道德者同於德淮南作從事於道者同於道河上本當作故從事於道者於道不重道者字又無同字

宗 本亦作寂

寞 河上云寥空無形也○今本作寂兮寥兮畢氏沅云寂俗字說文無寥寞字寥當作

廖寞當作摹

宴處○河上本宴作燕易州開元石刻同

無徹梁云應車遏○梁當謂梁武

跡河上作迹○今文作無轍迹案說文無轍字莊子戰國策史記皆以軼爲轍

無瑕讁○今文作讁與易州石刻同俗字也

所好○今書中無此二字惟王注云不見可欲則民心不亂或可欲有作所好者

裕○今文亦無案王注不因物於其道必失於當裕字之譌

長○今文無官長自在下文此疑衍

模○注式模則也舊模從手譌今改正

無割○今正文作不割注作無割

物或

歔河上本作呴○案正文物下本有或行或隨此省去之耳說文無呴字畢疑應作欨說文吹也

治直吏反○王注云爲治者務欲立功生事今本治作始亦通

恬澹本亦作惔河上本作惔簡文作恬淡○今文作恬淡易州石刻同王弼作恬澹說文惔憂也非此義惔亦形近而誤簡文下舊脫作字今補

名分符問反○符舊譌憤今改正

道氾○舊譌氾今改正

於易○王注圖難於其易有其字案圖難於其易爲大於其細二句本老子語見德經

淡徒暫反又徒覽反○舊脫又字今補

說音悅○王注感悅不作說

將欲偷簡文作歙○今文作歙說文無偷字韓非子作翕傅奕本同舊簡下脫文

字今補

吾將鎮之以無名之樸○各本疊無名之樸四字

夫亦將無欲

德經一本四十三章○章字舊脫今補此當連上篇舊空數行非是

舍本○今王注作捨母案此下今王注有脫文上云本在無爲母在無名下云捨母而適其子則上句當云棄本而逐其末脫四字又下云捨其母而用其子棄其本而適其末仍作捨母

穢○王注今作務而治薉

耽○今無此字

將恐蹶蹇月反又其月反○又字舊脫今補

珞音洛○舊作音絡今從宋本

夷道若類簡文云疵也○疵舊譌之今改正

內如銳反又若對反○王注纇㘨也不作內說文無㘨字以音求之當與凹塊字同若對疑當作苦對

恭一作供○王注云貸之非唯供其乏而已不作恭

藏才良反○舊才浪反今從宋本文云多藏必厚亾兩音皆通

獘婢世反○舊作弊今從宋本是河上公王弼本也傅奕本作敝婢世舊作婢庶譌亦從宋本正

不爲于僞反○案王注云隨物而成不爲一象爲似當讀如字

不窺○今文作闚韓非子同

羑牖二同由九反○今文無羑字陸蓋記異文也下黿蚖蟬坦竝出皆與此同

注○百姓皆注其耳目諸本皆有此句聚珍板誤脫去

咳本或作孩○河上本作孩　錯○今文作措　黿蚖二音元　蟺○王注無黿字陸記異文說見上

襲○王注蚖蟺以淵爲淺而鑿穴其中陸所見本鑿字必作襲　埤○今本王注埤作卑

餌而志反○而志二字宋本空舊補如止二字今案前篇樂與餌音而志反此必當同非臆改也　毒之今作育余熟反○舊余字未刻今補　廕○今王注作蔭　其兒簡文云言也○文字脫也字未刻今皆補正

絜好○今王注絜作潔非明刻作絜　盜夸非道也哉○今文不重盜夸二字傅奕本有

比○今王注作彼皆然也似誤　全作子垂反○舊子作字今從宋本

激拂○藏本作㳽今本同似非　不燿○今文作不燿　莫如嗇○今文如作若韓非作如

以道莅古無此字說文作埭○舊古字脫今補　庇又本祕反○舊脫又字今補　辟四亦反○今王注物擾而民僻卽作僻字

繟坦○河上本又作墠三字音相近得通用梁王尚梁下當脫武字

是大匠斲○藏本常有司殺者殺夫司殺者是大匠斲此王弼本也明皇本常有司殺者殺夫代司殺者殺是謂代大匠斲

僻治○二字舊倒案注云民之所以僻治之所以亂僻在治前今移

正

身去○王注如惟無身去私乎今本去私作無私

莊子音義上攷證

逍遙遊

鵬 故以朋爲朋黨字○以朋舊作以鵬今案文義改正

何厝 七故反本又作措○案說文厝厲石也措置也俗多通用今莊子注作措與說文合

摶 徒端反一音博○當云本一作摶音博陸氏於攷工記之摶埴亦云劉音傅不分別字體非是

扶搖 郭璞云暴風從下上也○舊下上倒今據爾雅注乙正

所馮 ○今注作憑

色邪 餘嗟反○舊也嗟反今據易釋文正

培 徐扶杯反又父宰反三音扶北反○今本三作一非

枋 崔云本也或曰木名○今本作崔云木也與下復係字誤

朝菌 ○案菌芝之類故字從艸支遁潘尼以木槿當之說殊誤

晦朔 晦冥也朔旦也○此以一日之蚤莫言不若以一月之終始言蓋朝生者不及暮然固知朝矣暮生者不及朝然固知暮矣故晦朔不當從日爲解

惠蛄 本亦作蟪同○今本作蟪係說文新附字

冥靈 此木以二千歲爲一年○案說文云以五百歲爲春以五百歲爲秋言春秋則包乎冬夏矣則當云以千歲爲一年下大椿亦當云此木萬六千歲爲一年不當云三萬二千歲

彭祖籛音翦○案玉篇子踐切姓也與此正合是古讀皆然或據廣韻改作音箋非是

羊角○舊脫羊字依今莊子本補

无己○今本无作無下竝同

天下治得以治者皆同○舊脫者字今據注本補

偃鼠鼴音扶問反○舊無音字今案凡不見正文及注之字而加音者例有音字今依前後例增

樽本亦作尊○案尊乃正體

纓紱字或作紼○今注本作纓紼案說文紼亂系也此纓紼當作嬰拂解不當以爲冠紱紱亦俗字說文本作市重文作韍

世蘄○舊蘄作鄿譌今從宋本正

粃本又作秕○案說文作秕

穅字亦作糠音康○舊本糠作康今依注本改糠糠亦俗字似當云音康字亦作康爲是疑後人亂之而又妟改也康巳從米何必又贅米旁

窅然徐烏了反郭武駢反○郭必以爲窅字故如此音

之竟本亦作境○今注作境

澼郭李恪歷反辟聲○案今本書作澼聲疑洴澼是擊絮之聲洴澼二字本雙聲萿亦象其聲也

不拘坼○坼俗本多從手非

漂說文作瀲○瀲舊譌作潎今改正

不慮以爲大樽司馬云樽如酒器縛之於身○縛舊作縛今從宋本正

逢之心曲士之謂○士舊譌土今改正

機辟毗亦反○案當作毗亦反

齊物論

隱机 李本作几○案今本作几

荅焉 本又作嗒解體貌○今本作嗒案解體郎趙岐孟子注所云解罷枝也

冡莫 ○冡舊譌家今案大宗師云其容冡釋文云本亦作寂崔本作宋據改正方言云冡安靜也漢人碑版多作此字老子銘顯虛無之清冡張公神碑畺界冡靜成臯令任伯嗣碑官朝冡靜巴郡太守張納碑四竟冡謐博陵太守孔彪碑冡兮冥冥皆如此作今注作寂寞

女聞 音汝下皆同○上汝知何以不一律作女

畏隹 醉癸反○隹舊本作佳今莊子眾家本皆作隹韻會支韻內引此似亦可讀追此所音雖皆仄聲然實與隹本音皆相近故從眾家本改正

謞者 音孝○舊音考譌今注本音孝從之

譹者 ○舊脫者字今增與眾句一例

刀刀 ○舊俱作刁俗今改依正體

苶然 乃結反○苶當作苶字小變耳今注本乃作薾說文引詩彼薾維何音義與此異

恢 簡文本作弔○案弔音的下恑字與詭同弔詭見下文

堅白 設矛伐之說爲堅○伐郎盾也亦作戚又作馘音皆同

確斯 斯又作澌音賜○斯訓盡與澌賜義竝同

纖介 ○今本介作芥

有左有右 崔本作宥在宥也○舊作

莊子音義上攷證 二

崔本作有譌案下云在宥也則當作宥明甚今改正　**皇帝**本又作黃帝○皇黃通用今本作黃帝

聽熒向崔本作蘚榮○字彙補云蘚字見釋典中隨函云蘚與輝同　**旁日月**崔本作謗○官校本改謗爲傍未必是　**脗**无波際之貌○今注本波作詖似誤　**涽**○舊作涽宋本從氏拜注中昏涽竝從氏今從之　**弔**如字又音的○舊脫又字今補　**天倪**李音崖班固曰天研○舊本崖譌崔今據大宗師篇改正倪音近研故計倪亦作計研　**无特**向云無持者行止無常也○今本無持作無特

養生主

以慊苦簟反足也○古與慊恨之慊同一聲竝不以音愜者爲足之正詁　**庖丁**崔本作胞同○禮記祭統煇胞亦與庖同　**砉然**向呼鵙反○舊鵙皆從貝非今正從狊下竝同　**大郤**○從谷從卩舊從谷從卩非今改正　**道大窾**音導窾又苦禾反○今本道作導窾與科通故亦同音　**彂之**○彂從癹得聲舊本山下又譌今改正

人閒世

若蕉其澤如見芟夷○蕉亦同樵故可訓芟夷 相札亦作軋○今本作軋 而強○今本作彊書內竝同不重出 叢支○今本作枝 語我魚據反○舊作魚豫反譌今改正 曰

齊本亦作齋今本作齋○ 暤天○舊本暤從白今依注本從日 絕迹易无絕句○此讀謬甚何不依注 常語○今本書常作嘗 大至本亦作泰○今本書作泰 㿉疑賣反

疵士賣反○蓋讀與睚眦同 顏闔向崔本作盧○今本盧作蓋 摸格○今本摸從木作模 櫟一云梂也○梂罙本作罙譌今從宋本正 義譽○今本書譽作喻 嗅崔作齅許救反○舊作崔云齅云字譌今改正 宊秋○今本書秋作楸 求樿○舊本樿從示譌注同今改正 痔司馬云隱創也○舊脫云字今增 三鍾司馬云六斛四斗曰鍾○舊本六譌斛今改正

郤曲字書作㔾廣雅云㔾曲也○案今說文廣雅俱作迟

德充符

脫屨本亦作屣○今本書作屣 叔山无趾李云叔山字○字疑氏 幻亦作㓜○舊本

幻作幻案說文作𠄔從反予

翏貸 李云貸送也○李下舊無云字案當有今增

是接而生時乎心者也 ○今本書乎作於

大宗師

不強 ○今本書作彊

翛然 郭與久反○舊久譌冬今從宋本正

損 郭作揖○揖舊譌楫案下方云或作楷則此當作揖

容家 ○舊本譌家今改正說見前本書作寂

與乎 如字又音豫同云疑貌○同當是向字之誤

其觚 王云特立不羣也○案注本不羣作不倚

善妖 ○今本作夭

在大極之先 一本作之先未○今本作一本作先之無未字

維斗 北斗所以爲天下綱維○今本天下作天之

年長 張丈反○今本作丁丈反與前後同

穉子 本亦作孺○今本作孺是正體

於頂 崔本作釭音項○舊作釘音項今本作缸音項據宋本釘音項疑釘爲缸之譌參酌改正

決𤴯 胡亂反○今本正文亦作𤴯音義作疣胡虬反恐臆改

塵垢 齊人以風塵爲墶堁○舊墶作逢今本作撻乃墶字之譌今改正

鼈 ○說文作鼈亦作鱉陸每從敕譌今從隸省作鼈下竝同

坐忘○依次當在蹵然之前

應帝王

不豫○今本作不預　係崔本作繫或作轂○轂舊作繫與上複今定作轂見漢書　相女○今本作汝

得厝○今本作措　爲弟徐音頹丈回反　靡弟靡不窮之貌○正字通弟作弚後來字書亦因之而於古無有也類篇弟字下有徒回反一音云弟靡不窮見正本此列子黄帝篇作茅靡

莊子音義上攷證　四

莊子音義中攷證

騈拇

枝指崔云音歧謂指有歧也○舊本歧當作岐岐後人強分之 煌煌廣雅云光也○舊本作光光光也今據本書刪一光字 蒿目李云快性之貌○今本快作決

馬蹄

馽馽音之樹反○舊本無音字案例當有增 棧編木作靈似牀曰棧以禦濕也崔云木棚也○靈即櫺字濕當作溼後人多混用棚疑當作柵 擿辟○今本作僻 犧尊○今本作樽俗 情性

不離○今本情性作性情 竊轡盜輗轡也○舊輗譌䡅今改正說文車前革曰輗 縣企○今本作跂

胠篋

知可本或作知可否○今本有否字 塞瞽曠○今本無瞽字 工倕一音睡○舊本音譌

名今據達生篇改正　之帥○今本作率　罔罟○今本罔作網　而說○今本作悅

啍啍向本作哼音亨○此與下俱作哼哼案從享亦可得亨音

在宥

傖囊○今本傖作愴　嵁巖○今本作岩

天地

鷇食爾雅云生哺鷇○舊生譌主今改正　自爲遽○今本作處　如標校○今本校作枝

天道

昧○今本作眛　中準○今本作准　幾乎後言長也○舊本後作復未詳　有數李云色注反○案前後俱作色主反此注字疑譌

天運

孝弟 音悌○舊本作孝悌音弟此因今本作悌而妄改也若作悌字則更無兩讀又何用音此如他卷道音導亦有倒作導音道者皆出後人所變亂今正之

之懼 案說文懼是正字愯古文○說文愳爲古文懼字有愯字與聳同非懼字重文竝無懼字不知陸氏所據

刻意

鮒魚○今本鮒作鉤

秋水

盱洋○今本盱作望

五常之所連○今本作五帝

跉卓○今本卓作踔

赴水 司馬本作踣云赴水也○赴疑是仆字

捘○今本作搜

豪梁○今本豪作濠

儵魚 ○儵當作儵注同此書內多混用又鯈黑鰦也舊鯈譌鮋今據爾雅改正

至樂

職職 李云繁殖貌○舊殖譌植今改正

皇帝○今本作黃帝案皇黃古通用陸氏謂三皇五帝非

鯈又音攸○今本作又音篠　列子行食於道從○殷敬順列子天瑞篇釋文云莊子從作徙司馬云徙道旁也本或作從與此本異　得水則爲鼀此古絕字○古絕字當作𢇍此鼀乃繼字　其名爲乾餘骨○殷敬順列子本作乾餘胥云莊子作骨案今列子亦作骨　斯彌爲食醯頤輅生乎食醯黃軦生乎九猷○案列子作斯彌爲食醯頤輅食醯頤輅生乎食醯黃軦食醯黃軦生乎九猷九猷生乎瞀芮　羊奚比乎不箰久竹生青寧○殷敬順云莊子從羊奚至青寧連爲一句司馬之說固如是郭本乃分之列子箰作筍

達生

遻○今本作遻　拘豎若株駒也○也字未刻依宋本補　殙說文云殙瞀也○今本殙作殙舊瞀也作矜也譪今據本書改正　箠李尋恚反信醉反○信醉上脫又字　去反○今本作公反

方皇○今本作彷徨　秏○今本作耗非　跛波我反○舊作彼我反譌今改正　鶂○今本作鶃

山木

夫出○今本作夫子出　**則㓻**○今本作挫　**伐樹於衛**○今本衛作宋陸氏與下句宋衛當互易　**縢**○今本作騰　**見心**○今本作見剖心

田子方

大絜○今本作潔　**直**○今本作眞　**遺蛇**○今本遺作逶　**而干**○今本作乾　**之令**○今本作命

知北遊

弇水李云弇水名○今本作弇水水名以下白水例之重者是　**絪縕**○今本作煙熅　**苐薛**○今本作稊稗　**隱机**○今本作几　**投杖**○今本作放杖　**大馬之捶鉤者**捶者玷捶鉤之輕重而不失豪芒也○玷捶鉤舊本作玷捶鐵今依宋本改正別本同　**未有子孫**　**而有孫子**○今本孫子亦作子孫

莊子音義下攷證

庚桑○今書有楚字

大壤本亦作穰○案列子天瑞篇亦以壤襄同穰　而扻○今書作櫛　南榮趎淮南作南榮幬云欶蹻蹻趹步百舍不休亦作幬○案今淮南脩務訓作幬舊欶蹻譌軟蟜今據本書改正高誘注軟猶箸蹻履趹趣也欶所角切蹻其略切趹音決箸郎著直略切趣猶趨今淮南或無步字脫也　嬴糧一音果○音果字或有作嬴者　外獲○今書作韄　侗○今書作侗　本剽本亦作摽○摽當作標

胞本亦作庖○案胞與庖通禮記祭統煇胞翟閽注胞者肉吏之賤者也

徐无鬼

示日音視○今書作視日舊音視仍譌作示今改正　金版○今書作板　良位其空○今書良作踉　韭或卄下作者非也○卄卄卽草字頭卄下作乃俗韭字舊卄作卝譌今改正　謵𢒉○今書作謵朋　郢人漢書音義作獿人○獿人舊譌作懮人案漢書揚雄解嘲云獿人亾則匠石輟斤今

莊子音義下攷證　一

據改正下同又音鐃舊譌音混別本音溫亦譌俱改正

攫司馬本作攫○攫不應與上同或是玃字之誤

夫物之尢也○今書夫下有子字

田禾○郎齊太公和

於宎字又作宎司馬云東北隅也一云東南隅○案爾雅釋宮東南隅謂之宎其東北隅乃庢也又案說文宧戶樞聲室之東南隅宎但訓深

然身食肉終○今書終上有而字

暖室○今書作安室

則陽

擉一音捉○舊捉作促譌今改正

魏瑩郭本作罃音磨瑩之瑩今本多作瑩○舊作罃與作瑩互易文頗不順且今書實多作瑩字今改正史表梁惠王之名作罃

與田侯一本作田侯牟史記威王名因不名牟○案今書有牟字史記亦同威王名因齊戰國策亦同

扶郭云秩○舊秩仍作扶譌今書內所載音義作秩姑從之或疑是秩亦不訓擊

稷稷本又作稷一本作稷○兩稷字疑有一譌

捐其○今書捐作損

滅裂司馬彪云鹵莽猶麤粗也○案麤千奴反粗才古反二字古多連用如春秋繁露俞子篇云始於麤粗終於精微論衡正說篇云略正題目麤粗之說以照篇中微妙之文其他以麤犅連用者亦多猶麤粗也有欲改

爲粗疎者故正之 **辜** 元嘉本作幸人○幸或是臯之誤 **所搏弊** ○今書作幣 **丘**

里之言 古者鄰里井邑士風不同○舊士作土今書內音義作士字從之 **淳淳** 王云流動流貌

○兩流字疑衍其一 **比于大澤** ○今書于作於

外物

外物 然後外物無所用必焉○宋本必作心 **大鉤** 本亦作釣○釣舊譌約宋本同今改正

犗 說文云騬牛也○舊無牛字據說文增 **去而** ○今書而作汝 **到植** ○到古倒字

娀 粃音千米反○舊米作未今從宋本 **踣** 徐芳附反普豆反○二音之閒當有又字下似此者不盡出

荃 或云積柴水中使魚依而食焉○案如或所云是潛也見詩周頌

寓言

卮言 字又作巵○卮舊作巵巵案說文作卮下从卪今多省作卮若作巵則不必云又作矣 **如鸛** ○今書作觀 **景** 本或作影○影字係陶宏景所撰非古字

莊子音義下攷證 二

讓王

攫 俱碧俱縛二反又史號反○舊作俱碧反俱縛反或又史號反謌今皆從宋本改正 種 ○今書作腫

飦 一音干謂干餅○餅舊謌餅今改正 愀 又七了子了二反又七遙反○舊作七了反子了反今改正下七遙反舊脫七字亦補正

魏闕 淮南作魗○案今淮南亦作魏 削然 亦作梢○宋本梢作俏

共伯得乎共首 紀年云共伯和即干王位○案今竹書作攝行天子事 敂 ○字俗說文作啍亦作敂爲正

強力 李云阻兵須力○舊阻謌徂今改正

盜跖

摓衣 ○今書作縫衣 危冠 背負豭牛○今書音義作豭斗案史記作佩豭豚 扁虎須 ○今書作編虎須舊亦作須今從宋本作鬚 孔子不見母匡子不見父 ○疑父母二字當互易

說劍

无厭○今書作不厭　以幣從一本作以幣從者○舊者譌軍今改正今書有者字

漁父

工技○今書作國技　難語○今書作難悟

列禦寇

吾驚焉李云見人感己卽遠驚也○舊感作惑譌今書音義作見人感己卽違道故驚也此似有脫誤

而鼇○舊作鼇譌今改正卷內同　之地地蛇者山田荼種也○宋本荼字空　三一本作二

年○今書作三年　愼於兵○今書愼作順　道物○今書作導物　戉○今書作鉞

訙之本又作訊○說文有訊無訙訙俗字　儇音環王云研辨也外愼研辨○今書音義作音儇兩研字俱作堅

孰惕唐許惕同也○舊作協同也今從宋本　驕稺○今書作穉

鍛之○鍛舊從叚譌今改正

天下

哀矣○今書作喪矣有夏○今書作有大夏下有濩亦作有大濩湮洪水引禹之儉
○舊儉譌險今改正甚雨○今書作沐甚風櫛疾雨此以甚雨在櫛字上當本是沐甚雨櫛疾風文義較
順淮南脩務訓云禹沐浴霪雨櫛扶風可以爲證淮南浴字乃衍文李善注文選和王著作八公山詩引淮南作沐
浮雨櫛疾風不當○作不黨是无軟○今書作無耎而儻○今書時恣縱而不
儻有不字今日適越而昔至萬物入于一物而物無眹○今書眹作眹案眹與瞬同眹訓目
精義皆不合似當作朕兆之朕卯有毛則性之明遠有習於生○遠舊作逮今書作遠從之火
不熱如處火之鳥○舊處火作處水譌今改正好事夫不失欲極有教之肆神明其言者云云○案
不失二字疑衍文神宋本作伸又下列斯文於後世舊脫後字今補又從事發有辭之敘今書發作展

爾雅音義上攷證

今邢昺爾雅注疏中音義多即邢氏所定不全用陸氏元文其正文與陸氏本往往異同今官本以陸氏音義入之邢氏注疏中不難改易刪節以求合於邢氏甚失其舊故釋文一書斷斷當別行也至書中有本今云云者當是後人以邢本參校所謂今者即指邢本並非陸氏元文亦混入其中論語孝經與時下本不合者並加此語讀者當分別觀之

爾雅序

夫爾雅 字亦作疋○案胥疏等字皆從疋俗遂以同雅者改作疋此妟作也案胥亦有寫音是疋可讀雅明矣

鈐鍵 小雅云鍵謂之鑰○舊本作小爾雅今從宋本唐人所引小爾雅多有作小雅者省文耳

註 ○官本作注

會 本又作撸廣雅云撸收也○兩撸字舊皆從木案廣雅係從手王篇唐韻俱同唐韻音又與陸同今定爲撸

剟 說文云刊也○舊作利也譌今改從本書

礫 說文云小礓石○案今說文云小石字林云礓礫此所引不同

搴 字又作攓○攓舊上從與譌今改正

袪 ○官本同毛本作祛從示韻會有此字後來凡除去義皆用之與袪別

躅 鄭氏音拘擉○案陸氏於釋器

斫斸下云本或作拘攜字亦皆從手然似當木旁作考工記車人半矩謂之宣一宣有半謂之欘鄭注引爾雅句欘謂之定則從木乃正字唐人於從木字往往從手書內因此致譌

釋詁第一

箌 說文云草大也○案說文艸部菿艸大也竹部箌訓艸木到據陸氏知今本說文誤然訓爲艸大則字當從艸今爾雅亦從竹疑皆誤

艐 郭音屆孫云古屆字顧子公反○邢本艐音宗官本載釋文而又兼取音宗一音與顧之子公反亦不合不當羼入

貢 字或作贛同○案說文贛從貝贛省聲此夂下從貢非也

遹 孫云古述字讀聿一音橘○古述字下舊作讀聿一音餘橘反案餘橘卽聿何一音之有今據宋本正

漠 舍人云心之謀也○謀舊作謨今從毛本官本改

諏 子須反○毛本諏譌趣官本子須作子頭係妄改

究 ○正文諏究連文次則謨又次則猷肇此本究謨皆在猷肇下失其次未必陸氏本與今不同

踰

矩 俱宇反○案矩字正文先已兩見似當在上範字下作音并云下同

辠 秦始皇以其字似皇字改從四非○罪字上從网隸變作四舊譌作從四今改正

兒 本今皆作覷○邢本作覷凡本今云云皆後人所增

入何以明之卽如此條若出陸氏亦當先云古兮反一音如字本或作覷不應於覷字下方云一音如字

𠷎 ○邢本作壽

隋 ○邢本作墮

諶 甚針反○此後及他經皆作帀林反

淮洧 ○注所引方言與今本正合毛本作淮洒官本同

盍 胡臘反○舊臘作獵譌今改正

謚 時至反○舊作諡案五經文字謚諡常利反上說文下字林字林以謚爲笑聲音呼謚反今用上字據此則爾雅亦必本是謚字與石經同毛刻三諡字俱係改刻痕迹宛然乃依今本說文之誤所致官本從之時至作詩至亦非

頠 孫郭五果反○果舊作鬼今從宋本正

磒 石落也○官本作殞譌此訓石落自當從石

誶 郭音碎告也○邢本作訊官本但畱訊音信三字餘皆刪案後漢張衡傳思玄賦注引爾雅正作誶此與訊字雖可通用然當各依本文

戾 ○邢本作矢

惈 ○邢本作果

夸 ○邢本作誇

𪐴 ○邢本作黎

蠠 本或作蠠說文曰蠠古蜜字○官本蜜作密案密勿蠠沒黽勉皆同義但說文蠠蠿甘飴也或從宓作蜜則從虫爲是

敦 ○邢本作敦

僶 ○邢本作黽

陽 音賜又如字本或作賜○兩賜字舊作暘如此何必云又如字郭注云賚卜畀皆賜與也與猶予也疑注本作賚卜畀賜與也故下又承明云與猶予也以陽

爾雅音義上攷證 二

爲賜正與音合上條音予余㳄羊如反此音羊汝反其分明如此且君子曰賜小人曰與不必連文夫以陽爲賜此古人改字之法下云因通其名故又以陽爲予我義後人疑陽與賜音不相近遂妄改爲音賜今幸得宋本正之

道 ○邢本作導

晧 ○字從日邢本從白非

擧 郭音義本與擪指物同○舊擪指俱誤從立心案慳惜無義字書亦無惜字擪指物謂拂拭物也今改正

疇 本又作𠷎又作𤲷○舊作本又作𠷎譌今據易否卦釋文改正

罊 廣雅云罊劇也○案今書作極也劇極本通

蕪 古本作隸○隸字可疑似當依說文作𦽏乃蕪古字形近遂譌

裛 字本或作捊○捊舊譌從木今案文義正

摟 本或作樓非○俗本摟樓互易大誤

寁 本或作𨔣○𨔣舊作疌今案字書改

肅 **亟** 字又作茍○茍舊本作急是後人妄改蓋誤以茍爲苟字耳茍音急敬字從此宋本不誤今據改正

瘖 詩作㾭○今詩亦作瘖

疷 ○邢本作疷注同

痗 一音晦○舊晦作脢案官本作晦與廣韻同今從之詩釋文音悔悔亦讀晦

瘣 今經注無此字○邢本無此字此六字疑亦校者所增

勩 字或作勚○勚舊作勃譌依宋本正

邛 ○舊從卩旁非今改正

敕 本又作飭○飭舊本作餝係俗字今改正

甞 ○下本從旨此從甘亦或體

祇○舊作祇案此訓敬當作祗今改正　替○毛注疏本作普乃正體下同陸本從俗體　厎○注

疏本作底是陸氏誤以底爲非　嘀幾○注疏本此下有烖音哉三字陸本無　埤又音婢○舊作

又音椑似未當宋本空此一字案埤本有禆婢兩音上音避支反此當音婢今改正　祅○說文作祆諸經注

中多省作祅注疏本作妖刪去本又作妖同五字　底丁禮反　厎之視反○今注疏正文厎作廢邵氏

音涵所見宋本是厎字又注疏本作底丁視反亦誤當一依陸氏爲是　弛易施李音尸紙反下音亦顧

謝本弛作施幷易皆以豉反○爾雅上文矢弛也音尸紙反下文弛易也陸氏復引施李音尸紙反下音亦者以顧

謝與易同音以豉反故須別出注疏本刪去施李一音竟似施李亦讀尸弛之弛爲以豉反矣此蓋疑爲重複而刪

之不知其不可通也　廕又作蔭同○蔭乃正體注疏本廕與蔭互易　諳沈勑檢反○此上當云又

或作諗方與沈音合　諶○邢本作忱　壃○邢本作疆　慣本又作貫又作遺○邢本作貫

說文遺始訓習　渴○邢本作竭　毋○邢本作無　埽○邢本作掃　閒施胡瞎反

○案閒有鎋音說文鬝鬢禿也從髟閒聲玉篇音苦閑口瞎二切廣韻恪八切則郊施音自有所本　鐀也

本或作餽同○案說文饋餉也餽吳人謂祭曰餽義各不同陸氏於此不能辨**憩**○俗本自在左舌在右非

艾○邢本此下有長丁丈反陸本無**傳也**○注疏本此上爲歷作音案歷字上已兩見今特音此不解所謂**穫禾**一本作穫禾○○邢本作穫**爲鸞**○邢本作鵉**桥**本或作桊又作不○桊舊上從大又不譌作本俱案字書改正**訶**本又作逗○邢本作逗**嗼**○注疏本此下有寔音石陸本無案公羊釋文音帀力反廣韻常職切在職韻內石在昔韻內不當以石音寔**殏**○邢本作求

𣧑本又作終○邢本作終**𣧂**○邢本作落

釋言第二

距○邢本作岠**返**春秋傳作彶從彳○今三傳不見有彶字**倈**○邢本作來**敖憮**○邢本作憮譌**婁**○邢本作屢**饙**說文作饙云滫飯也○舊饙作餴下亦同又滫作脩今皆據本書改正**飰**字又作餅俗作飯○注疏本飰作飯餅譌餅**齡**○邢本作矜**粦**○邢本作憐**莚**○邢本作延**佻**他雕反○官本作他調反非**強**○邢本作彊**邑**○邢

本作吧說文止有邑字與邑通用此邑疑寫者作此變體詩桑柔仍作吧

淩 案郭注意當作棱埤蒼云棱慄也樊本作淩○舊作棱為作陵棱慄為淩慄案郭注云淩懞本之西京賦百禽棱遽語當從立心為是宋本埤蒼棱正從立心陸意郎承郭注為說則兩字皆當作棱為是淮南兵略訓諸侯莫不慴棱鶡冠子獨知篇登高者下人代之棱皆是棱字又案羽獵賦虎豹之夌遽字又從冫

稱 尺證反○案此音稱好也之稱上文偁舉也自從立人讀如字官本乃將稱字音係於偁下誤也

併 ○邢本作竝

瘞 或作陸同○瘞當作瘗說文從土㾜聲陸俗字舊更譌陸今改正

烓 字林口穎反○案詩釋文引作口熲反

粻 字林又丈庚反○丈舊作文今定作丈

評 ○邢本作呼

龕 本今作龕○今邢本亦從合案九經字樣作龕從今得聲然合字亦從含省究以從合為是

沓 與上同亦徒荅反○嘉靖閩吳元恭翻刻宋板郭注單行本今荊楚人皆云遝下有音沓二字陸氏故有此一音注疏本無之遂併刪釋文

傪 字又作傄○舊傄字人旁模糊官本遂作屑

囂 五刀反○舊巳刀反譌今從宋本正

肯 或作古肎字字林作肎竝同○肎舊亦作肎譌今改正或以肎亦改為肎此未必然此云竝同若皆作肎字何竝之有今字林書不傳姑仍其舊可也

飡 本又作餐字林作飧○邢本作餐舊飧字從歹陸引字林作飧則正文飧字本從夕食可知 恞 ○邢本作夷 跆 廣雅云跆代也○代舊作我譌今據宋本正 㩉 ○邢本作孺 晠 ○邢本作盛 獘 又作斃○斃下從犬舊從大譌今改正邢本作斃近遂互易釋文 愧慙 方言云挴𢟪被愧也晉曰挴又云㥾恧慙也○舊挴作悔愧也作慙也㥾作倎下同今俱依本書改正 鬩 ○鬩當從鬥陸凡從鬥者皆從門石經亦然 矤況 ○邢本作警又況從冫非 姡 郭注言黠姡也○郭注舊脫姡字今據方言注補 妎 說文云妎姡也○姡說文本作妎經典多通用 忕 石世反○忕從大得聲從犬者譌毛本作伏更譌 唌 字當作次又作涎○邢本作涎 華 胡瓜反 皇 胡光反○案舊本作皇華也說文雝蕚榮也亦同唯石經作華皇也邵本從之案皇字易識釋詁首見陸不爲作音於此何所疑惑而爲之作音乎因注引釋草曰葟華榮故爲葟字作音耳傳寫脫去艸頭遂以皇字爲正文在華字之下其實非也郭於釋草引此文作皇華也是其明證皇字當改作葟

釋訓第三

繩繩○邢本作憴憴　業業魚怯反○舊作魚法反今從宋本正官本同　皆縣○注疏本作懸

倮○邢本作果　蒸蒸○邢本作烝烝　萌萌施亾朋反○亾舊作云今依宋本正

重語直用反又直龍反○今本經注皆不見有重語字案疏引郭云悠悠偁偁丕丕簡簡存存懋懋庸庸綽綽盡重語則知郭注皆寬緩也下本有此十九字故陸氏爲作音臧生鏞堂見宋本郎本鍾本竝有之今邵本郭注巳全補

紃四春昌沿二反本無此字○臧云紃此郭注爲訰字作音也今注闕此故校者云本今無此字脫今字沿當作沿爲正下同

懪本又作𧬄說文云大呼也自冤也○案說文作大呼自免與此不同亦不可必以此爲誤

洄洄郭音韋音義云本或作褘音韋○案上音韋二字衍褘本皆從巾下字林亦同案說文從衣今改正字林亦云重衣貌則皆非從巾今亦改正

蕩蕩○邢本作盪盪　皆裒○邢本作邪

熏○邢本作薰　慇慇○邢本作殷殷　慱慱施逋莫反○案施音與慱甚遠豈本或有作傅者與

麃○邢本作穮　耘○邢本作芸　蒸○邢本作烝　載○邢本作戴

韹韹詩作喤喤華盲反字書鍠鍠樂之聲也又作鍠一音胡光反○注疏本作鍠鍠鍠但音鍠胡光反

餘皆不載案宋本字書鍠鍠上一鍠字作云但其下不應云又作鍠疑本是字書云龍樂之和也差可通

襛襛 ○邢本作襛案潛夫論引詩正作襛襛

契契 苦結反詩云契契字又作□苦計反○字又作下舊不空然必有脫字案大東詩契契寤歎云苦計反擊鼓死生契闊又云本又作挈前釋詁契字下云郭苦計反字又作挈苦結反以此參證則此苦結與苦計當互易所空當補挈字

竭 本又作渴巨列反○渴字舊未刻邵據說文補案首卷條例云水㫄作曷俗以爲飢渴之字字書以爲水竭之字改便驚俗故此渴字但見注中後人不知渴正是竭本字遂疑而未刻耳

燕燕 ○邢本作宴

閒 音閑○注疏本作閑云閑音閒所改甚謬

鯈鯈 樊本作攸引詩云攸攸我里○里舊作思譌蓋誤以爲引雄雉而不知與此罹禍毒也不相涉所引乃十月之交篇今從宋本正之

鞙韇 ○陸有音今無此二字注疏本以無所附麗刪去之臧云鞙韇二字郭氏爲經琄字作音也陸所見郭注必本有此二字故爲作音

灌灌 ○邢本作懽

愮愮 又作恌○恌舊作佻今從宋本正官本同

泄泄 ○邢本作洩乃俗字

熇 ○陸亦有音經云謞謞今詩板之篇作熇熇郭必引此而今注缺之耳

掣 本或作⿸疒⿱制手說文云引而縱之○⿸疒⿱制手舊作摩今案說文瘛省

聲今改正

抛○臧云注謂牽挽所見宋明舊刻單注本皆作謂牽拕邵氏正義引宋本同抛卽拕之異文

不竢○邢本作俟

琢本或作瑑非也○舊瑑亦作琢譌今案當爲瑑

烜○邢本作咺

是乂音刈○注疏本作刈云刈音乂謬

鑊○邢本作濩

好援○邢本作媛

喭○邢本作彥

馮河依字當作淜○淜字舊未刻官本作憑譌今據說文正宋本依俙亦似淜字

檝○邢本作楫

籧巨居反○居舊作原譌據宋本正官本同

夸毗下鼻尸反字書作𨈡

躾○舊本尸譌口官本作以亦譌今據宋本正躾亦作骴

辟○邢本作擗

殿屎或作欸吹說文作唸吚郭音香惟反又上音丁念反○欸從欠舊從攵非吚舊作咿譌又上字舊在郭字下亦誤今竝改正

釋親第四

適者○邢本作嫡

徠音來本亦作來○注疏本作來云來音徠謬

㛮○邢本作嫂

稺○邢本作稚

少姑詩照反○詩舊譌證今依前後文改

兄妐○邢本作公

爾雅音義中攷證

釋宮第五

○舊桐宮作同宮又宮謂之室作或謂之宮皆譌官本皆巳正之

窻 ○毛本作窗案說文作囪或從穴作窗又作窻陸多從俗官本改牕亦或體

媿 ○邢本作愧

窔 說文云深貌本或作窅又作窔同○案說文窅冥也窅窔深也宧戶樞聲室之東南隅則此正文當作宧從宀不從穴作窅窔陸皆失之

楣 說文云楣秦名屋櫋聯也○舊引說文無楣字易與上楣字混今從段氏玉裁增

垝 本又作庋同○庋舊作度因形近而譌邵本作庋是也

栖 ○邢本作棲

鏁 ○邢本作鎖玉篇鎖俗作鏁

棳 本或作梲○邢本作梲

楄 郭又他赤反○他舊作也今從邵校改

簃 丈知反○丈舊譌文今從宋本改下丈誅同

廚 本或作蹰丈誅反○官本蹰作躕非

⿺辶笮 ○邢本經文作笮

著乎 ○各本乎俱作于

所以止扉謂之閎 本亦作閣○案閎字是閣非也引左傳高其閈閎彼釋文云本或作閣是郭氏所據本也今邵本巳俱改正

⿸鹿瓦 力斛反○宋本作力解反解乃斛之譌舊作力竹非

壼 本或作壸或作韋○字當作壼此譌邢本作壸又韋字從闈省

隚 ○邢本作唐

歧旁 ○案歧同企此當從邢本作岐是

彴 廣雅云獨梁也○舊作步

橋也係沿上文而誤今據本書改正**陝**今人以陝陝弘農縣字書陝之字音失冉反狹代陝行之久矣○陝本陝隘字宏農之陝本從夾與從夾者元不相同陸氏不細別言今人以陝爲宏農縣之字而陝之本義爲陝隘者皆以狹代之故今諸經中凡涉陝縣俱作陝矣以陝陝舊亦作以陝非今改正

釋器第六

豋本又作鐙○豋上從月從又右手持肉乃于豆于豋之豋注同舊從登涉之登誤今改正**斸**本或作欘○欘當從木說已見郭序中**斛**○注疏本作斛今據宋本正五經文字云斛古鍬字**疀**本或作疀郭云古鍤字○邢本作疀鍤譌作插**絇**○此下毛本有分音粉官本從之案律謂之分依注當讀如字此又邢氏之妄增也**𤗻**本或作業○邢本作業**揔**○邢本作總是正體**褸**又作褸○褸舊譌樓今改正**袷**○邢本作領**幨**○邢本作襜**幃**○邢本作褘**鮨**○邢本作鱗**冰**孫本作凝○說文仌乃冰字冰乃凝字孫以冰爲凝是也**滑**○字當從肉作滑今經典皆作泣下日**瑴**說文云二玉相合爲珏○案說文王與珏本無點傳寫失之**斮**本或作厝○案說文斮絕

也厝厲石也犀先絕斷而後加磨厲兩義俱通注疏本作削乃俗字說文所無

雕○案說文玉部琱治玉也今經典諸書皆借用雕字

璞字又作樸○邢本作樸案說文無璞字木部樸云木素也則作樸字爲是

纁許云反○許舊作詩詡今依通例改

第側士反○舊作側子反今從宋本改

辨郭普遍反孫蒲莧反○郭以辨爲辨治之辨孫所音當是說文辨字判也從刀辡聲

釋樂第七

灑音多變布出如灑也○案邢疏引下句作如灑出也

輮本亦作輮○案說文本作輮從申東聲則當以輮爲正此從車東者乃譌體

犂錧江南人呼犂刃爲錧○刃舊作刀譌今改正說文無錧字初學記十六引作犂琯琯與管同

篪字又作䶵世本云蘇成公所作○說文䶵爲正體重文作篪蘇成公作篪暴辛公作塤古史考以世本爲謬高誘注淮南精神訓蘇論信暴論桓又不同

似稱○邢本作如秤秤字俗

鎛音博○宋本鍾郎諸家本郭注元有音博二字陸氏所見本或無之不則當如下剽郭音飄之例矣

棧李云淺也東晉太興元年會稽剡縣人家井中得一鍾長三寸口徑四寸○舊本太興脫太字今補案晉書郭

璞傳云鍾長七寸三分口徑四寸半似晉書得之若長僅三寸則較之口徑反少一寸不成其爲鍾矣

併 又幷之去聲○案與郭所音殊不似必後人妄竄入

籥 本或作龠○案說文龠爲樂之竹管其作籥者乃書僮竹笘也陸氏不能分辨

簅 音產字又作産○說文籟三孔籥也大者謂之笙其中謂之籟李善注文選潘安仁笙賦引爾雅亦作大籥謂之笙當由本各不同然笙有專名似非也

徒吹 本或作歈字○周禮作歈爲籥之省文說文吹噓也義別今經典通用吹

咢 字林或作罟○臧云林疑是衍文罟咢即咢之正體安得云字林或字

修 本作脩字○修當謂聲修長作脩無義

釋天第八

豫司兗冀以舌腹言之○舊引釋名脫冀字今據本書補又下天坦也本書作垣也誤各書所引俱作坦

昊 ○說文夰部昦春曰昦天元氣夰夰夰古老切以此得聲隸變爲天今無有不作昊者矣

晧 ○俗本多從白非

羸 本或作贏○官本作嬴乃正體

廱 ○那本作雍

單 又音蟬

閼 李云上也又於虔反○案史記屈賈列傳索隱云孫炎本作蟬焉此又一音乃孫讀也上也舊本作土也歷書天官書注皆作

止屆賈傳索隱引李巡曰言陽氣推萬物而起故曰單閼單盡閼起也然則上與起義相合作止皆以形近致譌今改正

噩 本或作咢字韋昭音圻堮○廣韻十九鐸正引作咢圻堮舊本皆譌從手今依國語音改正圻堮郎垠堮

閹 漢書作掩同○同字舊閹今據宋本補

颽 又作凱○邢本作凱案說文無颽字

涼 本或作古飆字○案作飆者與說文合汗簡載古爾雅同

棼 ○邢本作焚

頹 本或作穨隤○宋注疏本作穨今本俱依釋文作頹俗

猋 字林作飈○案說文本作飆禮記月令作猋蓋省文字林從三火乃三犬之誤

霾 本今作霾○霾乃正字見說文

雺 或作霚○舊本霚作霧譌案說文云霚地气發天不應從雨敄聲霚籀文省今據改正

霧 字林作霧本亦作霿○霧乃霿之譌說文作霿字林省目爲卩遂致譌

蝃蝀 詩作東○案詩不見有作東者

霓 本或作蜺○案說文作霓注疏本同

霆 ○官本譌作庭又下衍霓字宋本及舊本皆衍案陸氏於上霓字作音不云下同又檢文選東都賦注初學記一白帖二書鈔一百五十二事類賦三皆無霓字

激 ○俗本譌作擊宋本及諸舊本不誤

䨘 本或作霰䨮○案說文霰稷雪也從雨散聲䨘霰或從見䨮小雨財零也從雨鮮聲讀若斯則霰爲正字䨘爲或字䨮字義別

不當用今惟毛注疏本作霰宋本及舊本官校本皆作霓

霄 本亦作消○宋本注中作消案說文雨部本有霄字

涷 郭音東○案宋本注末有涷音東西之東六字葛本同

以上 ○注疏本作巳上

霽 一音徂細反○舊亦作祖細反今從宋本正又宋刻郭注本有音薺二字俗本多刪

耗 ○秏爲正字俗作耗

顁 本或作定○作字舊譌非今改正邢本作定

辟 本又作甓○邢本作壁

鼎 本或作鼎○舊本鼎譌鼎今改正

咮 說文云喙口也○案注云朱鳥之口俗本口多譌爲名

何 說文云檐也○案說文本作儋今多作擔而書內又往往從木說文檐乃簷之正體

篲 又似醉反本今作彗○醉舊譌酢今改正邢本作彗

禷 音類經典作類○禷字與說文合

禱 ○說文亦作禂同案說文禱告事求福也從示壽聲又禂禱牲馬祭也從示周聲詩曰既禡既禂則禱與禂不同此處當用禂字爲是

繹 字書爲鐸鐸二字○案鐸字疑譌毛詩絲衣音義云繹字書作繹

復昨 本又作祚亦作胙祚福也胙祭肉也於義竝同○案所言二義皆曲賈公彥云復昨者復昨日之胙祭楊士勛云謂之復昨者復前日之禮也當從二家作本字讀今注疏本作胙改刪釋文非

獮 說文從薾或作禰從示○臧氏琳云玉篇作𤢺然說文有

爾雅音義中攷證 九

薾無璽則從薾爲正據釋文此語及玉篇則知今本說文作獮者非是其禰字小徐於犬部移入示部改爲禰然尚不易秋田之訓大徐改云親廟也以爲祖禰字又以爲新附則益失矣

獠 郭音遼○案郭注亦呼獵爲獠下宋本及舊單注本皆有音遼二字注疏本多刪陸氏又云或作燎攷說文火部尞爲柴祭天也義別犬部云獠獵也則正當用從犬字又詩伐檀正義引郭注云獠猶燎也知作燎者爲非矣

罼 本又作畢○案說文𠦒部畢田罔也從𠦒象畢形微也則加网者非是邢本作罼

縿 本或作襳又作襂䘦衫字○案說文糸部云縿旌旗之游也從糸參聲則作縿者是餘皆非

旌 本又作旍○案說文有旌無旍

旂 ○案交龍爲旂注譌作蛟龍宋本及諸本皆然惟詩正義公羊疏引郭注皆不誤

釋地第九

漢南曰荆州 ○案陸氏九州皆引李巡說荆州徐州營州皆缺今補之書禹貢正義公羊疏七及邢疏皆引李云漢南其氣燥剛稟性強梁故曰荆荆強也

濟 本又作泲○案說文泲沇也東入於海從水𠂔聲濟水出常山房子贊皇山東入泜從水齊聲則濟泲字義別今經典皆通作濟

濟東曰徐州 ○書

禹貢正義公羊疏七邢疏皆引李巡曰濟東至海其氣寬舒稟性安徐故曰徐徐舒也○案公羊疏七引李巡曰齊其氣清舒受性平均故曰營營平也今爲青州

齊曰營州

陓 孫於于反郭烏花反本或作紆字非也○臧氏琳云周禮職方氏冀州其澤藪曰楊紆淮南子墜形訓秦之陽紆又修務訓禹之爲水以身解於陽盱之河風俗通義山澤續漢志郡國皆引爾雅秦有陽紆是舊本皆爲紆字孫炎於于反則其本亦作紆而不作陓也惟呂氏春秋有始覽九藪秦之陽華華與陓音相近而不見有作陓者陸氏據郭以舊本爲非失之不攷

濉 ○邢本作睢

大湖 ○邢本作太

熒 ○邢本從亦作滎

穫 ○邢本作護

䑋 ○邢本作膝

醫 李本作毉○案說文巫部無毉酉部有醫注云古者巫彭初作醫李本從巫豈以此歟古者巫醫同稱

珣 說文云周書所謂夷玉讀若宣○案顧命夷玉馬融王肅皆云東夷之美玉鄭康成云夷玉東北之珣玗琪也與許氏合孔傳訓夷爲常非也夷玉舊譌爲美玉今據本書改正

崐崘 ○俗間注疏本山皆在上宋本單注本在旁下釋水亦同

瑯 ○邢本作琅是宋本鄭樵本作瑯俗

厈山 ○注疏本多作斥山宋本同近人本遂改作斥以爲即周禮沂山省非

鰈 本或作鰨○案說文魚部

有鰯鰈爲新附字非也

翼　又作⿱龍異○舊本作又作翼謁今案當爲⿱龍異乃翼本字

鶼鶼　○說文鳥部無鶼字釋鳥篇李巡及眾家作兼則此亦當作兼

邛邛　○舊從卩今據宋本改

驉　本或作虛又作⿰犭虛同許俱反○邢本作虛許俱舊作許伯謁今改正

蟨　郭音厥○案注中名之爲蟨鼠下宋本及舊本單注本皆有音厥二字文選注廿三引郭亦有俗本多刪去

枳　○邢本作軹謁

牧　田敶也○舊本敶字多譌作敕案說文敶列也今據改正下竝同

陂者　又作坡郭皆普何反○皆舊作音今從宋本正葢兼陂坡故云皆

邠　說文作汃○舊汃譌作汾今據本書改正

大平　○邢本作太今本改釋文爲太音泰不亦贅乎

濛　○邢本作蒙

釋丘第十

鑯　○宋單注本同即今之所謂尖也邢本作纖非

如乘　○邢本作椉

泥　依字作尼又作坭○坭似屔之譌案說文丘部云屔反頂受水丘從丘泥省聲當用此爲正泥尼義別說文無坭字

汙　音烏又烏花反○案此當與窪同史記滑稽傳之所謂汙邪也則烏花反爲正音若音烏說文訓爲薉者是與注意不合注疏

本污作汙

涂 ○宋本作當涂邢本作堂途

迆 字或作迤說文云迤邪行也○案說文迆衺行也作迆不作迤衺邪同邢本作迤

畝 本或作畮○邢本作畝案說文本作畮或作田十久作畞畝乃俗字

隴界 本又作壟○案說文有壠無隴

傑 本今作桀○邢本作桀宋單注本作傑

隈 字林一凷反○凷舊譌由今改正

鞫 ○注疏本作隈刪釋文案詩公劉正義引爾雅作鞫與釋文本同邵云說文澳隈崖也其內曰澳其外曰隈左傳疏引爾雅亦作隈唐石經及宋本俱作鞫

釋山第十一

華 字林作崋○案說文作崋從山華省聲

崧 又作嵩○案說文二字皆無韋昭國語注云古通用崇字

嶠 字林作嶠○案說文無嶠字新附有之史記五帝本紀葬橋山張守節引爾雅山銳而高曰橋知本借橋字

𡸕 或作扈○案說文無𡸕字邢本作扈是

岡 又作崗○崗譌字

崒 子恤才戌二反○案詩釋文云崒舊子恤反宐依爾雅音徂恤反今此乃作卒音殊不契勘

厜 本或作厜又作嵳

㕒 本或作展又作峩○案說文只有厜㕒字

嵒 ○邢本作巖

盛 謂山形如黍稷之在器○案此語頗

曲郭未云然先儒亦闕未詳所本疑出後人

磝字或作磽○案說文磽磬石也無磝字

礐字或作确又作壆又作埆○案說文礐石聲确磬石也則作确爲是餘皆非

磐今作盤同○邢本作盤

渟亦作停○邢本作停

泰山○此下邵本據詩禮記正義補郭注甚多今附見於此泰山爲東嶽下云在奉高縣西北華山爲西嶽下云在弘農華陰縣西南霍山爲南嶽下云在衡陽湘南縣南今在廬江灊縣西卽天柱山灊水所出也漢武帝以衡山遼曠因讖緯皆以霍山爲南嶽故移其神於此今其土俗人皆呼之爲南嶽南嶽本自以兩山得名非從近來也而學者多以霍山不得爲南嶽又言從漢武帝來乃名之卽如此言謂漢武在爾雅前乎斯不然矣恆山爲北嶽下云恆山在常山上曲陽縣西北嵩高爲中嶽下云大室山也別名外方今在河南陽城縣別名以下十一字文弨從春秋左傳正義所引補但灊遼讖大等字釋文何以無音將無陸所見本亦缺邪

臨河河或作魚依反○或作下疑有缺文以魚依之音攷之或是崎字

釋水第十二

靁○邢本作㵢

仄本亦作側汃○汃舊譌仈今校正

復還○今注疏本多作河水決出而

復入無還字宋本作河水決出復還入與釋文合**沱**或作汜音似○注疏本多作汜宋本及郎鍾單注本

皆作沱與釋文合**尾**字或作浘屍同○案屍疑當作尾**厬**字又作澉○案說文氿水厓枯土也

引爾雅曰水醮曰氿**滸**呼五反○舊譌爲字五反今校正**道江**○邪本作導**過**又作

渦本或作過○案說文水部渦水受淮陽扶溝浪湯渠東入淮從水過聲則作過是**洵**○說文云洵過中水

也從水句聲**潁**水出陽成陽乾山○案陽成漢志作陽城古成城通又陽乾山舊無陽字今據漢志補

潰字林作涓眾爾雅本亦作涓○案說文引爾雅曰汝為涓**灡**○邪本作灡**徑**○邪本作徑

洲音州**小洲曰陼**字又作渚或直云小洲曰渚○上文水中可居者曰洲似洲字本屬上然觀或

直云小洲曰陼之語又似本有連下句者陼初學記六引作渚**河出崐崘虛色白**○敦薨之

水舊作敦夢今據北山經改其水停西域傳作亭居**汩**流水也○舊譌作流冰今校正**漱**○字從水從欶

舊從救者譌今改正**大**孫如字○邪本作太案李巡孫炎竝如字則作太非**般**○邪本作盤

九河胡蘇在東莞縣○邪疏本作東光云定本東莞莞字誤

爾雅音義下攷證

釋草第十三

葱　本又作菍○菍俗字邢本蔥作蔥今從宋本

麤　本今作麤○案俗本作粗宋單注本作麤

菫　○邢本作槿

爲日　○今注脫爲字案文選注太平御覽所引皆有月令正義引某氏注亦有

勎　○案廣韻十八隊作花山䪿花蒲昧切本亦作勎

烝　○邢本作蒸

蔛　廣雅云朮山薑也○舊脫山字今據本書補

埽　○邢本作掃非下同

彔　○邢本作菉

蒚　本又作𦳝○𦳝俗字

啗　本亦作啖又作嗷○邢本作啖說文有啗字無啖嗷字僅見注

彫　丁遼反○丁舊譌一今案他篇改

蔦　作見反沈又平兆反○沈音當本作蔍字蔍亦草也形相近釋文內蔍音皮兆反或平表反

蕇　○一切經音義引作萆鼠莞孫氏星衍云萆俗字

薺　○案注云似薺葉細吳本郎本皆有似字與類聚八十二同俗本多脫似字

蒨　本或作茜○案郎本鍾本皆作茜詩正義引李巡注同與說文合

桰樓　本或作苦蔞○案說文艸部萿萿蔞果蓏也從艸昏聲

萑　音隹○舊隹譌佳今從宋本正

蘦

爾雅音義下攷證

○邢本作𥁑　眾秫○齊民要術二引爾雅粟秫也　尗本亦作菽○尗字與說文合邢本上作叔
下作菽案詩正義太平御覽皆引郭注云春秋齊侯來獻戎捷穀梁傳曰戎菽也管子亦云北伐山戎出冬蔥及戎
菽布之天下今之胡豆是也又見邢疏今本止存末句　摠○說文作總五經文字引作總　茺○從
公譌當從台　蘾○邢本作蘹案下澤烏蕵注云即上蘾也則蘹字誤　煼字或作𤎥焆炒鬻𤓽焣七
字竝音初卯反說文云火乾物也○說文止有鬻字云熬也從𩰲芻聲徐鉉以煼炒皆非是　萉郭音菔○
案後漢書注引爾雅作突蘆菔云菔字或作蔔　簜○案引說文大竹也大舊譌人又引說文大竹箭也竹舊
譌作今竝校改　莕本亦作荇說文作𦵠○案說文莕菨餘也從艸杏聲荇莕或從行同與陸所引異盍陸得
之　余本或作荼非○案說文莕菨二字下皆引作餘　葍秦謂之藑○舊藑譌蔓今依說文改正
菱○邢本作夌　蒟芓熒○案說文艸部云芓熒朐也則蒟字本不從艸中山經熊耳山有草
焉其狀如蘇而赤華名曰葶薴郭音亭寧盯聹二音畢校本疑即此芓熒　竹本又作筑○案齊民要術十引
作筑　葴之金反○案宋本注末有音針二字　蘘本今作寒○案說文艸部無蘘字邢本作寒是　芵

光英本亦作泱光本或作茪○案說文無英茪二字則字當作泱光芀戶了反○舊戶作尸譌了○官本
作子案後藕中的亦有戶了一音官本皆改作子非茈本又作蓏○案玉篇艸部作蓏後漢書注十一云續
漢書作符訾薡音頂蕫本或作董○案說文無薡字蕫字下云鼎蕫也從艸童聲則作董非蕛
○一切經音義引作荑葥○邢本作薊是蘴詩作麋本亦作蘴○麋舊譌糜今校改詩正義十七
之一引作蘴稌稻但江東人呼爲稬○舊譌作稬今改正下同蕦○邢本作須衃
本或作芣又作虾○案詩正義引此正作芣薂○邢本作蔜蔆○案邢本作蔽蔆蘡此蔆下無蘡字
陸氏於注中今蘩蘡也先音蘩後方爲蘡字作音可知經本無蘡字說文蔆艸也蘺○邢本作離
蕦○邢本作須苴䩕苴履底○䩕當作豈今邢本作鞔氈氍○俗本脫氈字吳元恭校刊宋
本有之毷本今作毷○邢本作毷麋○邢本作蘪藜○邢本作藜宋本作蔾卽蔾之小變
也蕀○案說文艸部無蕀御覽九百九十八作蕀孫炎曰一名白蕀薚說文云或作蕁字○案今
說文正作蕁字或從爻作薚芫字或作芫○說文無芫有芫字云艸也藩一名提母○舊作蝭

母案下文有一名蝭母不應重出宋本前作提母據改

蔦 一名及寫○舊作及瀉今據宋本改

蔍 ○邢本作鹿

藿 字又作藋○案說文作藋

莚 ○邢本作延

媞 尼兮反○御覽九百九十七作大兮反

隋 戈埀徂規二反廣雅云蔕也○舊戈譌弋又蔕作蓆今依本書改

莞 本或作⿱艹睆○舊⿱艹睆作⿱艹睍譌臧氏琳云案說文莞艸也⿱艹睆夫蘺也蓋莞乃借字苻夫得通用今據改正

芙渠 本又作蕖○邢本依說文作蕖

其葉蕸 字或作葭○案說文有葭無蕸藝文類聚八十二引作葭初學記廿七作其葉荷

菡萏 本今作萏○邢本依說文作萏

藕 字亦作⿱艹偶○案說文蕅芙蕖根從艸水禺聲以其出於水中故從水此從耒從人並非

爲龍 ○邢本作蘢

黂 本或作蕡○儀禮喪服疏引孫氏注本作蕡

莧 閑辨反○舊作閑辨反譌今改正

蘠 ○藝文類聚八十一作薔

虋 亦作亹字○藝文類聚引作亹

苹 ○邢本作萍

萍 ○邢本作蓱

薸 廣雅云瓢蓱也○案瓢舊作藻譌今依本書改正

蘋 說文作薲○案說文薲大萍也

蓐 ○邢本作脣

蕵 蘇存反○今本澤烏蘾無蕵字案前有蘾烏蕵陸本此處必是澤烏蕵郭注即上蘾也是今本烏蘾乃烏蕵之譌石經宋本並作蕵當據

改正

結○邢本作結

蔆本今作蔆○邢本蔆作蔆舊蔆亦作蔆今案當從水

攗凶悲反孫居郡反又居羣反○案一切經音義十五引作菱蕨麋十八引作菱蕨麋作麋與凶悲反同當讀爲眉作麋與孫居郡居羣反合當讀爲囷錢氏大昕曰說文無攗字當用孫音而作攗字凡艸木之名多取雙聲蕨攗亦雙聲也

藨又皮表反○舊譌皮汞反今校正

落○邢本作苕

蓎○邢本作唐

葐○說文無葐字宋鄭樵注本作盆

蓳草郭音靳○單注本注末有音靳二字

茙○邢本作戎

莩○邢本譌作荸音孚石經宋本並作莩

倚蔏○邢本作商

⿱艹淔○邢本作菹

藒車本多無此字○臧氏琳云說文藒芞輿也然則說文亦以藒爲芞輿不名藒車也據陸氏云本多無此字則知古本爾雅作藒芞輿與說文合郭璞因離騷謂之藒車故援以證之後人因增經字耳

輿字或作藇與衆家並作蒢○案說文無藇字蒢字注云黃蒢職也從艸除聲郎上藏黃蒢也衆家葢以聲近借用郭作輿與說文同

終○邢本作蔠

莖藸音除○案玉篇作著直閭切

荼○邢本作蒤

委字或作萎○舊萎作羮譌今改正

蔘音了○舊脫蔘字音了二字郎附上苿字末誤今補正

菇○邢本作姑

爾雅音義下攷證 三

⿰句瓜⿰婁瓜　音鈎又五侯反○邢本作鈎⿰婁瓜

居　○邢本作車

袶　施音綘本今作綘○邢本經文亦從衣袶綘竝從夆

蓾　○邢本作鹵

湅　郭云款湅也○邢本作款冬宋本作款湅

⿱艹⿰目囷　○此目旁舊譌作日旁邢本作菌

蕈　辭荏反○舊辭譌亂今改正

⿱艹耴　字又作菆○官注疏本作菆與豬葉反不合又云阻留反則菆字音也

葥　○邢本作箭

素　又作索○案素索古書往往互用禮記素隱行怪漢書作索孔安國書序八索釋文徐音素本或作素

夫　謝方于反孫音苻○案夫扶也大夫者言能大扶持人也夫婦大夫字古多讀若扶孫音是也

基　○邢本作綦

蒤　○邢本作涂

怙　音戶○今本經注皆無此字曾見吳刊宋本及鍾人傑本江東呼芐下有音怙二字方知郭注本有此故陸氏音之郎奎金本作江東呼音怙但脫一芐字耳

蓎　○邢本作唐

蔌　本又作遫○藝文類聚八十二引爾雅蔌牡茅也邢本作遫

菤耳　廣雅云苓耳蒼耳葹常枲胡枲之類耳○案今本書苓耳葹常枲胡枲枲耳也無蒼耳

虌　○舊作⿱艹⿱敝黑今從注疏本作虌

邛　○舊作卬譌今校改

蘩　○邢本作繁

葸　字亦作苡○案今本經文作葸注中作苡必有一誤廣韻十陽葸字下引爾雅經注皆作葸是也

葯○邢本作的

葝勃葝勃蒲没反○舊本勃作大字重見非今改入注

棘○邢本作蕀

蒬廣雅云棘蒬遠志也○舊譌棘莬宋本同本作苑今定從廣雅作蒬

萩音秋○說文萩蕭也邢本作荻音狄石經宋本皆作荻與釋文合

藻一名薚○案薚即蕁字之譌諸字書俱無薚字

蒮直良反○邢本作長直舊譌且今改正

芅字亦作弋○邢本亦從艸宋鄭樵注本作弋

莚本今作延○邢本作延

苢馬舄也○舄舊譌扁今改正宋本注末尚有周書所載同名耳非此芣苢十一字御覽九百九十所引正同

蔦本今作舄○邢本作舄

麋○邢本作蘪

荂注音俘同○案吳本郎本鍾本注末並有音俘二字

藡本今作萑音桓○邢本作萑然此本今或是本亦之誤

蓲郭音巨○舊本注末有音巨二字

葟本亦作皇○案說文𠌶部⿰皇𠌶下引爾雅曰⿰皇𠌶華也葟⿰皇𠌶或從艸皇據此則爾雅本作⿰皇𠌶其作葟者或字今本作皇則聲同字耳

卷施施或作葹○宋本鄭樵注本皆作葹

荄字又作薂廣雅云根也○薂舊作茇案廣雅薂茇荄根也段云此分荺茇荄根爲二條誤此茇字當作薂廣韻薂草根亦竹筍也或作荄又引郭云江東呼藕根今改正

釋木第十四

亾卜反○舊譌之卜反今改正

稻他刀反○舊譌地刀反今改正

栲案方志云櫄樗栲漆相似如一○詩山有樞正義引郭注漆樹下有俗語云云陸所見本無之樗經注竝同書正義引方志作樗

柰○邢本作漆

巻臼○注疏本多脫臼字

椵○舊從段譌今改正

柀音彼○舊作音披今從宋本改

煔字或作杉○太平御覽引郭注云煔或作杉

皮厚戶豆反○舊譌作尸豆反今改正

飤本今作飼○邢本作飼又舊一曰餅也作餅也譌今改正

棶○邢本作來

檽字又作栭○邢本作栭依說文

檕本今作槲○邢本作槲

欆詩云無浸欆薪○詩大東作薪是欆薪

栝本今作杯○邢本作杯

菋本今作味○今邢本亦作菋本

藲詩云山有藲是也本或作蓲同○太平御覽引郭注首有詩曰山有蓲

臧○注疏本皆譌作藏單注本皆作臧

朻○字從丩舊從斗非今改正

榽兮計反○似當作計兮反讀杜詩者俱音溪

棆又致均反○舊譌致的反今從官本正

疷本又作榹○注疏本榹木旁作疷譌今改正下同

楩楩木似豫章○楩字舊譌㮁今改正

諸慮施力據反○舊譌力積今改正

麠 本今作麢○邢本作麢藝文類聚太平御覽皆引作粗

櫑 郭音涉○吳本郎本鍾本注末皆有音涉二字齊民要術十四所引正同

杭 ○俗本多譌作杭石經宋本皆不誤釋文云又作芫案說文艸部芫魚毒也從艸元聲木部無杭字顏師古注急就章云芫華一名魚毒漁人煮之以投水中魚則死而浮出故以爲名芫字或作杭其生南方用藏卵果者自別一杭木乃左思吳都賦所云緜杭杶櫨者耳非毒魚之杭也

楓 說文云木厚○舊作本厚今改正

欇欇 ○文選注四藝文類聚八十九所引皆無木旁太平御覽作之葉反

歧 ○注疏本作岐是此下亦作岐說文無歧字

宛 於阮反○舊於院反譌今依釋邱音改

櫻 乙耕反○舊乙譌作乞今改正

休 又作林○案爾雅多俗字釋草篇多加艸遂有接余而爲萋荼者釋文篇多加木遂有休字而改爲林林者

痤 ○俗本多作座接宋本作座棲

蹶 本亦作蹻○廣韻十三祭作蹻太平御覽同又御覽蹻音歲

泄 ○石經御覽皆作泄邢本作洩

枹 逋蒡反○似當作逋茇反

采薪即薪 樸者相迫附也○舊本迫作追譌考工記孔疏云樸屬謂根枝迫迮相附著之貌今據改正

樕 音速○齊民要術十引作槤

阯 ○邢本作趾

炕 顧云張也○初學記引孫炎注

云聶合也炕張也顧野王本此

櫼　○邢本作散從昔是也舊日作月非今改正下又謂麤櫼舊誤作櫼今案麤櫼字當改作散

樌　○邢本作灌

苻婁　樊引詩云譬彼瘣木○今詩作壞說文片部引詩亦作瘣

棫　字林于貝反○注疏本于具反譌

辨　○舊本釋文及注疏本皆作辧石經作辧今改宋單注本作辧宋本釋文同因據改正

茶　音直加反○直舊譌眞今據宋本改

樕樸　○邢本作樸案樕樸邢疏所引皆是僕樕云文雖別其實一也或者傳寫誤據此則宋本皆然故今亦不遽改轉

殭　○邢本作橿

獘　○官本作弊非

畱　字林作榴同側吏反○邢本作榴又吏作利

蔽　必世反○此音蔽者翳句與上文木自弊不同邢本亦作弊字大誤

槸　郭云逝魚例二反○注疏本云作魚案魚逝反巳見上此不當復見作云逝是

擢　○邢本從木單注宋本從手

喬　阮孝緒音橋○案殷敬順列子釋文引爾雅曰喬高曲也與阮義合

柷　本今作祝○石經宋本鄭樵本皆作祝邢本從木

茦　○邢本作椒

蓃　所留反又所于反○郭注茱蓃子聚生成房貌陸氏音此今注疏本皆譌作茱茱萸案下文自有茱萸陸氏先音茱後音萸則萸字豈得先見乎又音所于則字或作萸

蘧　○舊上從士譌石經作蘧據改

正

澁字又作濇又作澀○澁宋本同邢本作澀澀字上下兩止相對舊本上作兩刃譌

擢字從手○今注疏本多從木

櫂○邢本作灌

釋蟲第十五

蝁○此即廣雅之蛪蜆蝁也今本郭注單舉蝁與邢疏所引舍人李巡說正相合

蜒○方言云以下據本書補自闕而東云云二十七字又蚎蚭舊蚎譌從刃今改正

䗖郭音荑○邢本䗖作蛦案宋本作䗖注末有音荑二字與釋文合

縣○邢本作懸

蠽本今作蠽○邢本作蠽官本改從釋文

茅本或作蟊○說文有蟊字又義別則作茅是

蚞本或作沐非○案說文虫部無蚞字古當借用沐陸氏以字不從虫而以爲非誤

蟧又力幺反○舊譌力公反今改正

諸慮本或作蠦○說文無蠦字

陝○邢本作狹

蛂○臧氏琳云說文虫部蛢蟜蟥以翼鳴者從虫幷聲薄經切鄭注考工記云翼鳴發皇屬然則此蟲名蛢一名蛂蟥注云今江東呼黃蛢疑誤也案單注本郭云今江東呼黃蛢音瓶一切經音義十五引爾雅注云江南呼爲黃瓦然則黃下本有瓦字蛢字連下音瓶郭氏原不以蟥蛢連讀御覽引孫炎云翼在甲裏

郭璞云甲蟲也以其有甲所以得黃氏之名歟 **蟥** 本或作黃○案說文蟥蟜蟥也從虫黃聲乎光切則作蟥蟥爲正

字也 **父** 字或作蚤○案說文無蚤字俗人妄加虫 **蛖** 或作駹駹非○案說文有駹無蛖蛖字俗陸以爲

蟲名不當從馬斯唐以來多俗字也 **䗐** 字又作施○案說文作䗐 **蛘** 郭音芉本或作芉說文作羊字

林作蛘弋丈反云搔蛘也○案單注本呼爲芉子下有音芉姓三字與釋文合注疏本多刪說文䗐字下引作蛘又

蛘字下云搔蛘也從虫芉聲 **不過** 本或作蝸○案說文蟷字注云蟷蠰不過也則字不從虫月令正義

所引亦作蝸然宋本禮記作過則作蝸蝸者非 **螳** 本今作螗○案說文蜋堂蜋也月令正義引孫炎郭璞注

皆作螳邢本作螗非 **蔾** 字亦作蟍○毛本注疏作藜宋本與官本皆作蔾 **蜻** ○邢本作青 **蛚**

○邢本作蛪 **蝜** ○邢本作負 **蟼** ○邢本作蜙 **蚣** 本亦作螉○此音注也邢本亦作蜙

舊引字林脫馬字任氏大椿所作字林考逸有之 **春黍** 本或作蝽蟍○邢本作蝽蟍 **蠰** ○舊

字又作蠰下衍一誤字案襄本作襄非誤也刪之 **蚕** ○毛本注疏譌作蠶宋本官本皆不誤 **𧑅**

○邢本作寒 **磄蜋** 說文云名蚚父○邢本磄作螳蚚字舊譌斫今據本書改 **蟧** ○邢本作勞說

文蛵丁蛵負勞也則從虫非

螢○說文作螢此改赤作亦譌上下竝同

鼠負本亦作蝜○蝜舊作蝠與下亦作蝠複今校改

食○邢本作饔

蠶○毛本注疏譌作蚕

翰字林作螒○案今注疏作螒

樗廣雅云樗鳩○舊鳩作鳴譌據本書改正

憙○邢本作喜

螘本亦作蛾俗作蟻字音同案說文蟻羅也蟻或作義蛾蠶化飛蛾也竝非螘字○案今本說文虫部蟻字作蛾蚰部又有蠡字云蠶化飛蟲又從虫作蛾徐鉉於蛾字下云蚰部巳有蠡此重出今此所引作蟻不重出也然今說文蛾羅之訓與爾雅蛾羅正相合古蛾蟻二字多通用蛾可爲蟻蟻亦可爲蛾也今仍舊本不改然疑案說文云云似亦校者駁正之語

朾○說文蠪下注本作蠪丁螘也蠪丁二字爲句俗本乃刪去注中蠪字而以丁螘爲句大誤邢疏亦沿誤本玉篇虰字注云蠪虰也蠪字注云蠪虰蟲也可證

駮○邢本作駁是

蟘說文字林從蚰○此必譌誤疑說文字從尉衍林字

鼅說文作鼅○舊正文作鼅則不當云說文作鼅據官本經作鼅今從之

掇章悅反本或作掇拾字非○翻刻宋本及郎本鍾本皆於郭注末本有音掇二字故陸作大字而加音其云本或作掇拾非謂郭本無拾字也若作音掇拾則當音丁括反矣

蟺郭音憚○舊本單注有音憚二字與

釋文合

蛜 本今作伊○詩豳風正義引作伊

蟰 詩作蠨○石經宋本鍾本鄭注本一切經音義廿五並作蟰陸既云詩作蠨可知爾雅不作蠨矣今本從艸誤

蠁 司馬相如作蚼字○舊引說文蚼字作幽今據本書改

蠃 ○石經宋本鍾本並作蠃俗本注疏皆從虫非

細要 本今作署○宋本作胥注疏本作腰又下蠭字譌作蚩

蝠 丘勿反○舊譌作立勿反官本作五勿反亦誤

螢 本今作熒○邢本作熒

螐 ○邢本作烏

雔 ○邢本作雔

鯱 本今作鎛○注疏本作鎛譌宋本作鎛與釋文合

蚮 字又作𧍪又作蟘○一切經音義七引作蚮石經宋本鄭鍾本並作𧍪皆與釋文注合邢本作𧍪則𧍪之譌體也

蠘 本今作賊○邢本作賊

釋魚第十六

頷 ○邢本作頷

鮎 舍人本無此字○案詩正義引孫炎曰鰋名鮎又見邢疏則孫炎本亦有此字

鮧 說文云大鮎也○案說文作鮷不作鮧

鯶 胡本反又下短反一本作故本反○案鯶卽鯇也鯇郭胡本反作鯶郭亦胡本反可知一本作妏本反此後人校釋文之言六字非陸氏語宋郭注本鯶作鯶疑與釋文下短

反之音相合

鰼 音習○舊本無鰼字音據毛注疏本補

鰝 郭音鄗○案宋本注末有音酆鄗三字與釋文合鍾本作音酆此與郎本作音鄗各脫一字

酆 芳弓反○俗本刪削郭注中之音則陸氏此條無所附矣詳鰝字說

是 本或作鯷非○案說文無鯷字

鯦 ○邢本作⿰魚昔

鮈 一曰出江東○

舊無東字據說文補

啗 ○邢本作啖俗本

鱦 郭音繩○宋本注末有郭音下鮥字亦同

叔 字林作鮇同○邢本作鮇

魱 郭音胡○宋本與郎本鍾本注末有郭音

魾 音丕又音毗○宋及諸家本郭注末有音毗二字

科 字或作蚪○一切經音義四引作蚪

活東 舍人本作頣東○舊本頣作頴

字譌今依音改

蟇 字又作蟆音麻○邢本作蟆麻舊作麻譌

從 ○邢本作縱

⿰酉黽 ○舊本譌從齒今據說文改或從酉作⿰酉黽又⿱爾黽式支切引詩得此⿰酉黽戴氏震曰鼀當作鼀說文鼀七宿切鼀⿱爾黽⿰酉黽當同⿱爾黽說文誤陸音⿰酉黽為秋亦非是案戴氏說核之爾雅誠是但⿰酉黽字從酋得聲似音秋亦非誤

蠩 ○邢本作諸

蚥 ○一切經音義十引作去父

蠦 ○邢本作蠦

陜 ○邢本作狹

𪓕 字又作黽○舊譌作黽案說文黽古文𪓕今據改正

蠃 注作螺字○今本注中無螺蠃字疑注字誤

蝸牛 工花

反或工禾反○案說文虫部蝸蝸蠃也從虫咼聲徐音古蕚切後漢書注八十八引郭注云蝸牛音瓜

蟚 本今作彭○今注疏本皆作蟚宋單注本及鄭樵引郭皆作彭凡釋文云本今作某者皆與邢本合其有不合者則又今本所改易也

珧 唯柱可食耳○柱字舊作柮譌案今可食者其柱耳故定爲柱字

俾 ○邢本作庳

贆 字亦作猋○藝文類聚八十四引作猋

鱭 ○邢本省作鰿

貽 本又作胎○藝文類聚引作胎

蚔 ○邢本作貾藝文類聚作蚔與陸合

蜠 ○蜠乃俗字說文所無藝文類聚引作囷當從之

蟦 本或作鰿又作資又作鱝○藝文類聚引作責

橢 ○藝文類聚引作惰

陝 ○邢本作狹

螣 直錦反字又作朕○螣舊作螣案石經作螣宋鄭樵注本作螣釋文螣字又作朕朕卽螣字但省虫耳螣字雖譌小注朕字尚未誤也與下螣蛇字不同注疏本螣字二字卽以又作騰連上爲文失之矣又螣蛇游霧霧字未刻今校補

蝮 ○邢本作蝮

虫 ○邢本作虺

蠵 字林云大龜以胃鳴○舊譌作大龜似猬也據羣經音辨改

筴 ○邢本作策

釋鳥第十七

鶉○毛本譌作鶉官本巳改正

鷗居勿反○舊作辰勿反譌

鵖郭力買反苻尸反○郭力買反下脫一字案淮南子說林訓烏力勝日而服於雖禮高誘注雖禮爾雅謂裨苙孫氏志祖云卽鵖鴔也與雖禮裨笠音皆相近

曰如字本或作鴡○邢本作鴡毛本鴡又譌作鵙

鷙○邢本作摯

鶀○邢本作鳨

鉤○邢本作雊

麋○邢本作麋

駮布角反○宋本注江東呼烏鶅下有音駮二字故陸爲之音郎本亦有駮作駁

鴚郭音加○單注本今江東呼鴚下有音加二字

鵖○邢本作鴨

與音餘樊孫本作鸒○案今本多作輿石經宋本諸本皆同

鵲○邢本作鵲

鴜字或作觜廣雅云口也○案廣雅作柴

鷣音淫○單郭注本有音淫二字

鳸說文作雇鳸籀文也○舊脫鳸字據說文補

鷺○宋本作鷺俗本注疏作鵬

鳳○案引說文鳳象今本作鳳之象也又麟前鹿後今本作鴻前麐後蛇頸魚尾下今本有鸛顙鴛思四字引毛詩草木疏背負仁舊負負譌作角五則沒身居之舊沒譌作爲皆改正

鴽○邢本作鴐

鸞○引小雅舊作小爾雅據宋本無爾字從之

母○舊作毋案陸云如字李音無則當作毋

鷂○邢本作密

鶧○邢本作英

劉字或作留音留

○上留字譌疑當爲鷗

爰居　樊云似鳳皇○莊子音義中引作形似鳳皇

鳻　本亦作分

鶥　本亦作遁○春秋正義引樊光注云鳻鶥言分循也春爲分循五土之宜此作遁遁循巡古皆通用

婟　一本作誣皆同嫪力報反○誣舊譌詃今改正嫪下當有音字

庳　○邢本作痺與單注本同石經鄭本作庳

鸍　郭音施○單注本注末有音施二字

憝　呼濫反○一切經音義十四引郭注有憝音呼濫反五字

胡　○邢本作鴐鵞

鵟　○邢本作狂案山海大荒西經作狂鳥注引爾雅同今山海經狂譌狂唯藏本不誤

鶅　左傳云鄭子臧好聚鶅冠郎翠鳥毛也○春秋正義引郭注生鬱林下有鄭子臧好鶅冠以此鳥之羽飾冠十三字較今本爲詳

鸉　音楊○石經宋本鄭注本皆同釋文俗本分爲二字

蟁　本或作鴖郭云皆古蚊字○案今本郭注無此語藝文類聚九十七引作蚊

䴙　○邢本作鷿

鎣　○邢本作塋

鴩　○邢本作鴂

豉　○邢本作枝從說文

來鳩　○邢本作鶆宋本春秋正義引樊光注作來

爽鳩　○邢本作鷞

鵹　說文作鵹云其色鵹黑而黃也又釋云離黃倉庚也鳴則蠶生○舊又作文譌說文鵹字下云鵹黃也一曰楚雀也云云又離字下云黃倉庚也云云今據改正

數寸　所主

反○舊脫數字今補 鋤○邢本作鉏 翟○邢本作鸐案從隹巳是鳥更加鳥旁非 鳴○邢本作白 鶔本亦作柔或作蹂○案說文無鶔蹂字葢古通用柔 鴡○石經同宋本及注疏本作鴡非 ⿰犭嬰○舊凶字內加四點非字林作嬰亦同今俱改正藝文類聚八十二引作竦 ⿹𢦏鳥字亦作⿹𢦏鳥○案⿹𢦏鳥俗字 蹼○邢本作蹼 蹼屬○舊作蹼今從宋本 鷚說文作雡云鳥大雛也○案說文鷚天鸙也文見前不與鷚同訓 鶩○邢本作鷔文選注三引作鶩同釋文三十四又引作黎

釋獸第十八

麎字林上尸反○案毛詩其祁孔有箋云祁當作麎正義載某氏注爾雅引詩云其麎孔有葢麎與祁聲同文異 上尸舊作上刃葢吳改 ⿸鹿速本又作速○說文籒文迹作速段云廣雅躔跡解亢跡也四字正解爾雅曹憲音跡爲匹迹然則爾雅速本作速石鼓詩亦當讀麀鹿速速案說文有⿸鹿速字云鹿迹也從鹿速聲徐桑谷反疑誤 麌一作麌○案說文無麌字口部引詩麀鹿噳噳此麌不成字必是噳字之譌從鹿便省虞爲吳從虞不當復從鹿 嬎本或作嬔○嬎字舊作娩茲從宋本正邢本作嬔 迒○舊引褚詮之譌作諸詮之今

改正下同 檣 舊本多作緍帛字非方言作木旁○案詩漸漸之石箋作緍毛詩音義云爾雅豕所寑曰緍方言作檣從木據此可知爾雅本作緍不與方言同蓋古字多假借耳 蹢 ○邢本作豴 虦 郭昨閑反○注疏本昨譌作御覽作土盞反又注中竊淺也下有或曰竊毛麕毛也七字 甝 ○甝舊作鍦譌今改正邢本作舐 碎濕 必亦反○此音碎字也注疏本乃刪去碎字誤甚濕與燥溼字陸多通用 虪 本今作虪○案說文虎部虪黑虎也從虎儵聲則作虪是也邢本作虪 子狗 ○案說文狗在犬部豸部無狗字釋文謂本或作豿此俗字也 麙 本或作狘○案說文鹿部有麙字以為山羊犬部無狘字然則古通用麙字作狘非也 狸 又作貍同乃老反○案詩正義引郭注其雌者名貍下有貍乃刀反四字今江東通呼邢本作貍 貔 毛詩草木疏云似虎或曰似羆○舊本草木譌草本又羆作熊據詩釋文正義皆作羆下云一名執夷則作羆是今改正 豰 本又作穀○詩正義引作縠 ⿸鹿壽 李本作澤○案⿸鹿壽澤古音相近詩無戮或作無射可證 麇 本或作⿸广畐○邢本作⿸广壽 獌 或亾半反○半舊譌羊據宋本改 豻 本又作犴說文或豻字○案說文豸部豻胡地野狗從豸干聲犴豻或從犬詩曰宜犴宜獄是豻正字詩小雅犴今

作岸

麠 本或作麖同○案說文鹿部麠大鹿也牛尾一角從鹿畺聲麖或從京一切經音義十六引作麖一

麂 字又作麂音几○案說文鹿部麂大麋也狗足從鹿旨聲麂或從几

猰 字又作猰或作窫音灼音內言餉○案說文豸部犬部皆無此字徐鉉新附云猰猰貐獸名從犬契聲烏黠切說文於貐字下注有猰字北山經注引作窫窳似貙與釋文或作窫正合然說文有窫無窫音灼音內言餉此古人讀法必口相傳授乃得字之正音

貐 字或作窳○案說文貐猰貐似貙虎爪食人迅走從豸俞聲

麑 字又作猊牛奚反○案漢書注九十六初學記廿九文選注一引爾雅皆作猊但說文犬部無此字鹿部云麑狻麑獸也從鹿兒聲則作麑爲正

驨 本又作雋○案漢書五十七上張揖注引作雋說文無驨字

麐 字林力人反本又作麟牝麒也一音力珍反○案春秋正義引李巡注作麟攷說文麟大牝鹿也從鹿粦聲麐牝麒也從鹿吝聲則作麐爲正以聲同通借也

貄 本又作隸亦作肆○案說文無貄隸字知古通用肆

兕 本又作光徐履反○案毛詩音義上光字又作兕考說文云𤉡如野牛而青象形與禽离頭同兕古文從儿則知今作兕者本古文小變之光乃俗體

犀 俗作犀非○說文犀從屁舊犀亦作犀譌

彙 本或作猬又作蝟亦作彙同音謂○案說文𢑥

部云彙蟲似豪豬者從𢑴胃省聲蝟或從虫則彙本作𢑴蝟作彙猬弃者皆非

蟠 說文作番古文作𤰔並音煩○案說文釆部番獸足謂之番從釆田象其掌附袁切蹞番或從足從煩𤰔古文番此引說文古文𤰔譌作母字今據本書校正

怐 字林或作狃○注疏本無林字此疑衍

猱 奴刀反本或作獿郭女救反○獿當為獿方與奴刀音合郭音似又本從夒也

猨 本今作蝯○邢本作蝯案說文虫部云蝯善援禺屬從虫爰聲徐鉉云今俗別作猨非是

玃 字亦作貜俱縛反說文云大母猴也○案說文豸部云貜獎貜也從豸矍聲玃母猴也從犬矍聲爾雅云貜父善顧攫持人也則字當從犬

貑 本或作麚○案說文有麚無貑

眄 ○邢本作盼譌

麚 音加○案說文兂部引爾雅作貑豕部云貑牡豕也從豕加聲

蜼 或餘季餘水二反○舊本作餘李今據宋本改

峰 本今作峯○毛注疏本作峰宋本作峯官本同

嗁 杜奚反作啼同○案說文口部云嗁號也從口虒聲無啼字邢本作啼舊杜奚譌作社奚今據宋本改

阯 ○邢本作趾舊阯字在磎字下誤今移正

磎 音溪本今作谿○邢本作谿

豚 徒門反字亦作㹠字林云小豕也說文作豚又云籒文也○案說文𧱏小豕也從彖省象形從又持肉以給祠祀豚篆文從肉豕此當云說文作𧱏又云

豚籒文也今說文作篆疑誤

泄○邢本作洩

鼢字亦作蚡扶粉扶云二反說文云地中行鼠伯勞所作也一音偃廣雅云鼹鼠也字或作鼴同方言謂之犁鼠○案說文鼠部鼢地行鼠伯勞所作也一曰偃鼠從鼠分聲蚡或從虫分聲無鼴字此引作地中行鼠蓋說文脫中字說文一曰偃鼠此作一音偃則說文爲是鼹舊作鼹據宋本改黎鼠之場謂之坻見方言六李善注籍田賦亦引作犁鼠與此同

鼪郭音生○單注本有音牲二字

終軍○臧氏琳云廣韻御覽類聚並引竇氏家傳云竇攸治爾雅舉孝廉爲郎世祖與百寮大會靈臺得鼠身如豹文熒熒光澤世祖異之問羣臣莫知攸對曰鼮鼠也詔問何以知對曰見爾雅詔案祕書如攸言賜帛百匹詔諸侯子弟從攸受爾雅文選任彥升表注引摯虞三輔決錄文亦大同酈道元水經注水亦以爲光武之事郭璞蓋誤是傳聞之誤

鼮○邢本作鼮宋本單注同釋文

齛郭音泄○鄭樵注本同邢本作鼬非單注本郭注有音漏洩三字

齝字書以爲古齝字○案說文有齝無齝

齸字或作嗌於亦反○案說文齸鹿麋粻從齒益聲口部云嗌咽也

鰓西才反○邢本作顋

狊○注疏本譌臭

翍本或作翅又作翨○案說文羽部翨鳥之彊羽猛者從羽是聲翍翼也從羽支聲則此當作翍邢本作翅即翍之變

體

釋畜第十九

騉 本亦作昆○漢書十九上如淳注引爾雅作昆 蹄 字或作蹏○如淳引作蹏○ 趼 本或作研○如淳注引作研 善陞 本亦作升○如淳引作升 駵 字或作騮○案說文作騮從馬畱聲 驈 字或作肆○案說文驈驪馬白胯也從馬矞聲詩曰有驈有騜則作肆者非 駺 本多作狼○案說文有狼無駺狼知古通借作狼 的 字林作駒○案初學記載爾雅亦作的則今注疏本作駒非 宜乘 ○邢本作乘

驪牡 孫注改上駃牝爲牡讀與郭異○臧氏琳云鄭注夏官庾人引爾雅曰駃牡驪牝玄然則鄭所見爾雅亦上駃牝爲牡非孫私改也周禮音義云牡驪絕句牝玄絕句郭璞義異鄭蓋郭璞作駃牝驪牡不與鄭孫駃牡驪牝玄同故云義異鄭也檀弓注引爾雅曰駃牝驪牡玄此注蓋近人依郭璞爾雅妄改當以庾人注爲正檀弓正義云或爾雅釋詩云駃牝郭璞注玄駒小馬稍異鄭也據此則知禮記注本不作駃牝而作駃牡本不以玄駒爲讀而連上驪牡至玄句絕耳 騕 烏了反○舊烏作鳥譌今改正 父 本或作駁俗字○邢本作駁案此正字如釋

蟲蠸輿父父字或作蚤字　**草馬**　魏志云敎民畜牸牛騲馬○注疏本牸作特牸譌今改正　**騝**　郭音

虔本或作騫去虔反○案說文無騝字騫字義別從馬寒省聲　**騽**　說文作驔音簟○案說文驔驪馬黃脊從

馬覃聲讀若簟　**驄**　○宋本注同別本多作驄　**粼**　本或作驎○邢本作驎案說文無驎字　**騅**

音隹○舊本音佳譌今改正　**騢**　說文云馬赤白雜色文似鰕魚也○案今本說文作馬赤白雜毛從馬叚

聲謂色似鰕魚也疑有誤當從此所引　**白馬黑鬣**　舍人同衆家並作髦○案毛詩傳曰白馬黑鬣

曰駱正義云定本集注髦字皆作鬣則孔本詩傳元作髦　**駱**　音洛○注疏本音樂非　**駩**　本或作驎○注

疏本驎作鱗譌　**瞯**　本又作瞯說文云戴目也○邢本作瞯案說文目部瞯戴目也從目閒聲江淮之閒謂視

曰瞯　**魚**　本又作䁩字林作䮝○案說文無䁩䮝字　**犦**　本亦作犦○邢本作犦　**駝**　○邢本作

駞宋單注本作駝　**犪**　本或作稷○宋本作犪注疏本譌作犪然說文無犪字知古通用稷　**犩**　○案

說文無此字注疏本皆同釋文惟單注宋本作魏玫中山經注引爾雅作魏郭本作魏宋本誠足為珍　**犪**

巨龜反字林云牛柔謹也顧如小如照二反○案說文止有犪字牛柔謹也從牛夒聲此即顧野王所音者若巨龜

反則字當從夔不可混并

髦○邢本作旄

低卬○邢本作仰

觢字或作犎○案說文角部觢一角仰也從角轫聲易曰其牛觢犎牛部無犎字則從角爲正

牰本或作褎○舊褎譌褎案說文牛部無牰字衣部云褎袂也從衣采聲袖俗褎從由是古通借用褎袂字也褎博毛反音義別今據改正

羒又作㸮同符云反字林云羝羊○羝舊譌牂案經明云牡羒牝牂詩牂羊墳首毛傳亦以爲牝羊則羒當爲牡羊羝牡羊也說文亦作牂羊益誤牛部無羒字

羝字林云牡羊也○案說文羝牡羊也與爾雅經注正合舊引字林牡羊作牂羊譌今改正

迊○邢本作匜廣韻三十三線引作帀

獥字林作猲○案說文犬部猲短喙犬也詩曰載獫猲獢爾雅曰短喙犬謂之猲獢釋文作獥本或作獥

雓字或作餘○說文隹部無雓字知古通用餘

雛○邢疏本譌作雞宋本注不誤

僆郭音練○單注本有音練二字

戎本亦作駥○邢本作駥後漢書注引爾雅馬八尺爲龍不作駥

羬本亦作麙○說文有麙無羬

彘直例反○舊譌作直列反今據宋本改

鶤字或作鶡○案說文鳥部鶤鶤雞也從鳥軍聲讀若運則從昆者非

經典釋文卷第三十終

○舊無終字宋本有

圖書在版編目(CIP)數據

經典釋文 / (唐) 陸德明撰. — 杭州: 浙江大學出版社, 2022.3
(盧校叢編 / 陳東輝主編)
ISBN 978-7-308-21996-9

Ⅰ. ①經… Ⅱ. ①陸… Ⅲ. ①《經典釋文》—訓詁 Ⅳ. ① H131.6

中國版本圖書館 CIP 數據核字 (2021) 第 233463 號

經典釋文

〔唐〕陸德明 撰

叢書主編 陳東輝
責任編輯 王榮鑫
責任校對 吴 慶
封面設計 項夢怡
出版發行 浙江大學出版社
(杭州市天目山路 148 號 郵政編碼 310007)
(網址: http://www.zjupress.com)
排　　版 杭州林智廣告有限公司
印　　刷 浙江海虹彩色印務有限公司
開　　本 880mm × 1230mm 1/32
印　　張 68
插　　頁 7
印　　數 001—800
版 印 次 2022 年 3 月第 1 版 2022 年 3 月第 1 次印刷
書　　號 ISBN 978-7-308-21996-9
定　　價 698.00 元

浙江大學出版社市場運營中心聯繫方式: 0571-88925591; http://zjdxcbs.tmall.com